传奇粟裕

CHUANQI SUYU

余玮 陈晰 著

团结出版社

图书在版编目（ＣＩＰ）数据

传奇粟裕 / 余玮，陈晰著. -- 北京 ：团结出版社，
2016.1（2022.3 重印）
ISBN 978-7-5126-3476-3

Ⅰ．①传⋯ Ⅱ．①余⋯ ②陈⋯ Ⅲ．①粟裕（1907～
1984）－生平事迹 Ⅳ．①K825.2

中国版本图书馆 CIP 数据核字(2015)第 036890 号

出　版：团结出版社
　　　　（北京市东城区东皇城根南街 84 号　邮编：100006）
电　话：(010) 65228880　65244790　（出版社）
　　　　(010) 65238766　85113874　65133603（发行部）
　　　　(010) 65133603（邮购）
网　址：http://www.tjpress.com
E-mail：65244790@163.com（出版社）
　　　　tjcbsfxb@163.com（发行部邮购）
经　销：全国新华书店
印　装：三河腾飞印务有限公司

开　本：170mm×240mm　　　1/16
印　张：17.5
字　数：210 千字
版　次：2016 年 1 月　第 1 版
印　次：2022 年 3 月　第 5 次印刷

书　号：978-7-5126-3476-3
定　价：48.00 元

目录
contents

第一章　湘西少年

长工阿陀是继业童年时期最好的朋友，继业特别喜欢听他讲除暴安良、杀富济贫的剑侠故事。继业帮阿陀理发、缝补衣服。阿陀下地劳动，或是上山摘茶子，继业总是和他做伴　/ 1

封建的习俗，使正在成长的粟裕颇感压抑。他渴望跳出这个陈旧腐朽的世界，到外面的世界去呼吸新鲜的空气。他萌生了到外地读书的想法　/ 4

经过一年的准备，粟裕终于考上了向往已久的湖南省第二师范，成为一名师范学生。正是在二师这块革命土壤里，粟裕逐渐成长起来　/ 10

反动军阀血洗湖南第二师范，粟裕和同学们不得不连夜突围，踩着齐腰深的臭水逃出了学校。粟裕作出决定，去长沙，找共产党去　/ 14

粟裕转向武昌，加入了叶挺领导的第24师教导队，他暗下决心，一定要以枪杆捍卫革命，保卫人民，打倒军阀　/ 17

第二章　南昌起义前后

随着3声枪响，3发信号弹映红了南昌的夜空。一队队脖子上佩着红布带的起义战士源源不断地开向各个方向，震天的呐喊声像潮水一样冲击着黑沉沉的古城。粟裕所在的排也接受了任务：前去接应第3军军官教育团的起义　/ 21

为了避开蒋介石纠集的大批敌军的进犯，起义部队决定撤离南昌。粟裕所在的

警卫队边走边打，还要负责运送物资 / 24

武平激战时，粟裕担负起殿后的重任。一颗流弹从他的右耳上侧穿过了头部。排长卸下他的驳壳枪走了，坚强的粟裕在绝境中激励自己"一定要赶上队伍" / 26

在危机中，粟裕始终没有动摇过。他拖着重伤的身躯，艰难而坚定地跟着部队前进。在行军途中，朱德和陈毅两位领导人给了他莫大的信心和鼓励，使他充满了战胜困难的力量 / 28

广州起义的失败，进一步激发了粟裕和其他同志对蒋介石国民党的无比仇恨。在朱德、陈毅的领导下，他们开始上山打游击 / 31

南昌起义剩余部队在朱德、陈毅的率领下，发动湘南暴动，经过8个多月的艰苦转战，终于在井冈山地区与毛泽东率领的秋收起义部队胜利会师 / 32

第三章　井冈风云

从上井冈山，到参加中央苏区的创建和反"围剿"斗争，粟裕一直跟着毛泽东、朱德转战。他身经百战，数次负伤，善出奇兵。在井冈山的游击战争中，他屡建奇功，从红军的一名基层干部成长为高级指挥员 / 37

粟裕在井冈山时，时而任连党代表，时而任连长。有时连队里的新战士和解放过来的战士多了，需要加强政治工作，就调他去任连党代表。他体会到了政治思想工作的威力，感慨地说："对待自己的同志，舌头比拳头还灵啊！" / 39

粟裕在桥头遇到了亲自指挥机枪连掩护部队撤退的朱军长。他对军长说："我们连已占领桥头阵地，你先过河，我们留下掩护！"朱德没有说话，紧紧地握了握粟裕的手，全部信任都包含在那一握之中 / 42

为了打出去，向外发展，也为了牵制进攻根据地的敌军，粟裕随红军离开井冈山，向赣南、闽西进军，开始又一次艰险的大转移 / 44

粟裕在井冈山3次"会剿"中，从一位指挥10多人的班长，30来人的排长，一步步升到师长，是他在多次战斗中善于带兵，善于运用游击战术，英勇打击敌人，立下无数战功赢来的。粟裕任64师师长时，年仅22岁。同林彪一样，成为我军最年轻的指挥员之一 / 48

粟裕对骑兵说："张辉瓒跑不了。你们先回去一个人向朱总司令、毛总政委报告，说张辉瓒马上就可以抓住，留下一个人等抓到张辉瓒后再立即去汇报。"不多久，龙岗满山都响起了红军战士像过节似的欢呼声："活捉了张辉瓒！活捉了张辉瓒！" **/ 50**

进攻江西东部的硝石时，一颗子弹飞来，击中了粟裕的左臂，动脉血管被打断，鲜血喷出一米多远，粟裕当场昏了过去。后来，伤虽然治好了，他的左手却落下了永远的残疾 **/ 54**

第四章 九死一生

中央派出北上抗日先遣队更加直接的目的，是以此来威胁国民党统治的腹心地区，配合中央红军主力即将实行的战略转移。这个目的，粟裕当时并不知晓 **/ 62**

攻城部队在粟裕亲自指挥下，趁着茫茫夜色，按计划向罗源开进。罗源上空枪炮齐鸣，火光映天。敌人果然中计，防守顿时土崩瓦解，士兵纷纷缴械投降 **/ 65**

红10军团8000多人马，只有粟裕带着1个无炮弹的迫击炮连、无枪弹的机枪连、1个步兵连和部分伤病员、机关人员，共计400余人冲出了重围。他们虽是残兵，但更是火种，日后转战大江南北，建立了不朽的功勋，终于成为燎原大火 **/ 67**

国民党浙江省主席黄绍竑说："粟裕啊，你这个人真是不可思议。我打你时，东征西讨不见你的人影。可是一和谈，城里乡下到处是你的人！" **/ 72**

第五章 抗战建功

阔别10年的粟裕和叶挺再次重逢，他俩谈起24师教导队的军旅生活，粟裕又记起了"艰苦与死"的回答。久别重逢，两人不禁感慨万千 **/ 77**

韦岗首战告捷。当大家把缴获的日本国旗、军旗、指挥刀、军大衣、钢盔、皮鞋、望远镜等物品集中在一座祠堂里展出时，远近的群众争先恐后地赶来参观，一时间粟裕将军的威名在江南四处传扬，妇孺皆知 **/ 81**

陈、粟率部历经大小数战,东避黄桥。黄桥周围百余里内所有敌、伪、顽等被一扫而光 / 84

黄桥决战前,韩德勤口吐狂言:"以我10万之众进击,压也把陈毅、粟裕压扁了!"粟裕把左轮手枪一挥,振臂高呼:"冲啊!"纵队司令陶勇和纵队参谋长张震东把上衣一脱,就挥着马刀冲到了敌人中间 / 89

车桥战役的捷报传至延安,慧眼识将才的毛泽东当场说了一句极富预见性的话:"这个从士兵成长起来的人,将来可以指挥四五十万军队。"当粟裕突然出现在日军战俘面前时,日俘们竟齐刷刷地向着他们心目中的"天神"鞠了个90度大躬 / 94

在皖南事变中犯下累累血债的蒋军52师为抢头功,叫嚣着"再打一个茂林,完成皖南剿共未竟之功"孤军冒避。粟裕巧妙地变换战法,上演3次精彩的反顽战役。毛泽东后来曾一再赞扬天目山战役打得不错 / 102

第六章 "常胜将军"的苦恋

楚青等几个女兵将竹筒内的饼干吃光了,然后还写了一张纸条"小老鼠偷吃了"放在空筒里。第二天,粟裕看到楚青等人时,微笑着说:"欢迎小老鼠再来光临。"楚青等都红着脸笑着跑开了 / 108

楚青看完信脸色大变,将信和照片捏在一起,"嚓嚓嚓"撕碎扔在了地上。一位高级将领不应该向一个小姑娘求爱。她拿定主意,往后再也不见粟裕 / 112

陈毅对粟裕说:"我看你的恋爱观念和你指挥打仗一样,认准了的目标是不会改变的。" / 113

第七章 初战苏中

粟裕四让华中军区司令,毛泽东闻讯,感慨万千。对日寇最后一战,粟裕不战而屈人之兵,狂妄的日本旅团长也敬佩地献上自己祖传的宝刀 / 117

驻守宣家堡的蒋军"天下第一团"四处吹嘘:"如果共军能打下宣家堡,那么他们就可以倒扛着枪,一弹不发地进南京了。"结果仅仅打了一夜,就被粟裕的部队全部消灭。蒋介石闻讯大骂:"堂堂黄埔高材生连粟裕这个'兵油子'都打不过,混蛋!" **/ 121**

海安防御战,以伤亡仅 200 余人的代价,换得了敌军伤亡 3000 余人的战果,创造了敌我伤亡 15 比 1 的新纪录。李堡歼敌 9000 人,打破了蒋介石迅速解决苏中问题的美梦,战场形势已经开始向着我方倾斜 **/ 126**

粟裕善行险棋,出奇兵,"钻到敌人肚子里去打"。如黄桥战役,打得敌军不敢单独行动。苏中七战七捷,粟裕由一名优秀的高级指挥员、出色的将领,成长为威震敌酋的战略家和军事家 **/ 129**

第八章 三战连捷

宿北诱歼戴之奇,敌整编 69 师全军覆没,宿北一役,歼敌 2.1 万余人 **/ 135**

马励武仔细地打量着眼前这个斯斯文文、貌似书生的对手,不禁摇了摇头:"你真是用兵出奇制胜啊!" **/ 138**

陈毅高兴地说:"粟裕将军的战役指挥一贯保持常胜纪录,愈战愈奇,愈打愈妙,是真正的常胜将军!" **/ 140**

第九章 鏖战孟良崮

国民党第一王牌师、蒋介石的"御林军"——整编 74 师师长张灵甫为人骄狂,但唯独忌讳粟裕,大战当前,几次请求避战去打林彪或彭德怀,但蒋介石始终不同意 **/ 144**

一年之内,粟裕指挥部队打掉了蒋介石 30 多万精锐部队,几乎占了我军歼敌总数的一半,逼得蒋介石派出五大主力中的三个来夹攻粟裕。进攻顺利的张灵甫完

全忘记了对粟裕的戒备，口出狂言："我74师不需要保护，有我74师就有国民党，就有国民政府的存在。" / **146**

华野6纵与74师不共戴天，6纵司令王必成率部利用两个晚上急行117千米山路，死死堵住了张灵甫的最后退路。张灵甫被困孟良崮，还妄想中间开花，与粟裕决战 / **153**

断水断粮少弹药，强悍不可一世的74师最终被粟裕全歼。张灵甫毙命孟良崮，蒋介石痛不欲生，毛泽东欣喜地为粟裕和华野将士举杯庆祝 / **158**

第十章 浴血豫东

毛泽东自担任党的领袖以来，从未出门迎送党内同志。仅有否定其渡江作战计划的粟裕前来，他才出门迎接。毛泽东乐呵呵地说："现在我们的粟大将军已经青出于蓝胜于蓝啦！"毛泽东想让粟裕代替陈毅担任华野司令，粟裕力辞不就，再让司令 / **166**

寻歼第5军未果，粟裕当机立断，决定执行第二套方案：先打开封，后歼援敌。毛泽东给粟裕发去电报："独立处置，不必请示。"开封守敌浑然不知，还认为我军是吸引国民党军队主力至鲁西南决战 / **172**

粟裕一声令下，华野将士5天便打下了省会城市开封。蒋介石疯狂地狂轰滥炸，结果使开封普通平民的死伤达六七万之众 / **175**

粟裕以开封为诱饵，引诱邱清泉兵团这条大鱼上钩，结果谨慎的邱清泉没有上当，只钓到了区寿年这条小鱼，还顺带着把黄百韬敲了一记。蒋介石用杀头来威逼邱清泉救援区寿年，可邱清泉却被粟裕打得连反击都不敢了 / **180**

第十一章 济南战役

毛泽东要求粟裕组织济南战役，粟裕却怀有更宏大的战役构想——把攻下济南

的战略决策变成一个完整而周密的"攻济打援"，并继而拉开了与蒋介石的江北近百万大军战略决战的序幕 **/ 188**

针对粟裕的 3 个方案，毛泽东又提出了更进一步的想法，粟裕看后连连叹服："主席才是真正的战略大家呀！" **/ 194**

仅仅一个星期就打下了 10 多万人据守的济南，让粟裕充满了信心，相信自己"能够攻占任何坚固设防的大城市" **/ 200**

第十二章　决战淮海

攻克济南，粟裕却面无喜色，胃口变大的他已经不满足于这个规模的胜利了。善于谋略的他向毛泽东提出了日后举世震惊的淮海战役的方案 **/ 204**

粟裕生平头一次紧张，就是围歼黄百韬兵团。刘、邓奇袭宿县，断了黄百韬最后的希望，蒋介石最强悍的兵团土崩瓦解，毛泽东听到黄百韬这块硬骨头被啃下来后，终于上床美美地睡了一觉 **/ 207**

粟裕掌控全局，派出部分兵力协助中野将黄维兵团围困在双堆集，足智多谋的他还预测出杜聿明集团可能逃跑的路线，制订了应对预案 **/ 213**

蒋介石舍不得黄维的 12 万大军，命正率众逃跑的杜聿明转向解救，结果让杜聿明的 3 个兵团也陷入了粟裕的重围。毛泽东说："淮海战役，粟裕立下第一功！"林彪在调看了粟裕淮海战役的指挥过程记录后，沉默了好久，最后只说了一句话："这是神仙指挥的战役！" **/ 217**

第十三章　挥师过大江

粟裕庄严宣布："毛主席今晚不睡觉，在总部坐等我们的捷报！"几个小时后，聂凤智首批登上长江南岸，给粟裕发回电报："我已胜利踏上了江南的大地。"粟裕部 35 军 312 团攻占了"总统府"，蒋家王朝被彻底埋葬了 **/ 226**

　　毛泽东准备攻打台湾，并委任他最信任的粟裕全权负责攻台事宜。正在粟裕积极准备时，朝鲜战事爆发，美国借机派遣第 7 舰队入侵台湾海峡，攻台作战被迫无限期推迟，粟裕也因此抱憾终生　 / 244

　　毛泽东说："论功、论历、论才、论德，粟裕可以领元帅衔，在解放战争中，谁人不晓得华东粟裕呀……难得粟裕！壮哉粟裕！竟三次辞帅！"周恩来也说："粟裕二让司令一让元帅，人才难得，大将还是要当的。"　 / 249

　　粟裕虽战功赫赫，却从不居功自傲，常自称是"沧海一粟"。1984 年 2 月 5 日，一代将星陨落，只留下一段遗言："把我的骨灰撒在曾经频繁转战的……土地上，与长眠在那里的战友们在一起……"　 / 256

主要参考文献　 / 269

第一章　湘西少年

长工阿陀是继业童年时期最好的朋友，继业特别喜欢听他讲除暴安良、杀富济贫的剑侠故事。继业帮阿陀理发、缝补衣服。阿陀下地劳动，或是上山摘茶子，继业总是和他做伴

1907 年的中国，战乱动荡，山河破碎，满清政府已经是日暮西山，风雨飘摇。

这一年，革命的枪炮声在神州大地此起彼伏，不绝于耳，反清斗士徐锡麟、秋瑾相继英勇就义，但内外交困的专制者凭着手中强大的国家机器，还努力地维持着腐朽的高压统治。

这一年，对于湘西南会同县伏龙乡（现坪村乡）一个叫枫木树脚村的小山寨而言，却依旧是一片宁静。政治上的风云变幻没有影响到这里，村民们依旧过着世外桃源般平静而单调的生活。

会同县是一个偏僻的山地小镇。它南倚云贵高原，东枕雪峰山脉，山川奇秀，矿产丰富。巫水、渠水蜿蜒过境，郁郁葱葱的楠竹遮天蔽日，青翠养眼。

这个美丽宁静的小县城，历史可以上溯到几万年前。早在遥远的新石

器时代，这里就有先人繁衍生息了。在漫长的历史岁月中，会同县一直是侗、苗、瑶等民族的聚居地，但是由于其山高林密、峰险路陡，几乎和外界没有什么联系。

会同县城北约 10 千米的伏龙乡，有一个长满枫木树的村子，因而得名"枫木树脚"。村寨内的木屋、吊脚楼，一色的青瓦油黑板壁，显示出典型的湘西风情。

当时并没有人想到，这个县城，这个村子，甚至这里的枫木树，都会因为一个人的名字，而永远地被载入史册。

在村子南角有一户粟姓人家，是会同县的大户人家，这从房屋的宽敞气派就能看出来。粟家有东西两院。东院住家人，西院是花厅，可以接待宾朋、请客设宴并兼作雇工的住所。宅子设计修建了八字形大门、品字形门厅、走马楼式的栅栏和卷翘的屋角。宅后有数株古枫、古檀、古樟，树干高大挺拔，枝叶交错掩映，像几把绿色大伞，覆盖着粟家房屋，与其他几十株枫树相连直至后山，形成一片苍翠的森林。

1907 年 8 月 10 日，一个和往常一样炎热潮湿的日子，翠绿的枫树林在高温的炙烤下显得有些无精打采，只有知了在树上不知疲倦地高声鸣叫着。突然，一声嘹亮的啼哭声划破了粟宅上空的宁静，也宣告了一个传奇的开始。

位于湖南省会同县坪村镇枫木村的粟裕故居

一个新生儿的降生，在这个只有五六十户人的小山寨无疑是件大事，村里顿时热闹了起来，人们奔走相告："粟家又添了个男娃子啦！"

粟家的老爷名嘉会，字周亨，是个落第秀才，为人恭谨宽厚。和旧时所有的读书人一样，他原本一心想入仕途为官，博取功名。不料连年考场失利，遂改行经商，往来于会同、常德做木材生意。但书生出身的他不善理财，生意不济，生活过得并不宽裕。他平日里深居简出，在家中写字、作画，很少出门。这一天，粟嘉会脸上有掩藏不住的喜色，家中添了男丁，还有什么比这更令他高兴的呢？

他凝视着怀中的婴儿，只见一张白里透红、眉清目秀的小脸，正在襁褓中沉睡。粟嘉会越看越喜，心想，让这孩子将来继承祖业，兴旺我粟家，就给他取名叫"继业"吧！粟嘉会不曾想到，这个孩子将来会做出怎样一番惊天动地的大事业，更不会想到，他会成为日后笑傲沙场，让敌人胆寒的一代"神将"！

一转眼，小继业已经长到四五岁了。他聪明伶俐，活泼好动。家门口有一条溪水，清凉彻骨，终年不断。每到夏天，小继业几乎天天泡在溪水里玩耍。他把竹席漂浮在溪水上，悠然自得地躺在上面漂流。秋天，他爬上橙树，用竹竿捅下橙子吃。

小继业从小乖巧温顺，侍奉父母十分用心。因为妈妈缠足，行动不便，他就跑到竹林里去砍了竹子，做成一个恭凳送给妈妈。他自己动手为妈妈缝制鞋袜，把竹筒制成木梳给爸爸梳头，还削竹片做成"孝子"给父母搔痒。村里的人都知道，粟家的继业是个出了名的孝顺孩子。

和所有的孩子一样，小继业也喜欢听大人讲故事。只不过，给他讲故事的人，不是父母，也不是兄弟姐妹，而是他家的长工阿陀。

这天，从溪水里游泳回来，小继业又缠上了阿陀："陀叔，再给我讲个大侠的故事嘛！"20岁的阿陀，没有读过书，讲话口吃，却有一肚子故事，特别是那些除暴安良、杀富济贫的侠义故事。他讲起来绘声绘色，小继业也听得如痴如醉——

一位剑侠绰号"草上飞"，他的轻功出神入化，可以在草尖上借力飞奔，专爱打抱不平；还有一个绰号"一枝梅"的剑侠，做了除霸惩奸的好事，就在墙上画一枝梅花作标记，然后远走高飞。官府对他毫无办法，老百姓交口称赞……

　　这些故事让小小的继业听得热血沸腾。听到恶霸为非作歹，仗势欺人，他恨得攥紧了小拳头；当阿陀讲到剑侠帮助穷人，除恶惩奸，他心里无比的畅快。他对那些除暴安良的侠士打心眼里崇拜。他的心里萌生一个愿望：长大以后，也要做一个为民除害的剑侠！

　　当剑侠得有好功夫，继业就和阿陀一起练功习武。为了能"飞檐走壁"，他们用布袋装满沙子，绑在腿上，蹦呀跳呀，练习"轻功"。为了练力气，他们把竹竿的节隔打通，灌上沙子，做成棍棒，在晒谷场上挥舞跳跃，练得筋骨酸痛也不肯停手。

　　他们在溪水旁的稻田里练习骑马射箭，阿陀还自己动手给继业制造了一把"枪"——他拣来一颗子弹壳，用钉子钻个洞，弹壳里装上黑色火药，再添加一些沙子。一点燃，沙子就"砰"的一声喷射出去。每当继业用这把"枪"击中目标——假想的"恶霸"时，心中总是有一种说不出的痛快。

　　不练功习武的时候，他们就一起游戏玩耍。阿陀用破了的瓷杯底做模子，灌进泥土做成棋子，和继业一起下棋。继业帮阿陀理发、缝补衣服。阿陀下地劳动，或是上山摘茶子时，继业总是和他做伴。

　　妈妈亲手做的蜜饯，继业常常偷偷拿给阿陀吃。客人们带来的花生、红枣、板栗等，继业也拿来与阿陀分享。有一次，继业把妈妈挂在屋梁上的半篮子板栗吃光了，把壳嚼碎再放回篮子里，妈妈还以为是老鼠偷吃的。

　　后来，回忆起童年的岁月，已是威名赫赫的粟裕将军总是特别怀念阿陀。他说："每个人都有童年的好朋友，我童年时的好朋友就是阿陀。几十年来，阿陀的美好形象和名字一直印在我的脑海里。我深深地怀念他，因为他对我的影响很深刻，可以说是我童年的启蒙老师。"

　　封建的习俗，使正在成长的粟裕颇感压抑。他渴望跳出这个陈旧腐朽的世界，到外面的世界去呼吸新鲜的空气。他萌生了到外地读书的想法

　　快乐而无忧无虑的童年总是过得飞快。原本，小继业可以和他的祖辈、父辈一样，读书识字、继承家业、娶妻生子，平淡地过完一生。但是，历史的狂潮却将他推向另外一条道路，一条充满艰险却波澜壮阔的路。

　　1913年，继业6岁了。父亲不满他整日跟长工混在一起舞枪弄棒，提前将他送到私塾念书识字，给他起了个学名"多珍"，字"裕"，也是希望家中粮食充盈，衣食无忧。就在这一年，一个叫毛泽东的未满20岁的湖

南青年考上了湖南省立第四师范学校，另一个叫陈毅的12岁的四川少年也考入成都华阳县德胜乡高等小学。

粟家的私塾设在西院花厅，教书先生是粟裕的一位堂伯父。开始时读《三字经》《百家姓》一类启蒙课本，后来读《论语》《孟子》《诗经》。和粟裕一起读书的还有同村的粟永年、粟永华等孩子。先生管教很严，第一天教的东西，要让学生第二天背出来，叫作"背温书"，背不出来的就要打板子。粟裕的同学大多家境贫寒，每天要放牛、割草，常常迟到，功课跟不上。有一天，先生在课堂上默写生字，粟永年把"目"字写成了"月"字，被先生用楠竹片打手心。看着同学挨打，粟裕心里也像挨了竹板一样。他抚摸着同学红肿的手心说："往后，我教你温课好了。"从这以后，粟裕利用课余时间教小伙伴识字、读文章。不久，几位成绩差的同学功课有了很大长进，也不会挨先生的板子了。他们感激地对粟裕说："多珍，你不仅是我们的知心朋友，还是我们的半个先生呢。"

1912年，以孙中山为总统的中华民国临时政府成立，第一任教育总长蔡元培对教育制度进行重大改革，创办新式学堂。粟裕的二叔粟周贞青年时代在长沙读书，接受了民主革新思想，回乡后在邻村塘口广德书院遗址办起了第八国民学校，实行新学制，开设修身、国文、算术、体操、音乐等课程。粟裕常常跑到这所学校去看，觉得那里上的课内容新鲜又有趣，学生们还唱歌、打球、做游戏。他和小伙伴们经常偷偷地逃私塾的课，跑到新学校去听课。在这里，粟裕第一次接触到了新学教育。

1918年，粟裕11岁了。

1918年的中国，依旧是个多事之秋。自1916年袁世凯复辟做皇帝的美梦以失败告终后，以袁为首的北洋军阀为主的政治格局顿时分崩离析，中国顿时成为一盘散沙。短短两年间，黎元洪成为大总统，张勋复辟，冯国璋、徐世昌相继走上大总统的位置，可见政治动荡之剧烈。

这一年，孙中山发起维护《中华民国临时约法》的护法运动，而国会的"南北战争"也在湖南岳阳开战。也就在这一年，毛泽东与蔡和森、何叔衡等人在湖南长沙组织新民学会，陈毅考入四川留法预备学校。同样，就在这一年，粟裕的家也经历了一次变故。尽管这次变故相对于当时的历史大潮是如此微不足道，但对于粟裕来说，这次变故的影响却要比当时的历史大潮深刻得多。

那时候会同境内，特别是山区一带土匪猖獗，主要是以绑架为手段，勒索钱财。一天，土匪到了离枫树脚村三四里的地方，把粟裕堂叔家只有几岁的儿子抢走了，后来带信到粟家说要给多少钱才能赎回孩子。

这次绑架事件吓坏了粟嘉会。他咬了咬牙，第二天举家搬到会同县城。为了防备土匪，他们在城里造了一个"窨子屋"，一座两层的木楼，周围是高高的围墙，还有厚厚的木板门。粟嘉会庆幸自己一家躲过了匪祸，亲自书写门额"余庆"和对联"莺迁乔木 凤栖梧桐"。修建新居欠了100多银圆的债，粟家的生活从此拮据起来。

会同县城虽然不大，但是与乡村的封闭状态有所不同，粟裕扩大了生活范围，有机会广泛接触社会各阶层人士。他常常到会同街上购买日用杂货，看到伙计忙不过来，就主动上去帮忙，比如帮助糖铺包"客糖包子"，帮助油盐店算账、数铜板。他同缝纫师傅周合堂交上了朋友，跟他学习缝纫技术。周师傅要买缝纫机，钱不够，他就把积蓄的零用钱送给周师傅。

此时，粟裕不用在私塾里摇头晃脑地背诵《三字经》《百家姓》等枯燥乏味的传统读本，先是进入了县里的"模范小学"，后又转入会同县立第一高等小学。会同县立第一高等小学前身是创办于1666年（清康熙五年）的三江书院，到粟裕入学读书时，已有250多年历史。粟裕被编入高级部第12班，是高级部年龄最小的学生。小学的功课比私塾广泛得多，也有趣得多，国文、算术、绘画、体操、唱歌、修身等课程，粟裕都有兴趣，唱歌、笛子、洞箫也都爱学，各门功课的成绩还过得去。然而粟裕在高小读书的日子也并非快乐无忧，他在高小二年级读了两三年，一次次留级，就是升不上去。

留级的原因，不是因为他脑子笨，也不是不用功读书，而是父亲粟嘉会一心想把粟裕培养成自己的接班人，见他念了几年私塾，又读了几年洋学堂，觉得已经够用，就要他来管家、记账。为此粟裕常常请假、耽误功课，因而一再留级。

家庭账并不复杂，但很烦琐。每天，收入多少钱，支出多少钱，细到买菜买油买肉用去多少钱，都必须分门别类地一一记下来，每个月都要把账目送给父亲检查。父亲检查账目很认真，可因为足不出户，对市面的行情一点也不了解。所以，粟裕偶尔也做假账骗他，且很容易骗过去。

一天，父亲对粟裕说："你去塘村口，把佃户粟用礼的租谷卖掉，好做你下学期的学费。"粟裕遵照父亲的话，第二天来到塘村口收租。一进门，看到粟用礼形容憔悴，表情木然，想他定是遇到了难处。他试探问道：

"爷爷，今年收成好吗？"粟用礼长叹了一口气说："去年涨大水，我们村没收几粒谷子；今年遭旱灾，还清去年的借谷，就剩你家这点租谷了。"老人家的话让粟裕心里难受。他当下就对老人说："爷爷，今年的租不用交了，这点谷子就留给你家过日子吧！"粟用礼心下宽慰，却对这个孩子的话半信半疑："这样，你父亲能依吗？""包在我身上，你不用担心了。"粟裕回到家里，对父亲谎称租谷已经收回了。父亲听了，信以为真，夸奖儿子小小年纪却很会办事。虽然第一次向父亲撒谎心里有些内疚，但是一想为佃户做了件好事，粟裕心中也欣慰了。粟裕不止一次这样瞒着父亲免收佃户的租。他在账上做假，或只记不收，或多记少收，再用其他办法把账、款弄平衡了，佃户还债的困难便圆满地解决了。

对于做一个小管家，粟裕心里厌烦。他渴望上学读书，接受新知识。他的心中已经隐隐感到，在自己生活的大山之外，有个更加广阔的世界。而此时发生的一件事情，促使他对旧式家庭习俗产生了直接的反抗。

粟嘉会为了把儿子留在自己身边，在他十四五岁的时候，做主给他订下了一门亲事。对方是一个富农的女儿，比粟裕大两三岁，还是裹小脚的姑娘。对于已经初步接受了新式教育的粟裕来说，当然很难接受了。封建的习俗，使正在成长的粟裕感到压抑。他渴望跳出这个陈旧腐朽的世界，到外面的世界去呼吸新鲜的空气。他萌生了到外地读书的想法。

有两件事直接促成了粟裕的出走。

那时会同县城里驻扎着北洋军阀的一个连，连长姓卢，平日里趾高气扬，县太爷都得听他的话。卢连长手下的官兵个个飞扬跋扈，百姓们恨透了这些"痞子兵"。

那时，乡下人到城里做生意，摊子就摆在路旁店铺门口。卢连长那个部队出来，排成四路纵队，不顾街上人多路窄，总是旁若无人地横冲直撞，把做生意的粮食挑子、蔬菜篮子、素油罐子随便踢翻，弄得粮食、蔬菜撒了满街，豆油、香油淌了一地。粟裕和他的同学看到当兵的这样欺侮百姓，都很生气。为了出这口气，他们放学和外出也照着样子排成几路纵队，手挽手地朝前走，故意去撞卢连长的四路纵队。久而久之，卢连长的兵就同学生结下了仇，而且越结越深。

有一次，城隍庙广场唱戏，大家都站在广场上。卢连长的兵就站在学生前面。学生们个子矮小，被当兵的挡住视线，心里都很窝火，偏偏还有个当兵的大模大样地登上一张长凳，挡在学生面前。

"拉下来！拉下来！"学生们高声叫喊。

那个兵竟充耳不闻，还是站在长凳上看他的戏。

平日里累积的愤怒终于爆发了。几个学生冲上前去，一齐动手，把那个兵从长凳上拉了下来。那个兵当然不肯善罢甘休，举起长凳动手就打。双方在广场上打了起来。

赤手空拳的学生同一帮"兵油子"斗下去，显然是要吃亏的。最后，学生们在混乱中逃回学校，把校门紧紧关上。排长下令追赶，还要强行闯进学校抓人。卢连长怕把事情闹大，阻止了手下。从此士兵和学生的仇恨结得更深了。那个排长扬言，以后见到这所学校的学生就要打，就要抓，就要杀！

有一天，在一条巷子里，学校的一个同学被士兵扣留了。

士兵审问："你是不是高等小学的学生？"

那个同学见势不妙，机灵地撒了个谎说"不是"。这才逃过一劫。

这个同学跑回学校一说，全校的走读生都紧张起来，不敢回家了。全体学生一致决定罢课抗议。学校有位姓杨的教算术的教员支持学生们的行动，鼓励学生们坚持斗争到底，煞一煞这些当兵的威风，还说闹出祸来没有关系，他在省城有朋友。这样一来，大家闹得更凶了，都用木枪、木棍装备起来，还进行操练。

学潮闹大了，县太爷不得不出面调停，两头说好话。卢连长的队伍作了保证：不再找学生的麻烦。一场不小的风波才算平息下来。这一场斗争，让粟裕觉得是外出求学的好机会，他甚至产生了出去"自己搞队伍"的想法，想拉一支保护老百姓的好队伍，带回来狠狠地惩罚那些作威作福欺侮老百姓的坏队伍。

机会终于来了。会同县每年都要招考几名学生，送到常德县（今常德市）湖南省立第二师范学校去参加正式考试。1923年的冬天，粟裕报名参加了考试。那一年，会同县只有两个名额，并且还要到二师参加正式考试，最后再择优录取，机会可谓难得。

县里发榜那天，榜单上赫然写着粟裕的名字！他兴冲冲地一路跑回家拿着录取通知书给妈妈看，说："我要到常德去念书！"妈妈看了看通知书，沉思了一会儿。她舍不得年少的儿子离开自己身边，但又不好一口回绝，于是委婉地说道："现在外面不太平，等太平了再出去念书也不迟啊！"

20 世纪 50 年代初，粟裕与母亲（前排中）的合影

　　粟裕认为母亲既然不反对，就是答应自己出去念书。他索性没跟父亲打招呼，就在 1924 年 1 月 8 日，天刚刚泛鱼肚白，这个 17 岁的少年就打点好行装，背起一个大大的行囊，朝着自己的理想出发了。然而，这次出走却是一次失败的出走。毕竟年轻没经验，没有把路费筹划好。当他步行了 110 里到了湘西水陆码头洪江，要在这里乘船去常德时，才发现带的钱还不够买一张船票，于是只好给家里写信要路费。粟裕在信上说："如果家里不给寄路费，讨米也要走！"父亲、母亲见了"讨米也要走"这句话，都急了，知道儿子心意已决，父亲立即给粟裕写信，答应筹集路费和学费，要儿子回家"从长计议"。

　　粟裕接到父亲来信，感到言辞殷切，就离开洪江回去了。但他担心回家以后父亲会扣留自己，所以在离家还有约十里地的地方住了下来，再给家里寄去一封信，告诉自己的地址，要求家里把学费和路费送来。父亲接到这封信，便派哥哥赶来接他，并转达他的诺言：一定筹足路费、学费，让他离家求学。这样粟裕才放心地回到会同，回到父母身边。家里为他凑了几十块银洋作为路费和学费。父亲还请来了亲戚朋友、左邻右舍，特地为粟裕送行。那一天，望着即将远行的儿子，粟嘉会流下了眼泪。

第一章　湘西少年

粟裕离家后,还专门写了一封信回来表示要与那吴家姑娘解除婚约,"革命不成功,自己不回家,不能耽误良家女子,劝其趁早嫁人"。

经过一年的准备,粟裕终于考上了向往已久的湖南省第二师范,成为一名师范学生。正是在二师这块革命土壤里,粟裕逐渐成长起来

粟裕又回到了洪江。因为沿途土匪猖獗,商船不敢单独行动。洪江下水的船都是一拨一拨走的,要凑上近百条才一起开船,还要有军队护送。粟裕在这里等了一个多月,才乘船沿沅江而下。沿途两岸悬崖峭壁尽是风景名胜,年轻的粟裕踌躇满志,极目远望,尽情欣赏。3月,粟裕终于到了常德,可是考期已过。粟裕又遇到了难题。

刚巧在常德,粟裕有一位远亲的堂叔是湖南省立第二师范的教员,堂婶在二师附属小学教书。粟裕找到了他们,靠着这个关系进了常德第二师范附小,插班在高小三年级读书。

这是一个完全陌生的新环境,但对粟裕来说却又是一个有着充分自由的新天地,粟裕从此完全摆脱了家庭的束缚和种种烦恼,可以安安心心地读书了。当时,学校已经开学一个多月。想到离家求学的不容易,想到自己的抱负,粟裕下定决心,一定要克服困难,发愤读书。

高小毕业了,但是粟裕还进不了二师,因为二师下半年不招生。他考进了常德一个名叫平民中学的学校。平民中学校长是教会学校毕业生,特别重视英文教学,每周四十几堂课,英语课和用英语教的其他课程就有31堂。完全没有英文基础的粟裕从 ABC 开始,学起来非常吃力。

少年粟裕如饥似渴地学习着新知识。除了一天三餐,晚上休息,他几乎整天不离开座位,也几乎没有任何社交活动,只是同座位前后左右的四个同学打打招呼,把全部时间和精力都倾注在学习上。这样苦读了两个月,身体终于吃不消了,他大病一场,咳嗽吐血,头发脱落,因此大家都管他叫"癞痢头"。从那以后,粟裕的头发再也没有浓密过。他既没有打针吃药,更没有条件进医院,只是在床上躺躺,竟然也康复了。他一直不知道当时得的什么病。直到新中国成立以后检查身体,医生说粟裕肺上有钙化点。这才推测,当初到常德读书时得的重病可能是肺结核。从那次康复以后,粟裕吸取教训,不敢死读书了,身体一恢复就注意锻炼,先是短距离跑,后又长距离跑,每天早晨风雨无阻,总要跑5000米,还经常打篮球、做体操,

身体渐渐结实起来。

步入青年时期的粟裕开始变得沉默，经常独自思考：社会的现状，祖国的命运，人生的意义，青年的责任……他都在思索，但是苦于找不到答案。他常常独自一人抱着一把月琴，拨弄着琴弦，陷入沉思。

1925 年，粟裕 18 岁。在这一年的 3 月 12 日，孙中山先生在北京逝世，留下了"革命尚未成功，同志还须努力"的著名遗嘱。也就在这一年，32 岁的毛泽东首次发表了影响深远的《中国社会各阶级的分析》。相对开始影响历史的毛泽东，24 岁的陈毅也与几个心忧天下的文学青年在北京创办了《燕风》半月刊，并在上面发表了不少充满革命色彩的诗歌。也就在这一年的春天，粟裕终于正式考进了湖南省立第二师范。

粟裕进入二师读书的时候，那里已经有中国共产党领导的共产主义青年团支部，并且建立了读书会等外围组织，有公开组织、指导学生们阅读宣传革命思想的书刊，学校政治氛围很浓，学生思想活跃。在这样的环境中学习和生活，粟裕感到如鱼得水，思想豁然开朗，他不再彷徨，而是有了明确的方向。他投入中国共产党领导的革命学生运动，废寝忘食地阅读秘密传送的革命书刊。正是在二师这块革命土壤里，粟裕逐渐成长起来。

粟裕好学多才，在同学中颇具威望，也很得老师的喜爱，很快成了全校有名的模范生。他热衷于音乐、演戏、演讲，学校的大型活动总少不了他。他演讲时态度从容又充满感情，每当讲完后，总是赢得全场雷鸣般的掌声。

当时中国的政治天空阴晴不定，即使一个小小的常德二师也是风云变幻。开始二师校园里的空气还相对自由，不同的主义思想在一千年轻人身上相互碰撞。其时，二师学生中有两个主要派别：一派是以共产主义思想为旗帜的"学生会"，其代表人物是邓兴明、滕代远，成员大多是一些家境相对贫困的学生；另一派是以三民主义思想为旗帜的"体育会"，其代表人物是黄均德，成员大多是一些家境相对富裕的学生。两派之间还有人数较多的中间力量。粟裕自然是属于第一派。

1925 年的春天，随着孙中山先生的逝世，国民党内部左中右三派的分化日益明显，原来反对"三大政策"的右派分子重新抬头，反共活动日趋猖獗。1925 年 11 月 23 日，国民党中央委员会中的右派林森、居正、邹鲁、叶楚伧等 10 余人，在北京西山碧云寺召开所谓"国民党一届四中全会"，通过了"反苏、反共、反对国共合作"等议案。会议宣布取消共产党员的国民党党籍，分别开除共产党人谭平山、李大钊、毛泽东等的中央执行委员会委员和候补中央执行委员职务，并取消他们的党籍。国民党高层出现的"反共"思潮也很快地影响了二师。左派"学生会"与右派"体育会"矛盾加剧，1926年的春天，二师终于发生了震惊湖南全省的"二师事件"。二师事件又称"二师械斗""二师惨案"，直接起因是滕代远支持桃源第二女子师范学校学潮。

滕代远比粟裕早一年进入二师读书，编在第24班。他1924年加入共青团，1925年转为共产党员。

1926年4月，桃源湖南省立第二女子师范学校爆发学生罢课斗争。罢课的原因是学生们反对学校黑暗统治，要求给予集会、结社、言论、出版自由，不得干涉学生的救国活动。罢课还有一个近因则是学校拒绝录取并当众侮辱泸溪学生彭琮。

事情是这样的。按照惯例，女子二师每年从湘西29个县招收60名学生，平均每县2名，余下两个名额给全省最优秀的学生。可是学校负责招生的领导往往徇私舞弊，把这两个名额照顾给了自己家乡的县。泸溪选送的学生彭琮，成绩较差，学生们认为泸溪教育不发达，应予照顾，要求从宽录取，学校不答应。教务主任文焕章还把彭琮的考试成绩张榜公布，并加上"请看落第生"的讽刺性标题。群情激愤之下，两个女生公开撕掉了榜示，而校方为维护所谓权威，开除了那两位女生的学籍，矛盾终于激化，全校女生罢课示威。

桃源女师学生代表向常德学联通报消息，请求支援。常德学生联合会派滕代远、邓兴明等作为"学生会"代表，悄悄前往女二师表示支持。女二师校长是国家主义派，对滕代远的到来，表面上不动声色，暗中却马上给常德二师校长写了一封信，信的大意说，贵校滕代远君，代表贵校"学生会"，于某月某日光临敝校，鼓动学潮……常德二师当时的校长也是国家主义派。他对来信不置一词、未批一字，让校役贴在学校的"公布处"。

一石激起千层浪，与"学生会"关系日渐水火的"体育会"立即召集"全校学生大会"，攻击滕代远"藐视校规，败坏校誉"，宣布取消滕代远的学生会会员资格，撤销他在常德学联的职务，开除他的学籍。参加"学生会"和"救国义勇队"的学生坚决反对，不承认"体育会"召开的学生集会为"全校学生大会"，宣布这个集会的"决定"无效，决定另行召开全校学生大会，请在桃源的滕代远立即偕同女二师代表返校，说明事实真相。粟裕坚定地站在"救国义勇队"一边。

4月8日晚上，全校学生大会在理化教室召开。开会之前，双方都作了充分准备，除了准备辩论以外，还准备了木棒、石头一类东西，剑拔弩张，气氛紧张。校长和教职员工看到形势不妙，把房门一锁，提前下班了。

理化教室对面有一座二层楼，楼上是"学生会"的办公室，楼下是"体育会"办公室。"学生会""体育会"都不过是对外活动用的名称而已，"学生会"办公室实际上是党团办公室，"体育会"的办公室实际上是国家主义派办公室，这是公开的秘密，大家心照不宣。

两派在理化教室里的辩论一开始就非常激烈，唇枪舌剑，各不相让。"体育会"坚持要开除滕代远学籍，"学生会"坚持要恢复滕代远学籍。辩论很快升级，到了白热化程度，由动口发展到了动手，最后棍棒交加，石头对掷，双方从理化教室的会场打到了对面的二层楼房。

国家主义派一个叫邓永祥的学生，在混乱中从一楼跑到二楼，想冲到"学生会"办公室去。"学生会"一个叫陈德型的同学守在二楼楼梯口端起红缨枪拦阻，却一枪刺进了邓永祥的胸膛，邓永祥顿时鲜血直流，摔下楼去。国家主义派学生借机大喊："救国义勇队杀人啦！共产党杀人啦！"原来同情左派的中间派，见状发生动摇，纷纷走散，许多人跳窗翻墙逃走。一场风波暂时平息。

黄均德等擅自下令全校戒严，搜捕进步学生，抓到了二师党支部的一名组织委员，搜到了一本党员、团员名册。名册上包括滕代远在内的41名学生，很快全被学校当局开除了，常德政府逮捕了邓兴明等三位学生。粟裕那时虽然积极参加党团组织领导的活动，但还没有入团，名单上也就没有他的名字，因此逃过一劫。

"二师事件"以后，二师的共产党和共青团组织遭到破坏，"体育会"等右派势力气焰嚣张。但是，左派革命力量没有被消灭，开始改变斗争策略，在学校中开展隐蔽活动。一度产生动摇的中间派，由于对右派的倒行逆施不满，转而倾向左派，二师一度被压抑的革命情绪再次高涨起来。

1926年6月，粟裕回到会同家乡过暑假。这时有人告密说他参加了中国共产党（其实当时他还没有入党），反动当局于是要来拘捕他。粟裕听到这个消息，当晚就离开了家乡回到学校，从此再也没有回去过。

粟裕离开家的第二天，反动当局便派人来抓他。见粟裕不在家，反动派便把他的父亲粟嘉会给抓了起来，要他把粟裕找回来。粟嘉会只好与家人商定，以外出找粟裕为借口也跑到了外面。

在外面流浪一段时间后，粟嘉会回到了离家不远的一个叫抱石冲的小地方，那里有他家的一块菜地。他就在那菜地旁边搭了一个简易的棚子，伪装成乞丐居住在那里。由于长年累月过着焦虑又无温饱的生活，粟嘉会的身体垮了，健康状况每况愈下。

直到已经吃不了东西，自感日子不长，粟嘉会按照农村死也要死在家里的习俗，于1927年初的一天深夜，伪装成乞丐，挂着一根拐杖，由村里的一个人护送着回到县城里的粟家窨子过了几天，粟嘉会就在这地方去世了，终年仅43岁。未能伺候父亲终老，这是粟裕最大的遗憾！

反动军阀血洗湖南第二师范，粟裕和同学们不得不连夜突围，踩着齐腰深的臭水逃出了学校。粟裕作出决定，去长沙，找共产党去

1926年7月9日，国民革命军誓师北伐，总司令是蒋介石。7月12日中共中央发表《中国共产党关于时局的主张》，14日国民党发表《北伐出师宣言》，两党一致号召全国人民支持国民革命军进行北伐。

北伐的主要对象是三支军阀部队：一是直系吴佩孚，二是奉系张作霖，三是由直系分化出来、自成一派的孙传芳。

粟裕回到常德二师的时候，国民革命军北伐部队正经由湖南境内胜利进军。1926年8月，贺龙在常德就任国民革命军第9军第1师师长，积极支持常德共产党和共青团组织的活动。常德党、团工作空前活跃起来，工农革命运动和青年学生运动蓬勃发展。

1926年11月，粟裕经邱育之、肖钟岳介绍，加入中国共产主义青年团。一个月以后担任团小组长。

1927年初，湖南省立第二师范与第二女子师范、第二中学合并为湖南省立第二中学，实现了男女学生合校的进步主张。不久又撤换了反动校长和部分守旧的教职员，校长由年仅28岁的共产党员胡佐武担任，增聘了一些进步教师，学生总数达到1700多人。共产党、共青团组织迅速发展，全校党员团员发展到四五百名。国民党右派势力销声匿迹，共产党领导的左派势力重占优势，党组织公开挂出了"中国共产党湖南常德地区办事处"的牌子。在党、团组织领导下，粟裕和同学们积极参加反帝反封建、解放工农、打倒土豪、破除迷信、禁烟禁赌等活动。

为迎接北伐军的到来，党、团员们都积极凑钱买枪，粟裕与同学滕久

忠凑钱买了一支驳壳枪和200发子弹，准备参加武装斗争。后来，常德党组织认为公开进行武装斗争的条件还不成熟，他们就把枪弹藏在贮藏室里，等待时机。

1927年4月12日，蒋介石在上海发动了反共清党、屠杀革命者和工人群众的反革命政变。5月21日晚，国民革命军第35军独立第33团团长许克祥，在长沙发动"马日事变"，袭击湖南省总工会、农民协会和其他革命团体，解除工农革命武装，捕杀共产党人。在这种政治大环境下，常德的形势也突然紧张起来。

5月初，常德各校学生举行声势浩大的"红色宣传周"活动，在城乡各地召开了有10万人次参加的群众大会，声讨蒋介石叛变革命的罪行，号召人民团结起来，同国民党反动派作坚决斗争。

"马日事变"一发生，湖南省防军驻常德独立旅的旅长就派人来学校请胡佐武校长去"谈话"。党组织和同志们都提醒校长局势紧张，此去凶多吉少，竭力劝阻他不要去，应该立即离开湖南。胡佐武认为自己是堂堂正正的省立师范校长，"夫子何惧之有！"结果，他被反动军警扣押起来，几天后遭到杀害。消息传来，全校大为震惊，学生们愤怒极了，但一时又没有好的办法。

常德当局下达对全校共产党人（包括青年团）的通缉令。当时外面风传二师有七八百条枪，其实这个数字是被远远夸大了的，全校实际顶多有几十条枪。反动军警不敢贸然进入学校，就出动两个营的兵力包围二师，在校门口架起了机关枪。警察局长朱兴曙带兵到校园内逐室搜查共产党员和共青团员，白色恐怖笼罩全校。

面对如此严峻的情况，二师召开了紧急的党团会议，商议对策。学生会领导人、中共常德特支书记李芙主持会议。会场内有包括粟裕在内的二三十位党团同志，屏息凝神，等待李芙开口。

李芙站起身来，看了看身边的粟裕，又抬头扫视了会场内的二三十位同志，打破了会场的沉默："现在敌强我弱，不宜公开进行武装斗争，我们要尽快撤离学校。"

李芙话音方落，一瞬间空气像是突然凝固了一般，紧接着愤怒的声音爆发出来："难道我们就这样不战而退？做胆小鬼吗？"

"不行！"

"我们跟反动派拼了！""我们跟反动派拼了！"同学们一个个都站

了起来。

李芙面对着一张张年轻激动的面孔，心中半是感动，半是难过。等教室内稍微安静下来，他诚恳地说："我的心情何尝不跟大家一样！但是，目前城里反动军警的力量过强，如果我们硬拼，后果不堪设想。我们只有暂时撤出。"这时，他身旁的粟裕站起说："我同意这个意见。同学们，留得青山在，不怕没柴烧！"

会议通过短暂的讨论，决定立即撤出常德。大家正准备撤走，情况却起了急骤的变化。常德朱兴曙的警察大队、县政府的警备队、军警检查等反动武装贴出告示通缉党、团员。李芙、粟裕的名字都在上面，省立二师也被勒令解散。

次日拂晓，反动军警开始大搜捕。街上行人凡穿中山装或佩戴证章的，都被拘捕审讯。遇有中山装背后开衩的，即被指为"共"字标记，格杀勿论。这一天，常德惨死者竟达600多人！

李芙、粟裕等先是想突围出城去，然而城门口守卫森严，冲不出去。半夜里，学校附近又开来两个营。粟裕听到外面杂乱的脚步声，爬上树一看，不由得倒吸一口冷气：墙外，黑压压的人群正向学校逼近。借着手电筒忽明忽暗的光，他看到了寒光闪闪的刺刀。他赶忙跑回宿舍叫醒大家："我们被包围了，必须趁黑夜赶快离开这里，天亮敌人动起手来，我们就更没有办法了。"

粟裕想到前半夜巡视学校四周时考虑的撤退路线，镇静地对同学们说："东面的厕所背后有扇多年关闭的小门，铁锁已经锈蚀。那边的环境我熟悉。出门是一条死巷子，翻过墙去有一个荒废的菜园，紧靠着城墙。我们只要穿过那片菜地，就可以离城而去，去找农民自卫军。绳子我已经准备好了。"

同学们一听，都兴奋起来，决心一起突围。

这时，只听轰然一声巨响，校门被反动军警撞开了。远处，反动军警已经涌入校门。粟裕向大家一挥手，同学们一起向东面的小门跑去。

粟裕带领大家来到后院，小门上的锁已经锈死，粟裕拿起旁边一根铁棍将锁撬开。"快！快！"同学们一个个钻进下水道，静悄悄地消失在夜幕中。

下水道里伸手不见五指，充满令人作呕的刺鼻臭味。粟裕和同学们互相搀扶，趟着没过膝盖的污水，摸索着向前疾行。

不知这样走了多久，水沟前方渐渐出现了亮光，粟裕他们从下水道中钻了出来。为了分散军警的目标，他们决定分头逃散。泅渡沅江时，粟裕身边只剩下滕久忠一人了。

东边天际已经露出一丝微明。他俩登上沅江彼岸，远眺常德城内腾起的火光，听着远处传来的凄厉的枪声，心中涌起一阵阵悲凉。革命难道就这样失败了吗？不会的！粟裕望了望东北方向，天边黑云下已露出一道金光，曙光出现，照亮了黑暗。粟裕作出决定，去长沙，找共产党去！

粟裕转向武昌，加入了叶挺领导的第24师教导队，他暗下决心，一定要以枪杆捍卫革命，保卫人民，打倒军阀

粟裕和滕久忠日夜兼程赶往岳阳。

一路上映入眼帘的是一派浩劫后的景象：断瓦残垣，尸骨遍野，令人不忍目睹。

粟裕对滕久忠说："可惜半年前同学们凑钱买的枪都散失了。要是我们手里还有枪就好了。血债，一定要血来偿！"

滕久忠略带苦笑地点点头："是啊。没有枪，能不吃这样的大亏吗？"

粟裕没有再说话，紧锁双眉，陷入了沉思之中。

粟裕和滕久忠辗转来到岳阳城，找到一条停泊在洞庭湖边的渡船，央求船上的老艄公渡他们过湖。

老艄公瞟了他们一眼，一声不响地解下缆绳，长长的竹篙水中一划，船便向东岸驶去。湖水拍打着渡船，老艄公的脸如同刀刻一般，双唇紧闭，两眼一直盯着对岸。

船到了码头，粟裕掏出几枚铜板递到老艄公手上。老人将铜板在手中掂了掂，又放回粟裕的衣袋："快上岸吧，迟了恐怕来不及了。"他指了指码头上贴着的大幅告示，扭头将手中的竹篙一点，船如一片柳叶般离岸而去。

粟裕和滕久忠对望了一眼，一前一后地走向了那张布告。

布告是国民党湖南省救党临时办公室处颁发的，内容是恢复团防局，清查户口，10户一保，联保连坐等。落款领衔者的大名是——许克祥！

滕久忠咬着牙恨恨地说："这个刽子手！"

粟裕沉吟不语，他估计眼下岳阳城内形势也很紧张。

这时，岳阳城内传来几声枪响，看来血腥大屠杀已经波及岳阳。严酷的现实摆在他们面前：现在进城很可能有自投罗网的危险！

恰在此时，一声划破夜空的汽笛，宛如一道耀眼的闪光，令粟裕眼前一亮。"是火车！我们到武汉投军去！"他以亢奋的眼光盯着身边的滕久忠，滕久忠立刻点了点头。

两个热血奔涌的年轻人，遥望东北夜空，仿佛看见了依稀的曙光。

夜已经很深了，他们深一脚浅一脚地在田野里奔走，几乎摸索了一整夜，才沿着铁轨找到了长沙北站。

晚上 11 点，一列北去的列车鸣着汽笛驶进了站台。他俩混在接踵摩肩的人群中挤进了车厢。两人一猫腰钻进了其他乘客的座椅底下。多日来积聚的疲劳，很快将他们送入了梦乡。

一觉醒来，火车已经到达了武昌的鲇鱼套，粟裕和滕久忠下了车。走过几条崎岖不平的街道，他们望见了宾阳门上的城楼。

当时，武汉的汪精卫政府还没有公开反共。国民革命军第 11 军第 24 师正在宾阳门外招募新兵，这是中国共产党控制的一支武装力量，师长就是粟裕久已闻名且十分仰慕的叶挺。"马日事变"后，湖南、湖北大批工农骨干和进步学生被通缉、追捕，他们纷纷涌向武汉。党组织十分重视这批革命力量，决定让叶挺以第 24 师组建教导队需要招募知识青年的名义，收容并训练这批从白色恐怖压迫下冲出来的有为青年。粟裕和滕久忠报了名，十分顺利地参加了第 24 师教导队。不到半月，教导队的学员就达到了1000 多人，而且绝大多数是共产党员、共青团员和进步群众。

粟裕投笔从戎参了军，童年时代握"土枪"打"恶霸"的情形又浮现在眼前。如今他的梦想终于实现，土枪变成了真枪。他暗下决心，一定要以枪捍卫革命，保卫人民，打倒军阀。

党组织非常重视教导队这批新的革命力量，派了不少优秀的政治、军事干部来领导这支队伍。孙树臣、申朝宗分别担任正、副大队长。党的有关负责人周恩来、恽代英、瞿秋白经常亲临教导队作报告。

周恩来主要作形势和任务方面的报告，他的语言爽朗明快，观点鲜明，分析透彻，对革命前途充满信心，给学员们留下了难以磨灭的印象。他不止一次地亲切询问学员们："你们都是些学生，怕不怕苦，现在这样严格的军事生活，吃得消吗？"他还鼓励大家说："你们这支队伍，全都是党、团员，是建设红军的基础，一定要肩负起阶级的重托！将来你们要到部队中去，到士兵中去，掌握革命武装，学会打仗，用革命的军队去战胜反革命的军队，去夺取革命的胜利！"

恽代英讲话十分幽默，富有鼓动力量。他曾经挖苦孙科说："人家说孙科是中间派，我看他是站在中间，向前一步走，向右看齐！"恽代英鼓励学员们要在战争中学会打仗。某部在参加讨伐夏斗寅叛军的战斗中曾一度失利，退了下来，当时有人说他们不会打仗。对此，恽代英就说："我看不是这样，而是演习了一次退却，打仗总是要在战争中才能学会的。"从此，"在战争中学会打仗"，也成了粟裕以后参加军事斗争实践的指南。

叶挺领导的部队在北伐时期就令反动军阀闻风丧胆。其先遣突击队队员大多由共产党员组成，攻坚突击，不惧牺牲。叶挺带领这支军队走南闯北，攻克长沙，力拔岳阳，汀泗桥大败军阀吴佩孚，武昌城活捉北洋悍将刘玉春，所向披靡，战无不胜。这支部队因此获得了"铁军"的称号。当时在学员之间传诵着与叶挺师长有关的战斗故事：当夏斗寅勾结蒋介石叛变，进攻武汉并已打到距武昌仅20千米的纸坊时，我方因兵力悬殊，在敌人的猛烈炮火下退却了。当时，参谋长亲自督战，仍不能扭转不利形势。之后突然传来了消息："叶挺师长到了！"战士们立即停止退却，转向敌人冲锋，终于将敌人打退。原来有一个营长只受了一点轻伤，就下了火线，一听师长来到，立即亢奋得跳下担架，冲上前去。由此可见大家对叶挺的敬畏。

第24师教导队的训练生活相当严格艰苦。它不像一般军队通行的"三操两讲"，而是"四操三讲"。每天早晨一次跑步，上午、下午各一次军事操练，黄昏一次体操，这是"四操"；上午、下午各上一次政治课或军事课，晚上一个小时的点名训话，这是"三讲"。这"四操"和"三讲"的要求都很严格。拿晨练来说，每天起床号一响，就要立即跳下床铺，穿衣、洗漱、整理内务，接着是10千米跑步，而且还要抢占一座几百米高的山头，先到的站在排头，后到的站在排尾，这也是一种无声的奖惩。夏天的武汉素有"火炉"之称，在这样严酷的训练下，学员们的军服一天几次被汗水浸透，又被阳光烤干。为了磨炼学员的意志，有时甚至故意让大家穿上夹衣，摘掉军帽，在烈日下操练。就连吃饭时间都很紧张，学员们一个个都是狼吞虎咽。教导队长官有时故意在饭中掺上头发和砂子，要挑拣就吃不饱。晚上点名训练，始终立正，不准稍息。教导队的驻地在宾阳门的一所大学内，宿舍的油漆地板必须每天擦得干干净净。检查人员常用白绸子在地板上擦，如有一点污垢，就命令重新擦洗。

粟裕开始很不习惯这样严酷的训练，加上体质不是很好，早晨跑步和抢占山头，往往落在后面，但是他凭着顽强的精神和惊人的毅力加倍锻炼自己。几个月后，排头的位置便非他莫属了。他的身体也锻炼得壮实起来，古铜色的面孔，笔直的腰板，结实的肌肉，成了一名标准的军人。不久，因出色的表现获得了上级的重视，他被任命为班长。

这一年，粟裕20岁。

传奇粟裕

第二章　南昌起义前后

随着 3 声枪响，3 发信号弹映红了南昌的夜空。一队队脖子上佩着红布带的起义战士源源不断地开向各个方向，震天的呐喊声像潮水一样冲击着黑沉沉的古城。粟裕所在的排也接受了任务：前去接应第 3 军军官教育团的起义

在教导队的生活紧张而充实，年轻的粟裕在这支队伍里很快成长起来。1927 年 6 月，他在 24 师教导大队由共青团员正式转为共产党员。

虽然教导队的学员都是党员、团员，具有较高的革命热情，但因绝大多数出身于小资产阶级，又缺乏实际斗争的锻炼，最初，有人对如此严格的军事训练不习惯，党组织立即进行思想工作，说明中国革命的根本问题是武装问题，要有大批经过严格军事训练的干部，派到部队里去，才能掌握武装，并与士兵同甘共苦，成为士兵的表率。在很多年后，粟裕还记得当初有这样一段教官与学员的对话：

教官问学员："艰苦与死，哪一个更难受？"

学员回答："死更难受。"

教官摇摇头："不对，艰苦比死更难受！死只是一瞬间的事，而艰苦

则是长期的、时刻都会遇到的。如果你们能战胜艰苦，那么还有什么不可战胜的呢？"

粟裕一直默念、回味这段话，他开始领悟，要取得革命的最终胜利，不知道要经过多少年的艰苦奋斗，多少人的流血牺牲。他作好准备，要经受长期的艰苦磨炼与考验。

6月中旬以后，武汉的形势日趋紧张。

1927年7月，为了反抗国民党反动派的屠杀政策，挽救中国革命，中共中央于7月12日进行改组，停止了中央委员会总书记陈独秀"右倾"投降主义的领导。成立了由周恩来、李立三、李维汉、张太雷、张国焘5人组成的临时中央政治局常委会主持中央工作，并决定以"东征讨蒋"为名，由中共领导或影响的部队沿长江东进，经九江到南昌集中，同时中共中央指定周恩来、李立三、恽代英、彭湃等组成中共中央前敌委员会，以周恩来为书记，前往南昌领导武装起义。

一天下午，粟裕和其他学员正在操练。教导大队大队长孙树臣突然出现在操场上，神情严肃地命令各中队紧急集合。所有人员跑步集合完毕后，孙树臣宣布："奉上级命令，第11军全军即刻开拔，'东征讨蒋'，教导队随第24师师部行动。"

听说要东征讨蒋，粟裕他们都十分兴奋。

教导队奉命离开武昌，经大冶、黄石港向九江进发。为了在途中减少目标，将各个中队改名为手枪队、迫击炮连、监护连等。教导队到达九江不久，贺龙领导的20军也到了，接着周恩来等也都到了九江。不久，新的命令下来了："部队沿南浔路往南开，月底前到南昌集中。"

部队按时到达南昌。前敌委员会即日在江西大旅社正式成立。前委和军事参谋团设在楼上，警卫队就住在楼下。因粟裕所在的中队素质好，战斗力强，被叶挺选定为起义革命委员会的警卫队，负责执行警卫江西大旅社的任务。

起义前几天，警卫队就在江西大旅社总指挥部执行门岗和内卫任务。粟裕明白自己肩上的责任重大。他把江西大旅社里里外外，包括周围地形、房间位置、布局、大小，乃至房前屋后一草一木都仔细默记在心。那些天江西大旅社二楼的房间灯光几乎天天彻夜通明，粟裕知道这是周恩来等在召开重要会议。粟裕格外提高警惕，在喜庆厅门口站起了双岗，严禁外人入内，还架起两挺俄式水联珠重机枪，枪口对着旅社外街道，亲自带班，

在楼下往来巡逻。

7月30日上午，叶挺亲自把粟裕叫进23号房间。进去时，粟裕见周恩来正在和恽代英谈话。周恩来一见粟裕进来，立即把他招呼到身边，亲自倒了杯水给粟裕，然后才说："党中央又来了一位负责同志，一会儿前委和参谋团就要举行重要会议。会议的保密性极高。组织上郑重研究决定，派你担任会议厅内的内勤和警卫。这是党对你的信任。你要特别小心谨慎，做好这一工作。"

接着，叶挺又具体交代注意事项："除了参加会议的，其他人一律不得进入会场。要与会议厅外的警卫保持联系，防止偷听泄密……"

粟裕后来才知道，这位"负责同志"便是中央特派员、共产国际代表张国焘。

粟裕听说中央又有一位负责同志前来召集重要会议，心中非常兴奋，以为他肯定是来下达作战命令的。不料张国焘到后却在前委和军事参谋团联席会议上以种种借口阻挠起义，说如果不依靠张发奎，他就取消这次起义。

粟裕一听张国焘的发言，心里暗暗着急，他很希望有人起来否定张国焘的意见。

果然，张国焘话音刚落，李立三、谭平山、周恩来、叶挺等人群起而攻之，谭平山甚至拍着桌子喊"把张国焘捆起来"。

最后，由于一名副营长叛变，周恩来当机立断，决定将起义提前两小时，改在8月1日凌晨2时举行。

当夜，随着3声枪响，3发信号弹映红了南昌的夜空。紧接着，四下响起了密集的枪炮声，一队队脖子上佩着红布带的起义战士源源不断地开向各个方向，震天的呐喊声像潮水一样冲击着黑沉沉的古城。粟裕所在的排也接受了任务：前去接应第3军军官教育团的起义。

任务完成得很顺利。粟裕他们到达目的地后，按照事先的约定向营地上空打了一排枪。营地里稍稍沉寂了一会儿，不久传来了稀疏的步枪声，接着机关枪、迫击炮也轰鸣了。粟裕他们向着第3军军官教育团驻地跑步前进。到达目的地时，营内吹起欢迎号，军官教育团全部起义了，领导起义的就是朱德。这是粟裕第一次见到朱德，只见他蓄着长长的胡须，身材魁梧，仪表威武。朱德满面笑容、态度和蔼地招着手朝粟裕他们走来。粟裕和战友们立即把朱德护送到了革命委员会所在地江西大旅社。

8月1日上午，朱培德留在南昌的部队全部被缴械，南昌已为中共领导的军队占领。这些起义队伍包括叶挺领导的第11军第24师，朱德领导的第3军军官教育团，还有25师和贺龙领导的第20军。

为了避开蒋介石纠集的大批敌军的进犯，起义部队决定撤离南昌。粟裕所在的警卫队边走边打，还要负责运送物资

南昌起义给了蒋介石一记沉重的闷棍，他想把革命之火很快扑灭，迅速调集了大量的反动军队包围南昌。8月2日，革命委员会任命贺龙兼代第二方面军总指挥，叶挺兼代前敌总指挥。第二方面军下属第9军，朱德任副军长，朱克靖任党代表；第11军，叶挺任军长，聂荣臻任党代表；第20军，贺龙任军长。8月3日，中共前委指挥起义军分批撤出南昌，沿抚河南下，计划经瑞金、寻邬（今寻乌）进入广东省，先攻占东江地区，发展革命力量，争取外援，尔后再攻取广州。

在撤退的途中，粟裕所在的警卫队不但要担负对革命委员会和参谋团的繁重警卫任务，还要负责押送南昌起义缴获的大批武器弹药。每人除驳壳枪及子弹外，还要背两支步枪、两百多发步枪子弹，加上背包、军毯、水壶、饭匣、洋镐、铁铲，加起来有30公斤。另外，每班还抬一个大帐篷，每人还要照管一个挑着枪支的民夫。8月的天气酷热难耐，每天负重走三四十千米，对体能是严峻的考验。在第一天行军中，就有十几个人中暑死亡。有时候警卫队战士自己也要挑枪支，但走不多远，就挑不动了。这样，缴获的武器弹药在沿途丢失不少。

这是一次长途行军，从南昌出发，经抚州、宜黄、广昌、石城、瑞金、会昌、长汀、上杭、大埔，最后到达潮汕地区，行程近3000里，整整走了一个多月才停住脚。一路上边走边打，在瑞金以北的壬田寨打了一次胜仗，在会昌又打了一次大胜仗，歼灭敌人一个多师。直到9月23日占领潮州，南下的第一个目的顺利实现了。

但就在部队着手肃清反动派，恢复社会秩序，开展群众工作的同时，敌人又策划了绞杀革命的新阴谋：黄绍竑、陈济棠、薛岳、钱大均等反革命武装从四面八方涌来。起义军被迫仓促应战，潮汕、山湖、三河坝等地战斗先后展开。

潮州城内，粟裕这个排正在担任后勤部门和物资仓库的守卫工作，他

传奇粟裕

们并没有意识到形势的危急，后勤人员正热火朝天地忙着筹粮、筹款、收集军用物资。

前线战事日益紧张，潮州能抽调的部队均被派往四处增援，城里所剩部队人数已不足 1000 人。

30 日清晨，炮声由远而近，而且愈响愈烈，敌第 8 军副总指挥黄绍竑亲自率领两个加强师，沿韩江西岸南下奔袭，已进抵潮州城郊。然而，这时潮州卫戍司令周逸群师长接到的却是死守潮州城的命令。潮州四野无险可据，敌众我寡，周逸群只能带着不足 1000 人的队伍勉强支撑待援了。

双方激战至下午 3 时，敌约一个团再次从师部后边的小丘上向城里发起进攻。我军弹药几乎告罄，机关枪、大炮都已经失去了效用。粟裕急得团团转，他一会儿跑到门外张望，急促的枪声一阵紧似一阵；一会儿又走进屋里连连跺脚，在他身后守护着的，可是刚刚筹集来的大批冬衣和 60 万块银圆啊！

快到黄昏时，大批敌人已冲到了潮安街上，一部分正向粟裕他们涌来。

"周师长，快撤！"粟裕急得大声叫喊，"敌人快进大门了。"

一连反动军队正朝这边赶来，见战士们手中都拿着驳壳枪，不由得狂喜大叫："这儿是当官的！"

"冲进那个院子，赏 10 块大洋！"

敌人在外面号叫着，一个个跃跃欲试，又怕枪子儿不长眼，不敢贸然闯入。

"从后面走，我来掩护。"粟裕一面说，一面不停地向敌人射击。

周师长带领几名卫兵和特务连的战士迅速穿过客堂，往后院奔去。

涌上来的敌人更多了。粟裕冷静地指挥着十来个战士且战且退，眼看就要退到最后边存放物资的仓库了。这里有堆积如山的冬衣，一大箱一大箱共 60 万银圆啊！这么多我军迫切需要的东西，如今无法带走了。

粟裕清醒地意识到，这会儿已经不是考虑如何带走这些东西的时候，而是要把敌人多阻拦一会儿，让后院的同志们多一份脱险的希望。忽然，粟裕脑子灵光一闪，忙命令战士把装银圆的木箱抬来。

对这个莫名其妙的命令，战士们一时面面相觑，不知道他这葫芦里面卖的什么药。

"快去执行！"粟裕将一颗手榴弹投过天井，扔进了前庭。

随着"轰"的一声巨响，前庭传来一阵敌人的惨叫声。过了一会儿，密集的子弹又向后面扑来。

冲在前面的敌人被粟裕一一击毙，尸体几乎把二进门堵住了。趁着敌人拖尸体的当口，粟裕敏捷地从屋门旁跃到抬来的大木箱后边。

"不能再耽误了。"粟裕猛然揭开箱子，使劲一掀，白花花的银圆滚了一地。

"撤！"粟裕果断地将手一挥，将一捆手榴弹装到另外一个箱子里，并把导火线扣在箱盖上。

就在他们翻出后院墙的同时，敌人冲进了第三进堂屋，但是追随战士而来的已经不是枪声，而是抢夺银圆时贪婪的狂笑声。

撤出潮州以后，粟裕他们顺利地渡过了韩江。

一路上，坏消息一个接一个地传来：汕头也已失守；山湖之战我军伤亡三分之一，已退出战斗，革命委员会打算向海陆丰方向撤退……

"难道革命就这样失败了？"大家都在心中自问，脑子里都一片茫然。这时有消息说，朱德率部正在三河坝作战。

"不，我们并没有被消灭，到三河坝找朱德去！"粟裕提议说。

他的意见得到了大家的赞同。

武平激战时，粟裕担负起殿后的重任。一颗流弹从他的右耳上侧穿过了头部。排长卸下他的驳壳枪走了，坚强的粟裕在绝境中激励自己"一定要赶上队伍！"

粟裕和战友们从潮州撤出后，在他的提议下，决定同在三河坝率部作战的朱德部会合。他们打算先经饶平去三河坝，同第11军25师和第3军军官教育团会合。从潮州到饶平多是崎岖的山道，他们每人负重七八十斤，走得非常吃力。途中，又传来一个更加不利的消息：革命委员会撤出汕头西进至乌石一带，与汤坑转移来的主力部队会合后，被敌人重兵围攻，遭到毁灭性的失败。这一连串不幸的消息，犹如晴天霹雳，使粟裕和他的战友们感到震惊。

当他们到达饶平时，25师和教育团已先撤到饶平。原来，他们在三河坝与敌人进行了3天3夜的激战后，在朱德的指挥下，给进攻之敌钱大均部两个师以很大杀伤。朱德得知汕头方面的情况很不利，便主动转移到饶平，保存了师和团的建制，部队还有5000多人。

当时，这支队伍的处境极端险恶。敌人大军压境，集结于潮汕和三河坝地区的国民党反动军队有5个多师，共约4万人，其来势汹汹，企图完全消灭我军。值此千钧一发之际，朱德果断地作出了决策。

朱德认为，起义军主力虽然失败了，但南昌起义这面旗帜不能丢，武装斗争的道路一定要走下去。现在的情况是，反动军队已经云集在周围，随时都可能向起义军扑来，必须尽快离开这里，甩开敌人重兵，摆脱险恶的处境，否则部队将有全军覆没的危险。在当时的条件下，能脱离险境和保存力量就是胜利。粟裕和战友们坚决追随朱德，于是，朱德率领他们在饶平略事整顿后，即刻出发，经平和、永定、象洞向西北转移。一路急行军，排除沿途反动地方武装的堵截，于10月16日到达闽赣交界的武平。此时，部队还有2500余人。

由武平城向西北走10多里，到石径岭附近，这里都是悬崖峭壁，地势十分险要，只有一个隘口可以通过，却被反动民团占据了。朱德一边指挥部队疏散隐蔽，一边带领数名警卫，登上长满灌木的悬崖陡壁，出其不意地从侧面奇袭反动民团的阵地，那些乌合之众惊慌逃散。

当部队通过隘口时，只见朱德威武地站在一块断壁上，手中掂着驳壳枪，正在指挥。

目睹朱德"飞檐走壁"英姿的粟裕这才发觉：朱德不仅是一位宽宏大度、慈祥和蔼的长者，而且是一位英勇善战、身先士卒的勇将。他觉得跟随这样一位指挥员，信心更足了。

通过隘口后，朱德命令粟裕所在的排殿后，掩护主力撤退。当他们打退了追击的敌人，全排去追赶大队时，一颗子弹从粟裕头部右耳上侧的颞骨间穿了过去。粟裕只觉得被猛然一击，就倒在地上动弹不得了。但他的神智还是清醒的，隐约听到排长说："粟裕啊，我不能管你了！"说着卸下了他的驳壳枪，带着排里其他士兵追赶主力去了。等粟裕稍稍能动时，身边已经空无一人。

"我不能就倒在这里。"粟裕想，"必须赶上部队！"

粟裕使出了全身的力气，想站起身来，可还没等他站直，身子一晃，又倒在了地上。他歇息了一会儿，发现自己正倒在一面斜坡上，便顺着斜坡往下滚动。好不容易滚到了路上，却又因为无力控制，滑进了路边的水田里。他竭尽全力在泥水中挣扎，全身沾满了泥浆。可是不论他怎样挣扎，都爬不上不过一尺多高的田坎。

"革命才迈出第一步，我就要这样离开它吗？"粟裕在急促的喘息中问自己。

"不！"他激励自己，"绝不！我一定要跟上队伍！"

粟裕在泥水中沿着田坎边沿慢慢向前挪动着，希望能找到一处较为平坦些的地方，然后再设法攀爬上去。

这时有几名战士沿着山边撤下来，他们发现了正在泥泞里挣扎的粟裕，急忙把粟裕拉出水田，替他冲洗掉身上的泥浆，包扎好伤口，架着他往前赶路。不久，终于追上了队伍。

这是粟裕军旅生涯中第一次负伤，这次负伤差点夺去了他的生命。但这次重伤也使他变得更加坚强，且更加坚定了革命信念，在自己认准的道路上，义无反顾，勇往直前。

在危机中，粟裕始终没有动摇过。他拖着重伤的身躯，艰难而坚定地跟着部队前进。在行军途中，朱德和陈毅两位领导人给了他莫大的信心和鼓励，使他充满了战胜困难的力量

在朱德的指挥下，经过武平和石径岭战斗，队伍疾速进入赣南山区，摆脱了国民党反动派的追兵。部队在江西境内，赣南山区，边打边走。从武平经筠门岭、寻邬、安远、三南（定南、龙南、全南）等县境，向信丰以西的大庾岭山区挺进。部队在孤立无援和长途跋涉中，困难越来越多，情况也越来越严重。虽然摆脱了国民党反动派的重兵追击，但一路上时时遇到地主武装、反动民团及土匪的袭击和骚扰，特别是三南地区的地主土围子和炮楼很多，不断给部队造成威胁和损耗。为了防备地主民团的袭击和追踪，大家有意避开大道和城镇，专在山谷小道上穿行，在山林中宿营。此时已是10月天气，山区的气温低，寒冷、饥饿纠缠着将士们，还有不少士兵染上了痢疾、疟疾等流行病。轰轰烈烈的大革命失败，纵横三省的起义军败北，孤军如弹痕累累的战舰，颠簸于风暴肆虐的汪洋上，随时都有倾覆的危险。革命的前程究竟如何？这支孤立无援的部队，究竟走向何处？

严酷的斗争现实，无情地考验着每一个人。经不起考验的人，有的不辞而别了，有的甚至叛变了。有人带一个班、一个排，甚至带一个连公开离队，自寻出路去了。不少人对革命悲观动摇，特别是那些原来有实权的

带兵的中高级军官也相继自行离去，使部队面临着瓦解的危险。其中，虽也有一些人后来又重返革命部队，继续为革命工作，但这支队伍人越走越少，到信丰一带时只剩下七八百人。

在这样危机的时刻，粟裕始终没有动摇过。他拖着重伤的身躯，艰难而坚定地跟着部队前进。在行军途中，朱德和陈毅两位领导人给了他莫大的信心和鼓励，使他充满了战胜困难的力量。

在向西转移的过程中，身穿和战士一样灰色粗布军装的朱德军长，始终满怀信心地走在队伍的前面。虽然处境险恶，他却神态镇静，无所畏惧，一路上谈笑风生，给基层军官和士兵讲革命道理，指出革命的光明前程，提高大家的革命觉悟，坚定大家的革命意志。他与士兵一同吃大锅饭，行军时，他有马不骑，和士兵一样扛着步枪，背着背包，有时还搀扶着伤员。他的一言一行，深深地感动着大家，对稳定军心起了极大作用。大家不仅把他看作这支部队的最高领导，而且看作这个革命集体的好"当家"。

这时候，在师、团级政工干部中，只剩下73团指导员陈毅了。粟裕原来并不认识陈毅。在转移的途中，才听人讲起陈毅的一些情况，又亲眼看到他的所作所为，对陈毅由陌生到了解，进而到由衷的钦佩。

南昌起义时陈毅正在武汉，是武汉军政分校党的负责人。8月2日，奉中共中央军委命令，陈毅从武昌乘船沿长江东下，急赴南昌。但当他克服重重障碍到达南昌时，起义军已于前一天全部撤走了。陈毅又日夜兼程向南追赶，闯过了沿途军阀部队、地方民团的盘查和搜捕，终于在临川、宜黄地区赶上了正在进军中的起义部队。前委书记周恩来亲自分配他到号称"铁团"的主力部队第73团去当指导员，并笑着对他说："派你干的工作太小了，你不要嫌小。"陈毅爽朗地回答说："什么小不小哩！你叫我当连指导员我也干，只要拿武器我就干。"那时政治工作人员在部队是不受重视的，在汉口的时候，还有人说政治工作人员是五皮主义：皮带、皮鞋、皮包、皮鞭、皮手套。那时候陈毅刚来到部队不久，上下关系都很陌生，尤其是潮汕失败之后，部队面临着极端严峻的处境。

当时黄埔军官学校出身的一些军官，其中包括73团7连连长林彪，来找陈毅，表示要离开队伍，另寻出路。而且还"劝"陈毅也与他们一起离队。他们说："你是个知识分子，你没有打过仗，没有搞过队伍，我们是搞过队伍的，现在队伍不行了，碰不得，一碰就垮了。与其当俘虏，不如穿便衣走。"陈毅对他们说："我不走,现在我拿着枪,我可以杀土豪劣绅,我一离开队伍,土豪劣绅就要杀我。"陈毅严肃地告诫他们:"你们要走你们走,把枪留下,我们继续干革命。队伍存在,我们也能存在,要有革命的气概,在困难中顶得住,个人牺牲了,中国革命是有希望的。拖枪逃跑最可耻!"陈毅凭着坚强的革命精神和实际行动,逐渐在部队中建立起威信,赢得了官兵的尊敬和信任,成为粟裕敬重的领导人。

1927年10月下旬,在江西信丰城西10多里的一个山坳中,朱德亲自主持召开了一次具有重要意义的全体军人大会。粟裕也参加了这次大会,聆听朱德浓重四川口音的讲话。朱德首先宣布,今后这支队伍就由他和陈毅来领导。他说:"愿意继续革命的跟我走,不愿革命的可以回家,不勉强。"并恳切地动员大家:"无论如何不要走,我是不走的。"

朱德拿俄国革命胜利所走的曲折道路作比喻:"1905年的俄国革命失败了,留下来的'渣渣'就是'十月革命'的骨干。我们这一次就等于俄国的1905年,我们只要留得一点人,在将来的革命中间就要起很大的作用。过去那个搞法不行,我们现在'伸伸展展'来搞一下。"他预言,军阀之间的战争一定要爆发。他说:"军阀不争地盘是不可能的,要争地盘就要打仗,现在新军阀也不可能不打。他们一打,那个时候我们就可以发展了。"

陈毅对朱德的这番话有极高的评价。后来他曾经这样评价说:"朱德同志的这次讲话,是讲了两条政治纲领,我们对部队进行宣传教育,就是依据这个纲领作些发挥工作。"

当时,陈毅劝导大家说:"南昌起义是失败了,南昌起义的失败不等于中国革命的失败。中国革命还是要成功的。我们大家要经得起失败局面的考验,在胜利发展的情况下,做英雄是容易的,在失败退却的局面下,做英雄就困难得多了。只有经过失败考验的英雄,才是真正的英雄。我们要做失败时的英雄。"

从这次全体军人大会以后,朱德和陈毅才真正成了这支部队的领袖,这支部队也度过了最艰难的阶段,走上了新的发展道路。但是,就在大多数人对革命的信心增强起来的时候,动摇已久的林彪还是开了小差。当部队离开大庾(今大余县)县城的那天,他伙同几个动摇分子脱离部队,向梅关方向跑去。只是因为地主挨户团在关口上把守得紧,碰到形迹可疑的人,轻则搜去财物痛打一顿,重则抓起来杀头,林彪感到走投无路,才又被迫于当夜返回部队。后来,林彪死党及"四人帮"百般美化林彪,说南昌起义失败后,

传奇粟裕

是林彪把保存下来的部队带上井冈山，和毛泽东会师的。对此粟裕气愤地说："这简直是对历史的无耻歪曲和篡改。"

广州起义的失败，进一步激发了粟裕和其他同志对蒋介石国民党的无比仇恨。在朱德、陈毅的领导下，他们开始上山打游击

在朱德和陈毅的领导下，这支部队随即开始了对新的革命道路的探索。11月上旬，队伍离开大庾县境，来到了湘、粤、赣3省交界处崇义县以西的上堡、文英、古亭地区。这里在大革命时期，农民运动高涨，革命影响较深，群众基础较好，又是一片连绵不断的山区，便于部队隐蔽活动。这时军阀混战方酣，湘、粤、赣的大小军阀都卷入到这场战争里去了。

部队进入山区，发动群众，开展游击战争。首先打走了占山为王、杀人放火、作恶多端的土匪何其朗部，收缴了地主的武装，控制了这个山区。同时整顿了原来的关卡，收了税，解决部队的给养。部队除了出操上课进行政治和军事训练外，还以连、排为单位分散活动，帮助农民生产劳动，向群众宣讲"共产党是为穷人谋利益，是为穷人打天下的"，以及"穷人多，革命一定胜利"等革命道理。在崇义地区活动虽然时间不长，只有20天左右，但这是第一次把武装斗争同农民运动结合起来，虽然只是初步的尝试，但意义重大。

12月上旬，部队转移到仁化，和中共广东北江特委取得了联系。在这里，得知了我党要举行广州起义的消息，同时接到党中央来信，指示朱德和陈毅率部队于12月15日赶到广州，参加广州起义。于是，这支队伍兼程南下，但刚赶到韶关城郊，就得知广州起义已经失败了。

这时韶关城内的气氛十分紧张，店铺、银行、钱庄纷纷关门。韶关商团有七八百条枪，如临大敌，阻止部队进城。无奈，部队开到韶关城外西南郊的西河坝，打算住在一个天主教堂里。可是天主堂的法国神甫也不让进。幸好陈毅早年曾在法国留学，能讲一口流利的法语，他和神甫谈了一阵，神甫才同意让他们住下。

广州起义的失败，进一步激发了粟裕和其他战士对蒋介石国民党的无比仇恨。每天队伍集合都要高唱国际歌和呼喊打倒国民党的口号。广州起义的失败，也更加坚定了队伍到农村中去开展革命斗争的想法。在西河坝驻扎不久后，在朱德和陈毅的带领下，队伍转移到韶关西北60里左右的犁

铺头。这是一个农村集镇，更便于开展工作了。他们白天休养生息，保存力量，训练部队；晚上仍以连、排为单位，分散到农村中去，向群众宣传，发动群众，并且开始打土豪。这时，部队还收容了一些在广州起义失败后跑到这一带来的革命同志。队伍开始有些发展，战士们的思想情绪和阶级觉悟也不断提高。

当时的滇军范石生的 16 军驻在朱、陈部队的附近。16 军军长范石生与朱德是云南陆军讲武堂的同期同班同学，在校期间，两人结拜为兄弟。朱德来自四川，在昆明没有亲戚朋友，就常到范家来玩，与范家人非常熟悉。两兄弟志趣相投，一起秘密加入同盟会，一起参加"重九起义"，一起参加护国讨袁战争。范石生与蒋系、桂系军阀都有矛盾，尤其是受到蒋系军阀的排挤。朱德、陈毅分析了这种形势，认为尽管在全国范围国共合作已经破裂，但在当时的具体情况下，仍有可能同范石生实行短暂的"合作"。于是，由朱德利用老关系，在范石生接受了"部队编制、组织不动，要走随时就走"等原则的条件下，同他达成了协议。队伍改番号为 16 军 47 师 140 团，朱德（化名王楷）任 47 师副师长兼 140 团团长。于是，部队从范石生那里取得了一批现洋和军用物资，解决了当时弹药、冬衣、被服等供给的困难。

1928 年 1 月初，蒋介石发觉这支南昌起义余部隐蔽在范石生部，马上命令范石生解除起义军的武装，逮捕朱德，并调方鼎英部从湖南进入粤北，监视范部。

范石生虽有意反蒋，但总是瞻前顾后。经过权衡，他派亲信给朱德报信，并带去告别信和 1 万块钱。

范石生在信中祝福这位无私无畏的朋友：一、"孰能一之？不嗜杀者能一之"；二、为了避免部队遭受损失，你们还是走大路，不要走小路；三、最后胜利是你们的，现在我是爱莫能助。

朱德闻讯后，立即率领部队连夜出发，从乐昌以南十几里的一个地方西渡武水，向湖南开进，去创造农村革命的更大局面。

南昌起义剩余部队在朱德、陈毅的率领下，发动湘南暴动，经过 8 个多月的艰苦转战，终于在井冈山地区与毛泽东率领的秋收起义部队胜利会师

三九隆冬，大雪纷飞。在岭甫大瑶山的茫茫林海里，正行进着一支部队，

作为部队前导的军旗上写着：国民革命军第 140 团。谁能想到这支有着整齐装备的"国民革命军"正是朱德、陈毅领导的南昌起义军余部。

1928 年 1 月 5 日，朱德率领从广东仁化西移的部队来到广东乳源县（今属乐昌市）的杨家寨子。

这支队伍脱离范部，从韶关北上，计划去湘南找一块根据地。在杨家寨子，有一个不久后在智取宜章中起了关键作用的人物，他就是胡少海。胡少海家里是湘南宜章县的富户，父亲是宜章的豪绅。兄弟 6 人，他排行老五，乡亲们都称他为"五少爷"。他虽然出身豪门，但上学读书时受到进步思想的影响，放弃"嗣承祖业"的士绅少爷生活，投身于民主革命，在程潜部李国柱旅当一名下级军官。后来进了程潜办的"建国援鄂军讲武堂"，毕业后在程潜部任营长。"四一二"政变后，蒋介石大肆屠杀共产党人和爱国志士。他遭到怀疑，只得带领部分湖南籍士兵，离开部队，躲到杨家寨子，以贩马作掩护，领导着一支农民武装，打富济贫，秘密进行革命活动。后来，同中共宜章县委的杨子达、高静山取得联系，在党的领导下开展革命工作。

朱德率部来到杨家寨子，目的是由此进入湘南。在部队进入宜章县境，与湘南特委、宜章县委取得联系后，他们对湘南的形势作了全面分析，决定在湘南举行暴动，并在湘南特委的协助下，拟定了首先巧取宜章县城的行动计划。

1 月 11 日，天气晴朗。宜章打开城门迎接胡少海"荣归故里"。县里的头面人物都到南门外迎接。先遣队入城后，立即布哨，换下了团防局的哨兵，把宜章城的交通要道全部掌握在自己手中。然后，向朱德发出一封密信，告诉他一切都很顺利，可以按原计划进行。

1 月 12 日，正午过后，朱德、陈毅、王尔琢带着起义军开进宜章城。部队进驻县城的当晚，国民党宜章县政府的官员和地主豪绅大摆筵席，欢迎我军军官。

宴会在县参议会的明伦堂里举行。酒过三巡，大厅里进来一个跑堂的，一声长叫："鱼，来啦！"这是约定的信号，说明一切都已准备停当。朱德站起来，把杯子掷在地上，门外立刻冲进 10 个战士，把枪口对着那些官员和士绅。这时，朱德大声宣布："我们是中国工农革命军。你们这些贪官污吏、土豪劣绅，作威作福，糟蹋乡里，反对革命，屠杀工农，十恶不赦，是劳苦大众的罪人。现在把你们统统抓起来，听候公审！"

几乎在同一时间，陈毅、王尔琢指挥起义军以迅雷不及掩耳之势，解决了驻在东山养正书院的团防局和警察局，俘虏了400多人，缴枪300多支。

接着，朱德下令打开监狱，放出被捕的革命者和无辜群众；打开粮仓，把粮食分给贫苦的工农群众。顷刻之间，宜章城里一片欢腾，看着一片喜庆的场面，粟裕也异常激动。

1月13日上午，中共宜章县委在城内西门广场召开群众大会。会上，朱德根据广东省委的指示，郑重宣布起义军改名为"工农革命军第1师"，朱德任师长，陈毅任党代表，王尔琢任参谋长，蔡协民任政治部主任。会后，村里就组织起了暴动队，朱德还发给他们六七支新枪。这支部队以后编入了宜章的独立第7师。

朱德智取宜章的消息不胫而走。当时控制着广东的李济深密令曾经发动"马日事变"、大量屠杀工农的独立第3师师长许克祥"即日进剿，不得有误"。许克祥接到命令后得意扬扬地说："老子用6个团同朱德的1个团去较量，吃掉他绰绰有余！"他立刻带着全师人马，从广东乐昌日夜兼程北上，想去扑灭湘南起义的烈火。

提起许克祥这个在"马日事变"中双手沾满湖南人民鲜血的刽子手，广大军民无不切齿痛恨，义愤填膺。如今听说他又来了，工农革命军的情绪十分高涨。四乡的农军也赶来要求参加战斗。"活捉许克祥，为'马日事变'死难烈士报仇"，成了工农革命军战士响亮的口号。

1月31日，工农革命军向岩泉圩悄悄进发。这完全出乎许克祥意料之外。一个土豪赶到岩泉圩向他报告说："朱德的部队到了百岁亭，离这里不到5里地"。这个土豪反而受到许克祥的训斥："你这是造谣惑众，扰乱军心！"

早晨七点钟，许克祥的部队正在开饭，工农革命军突然以迅雷不及掩耳之势冲进岩泉圩。这支队伍的人数虽然不多，却是南昌起义留下的精锐部队，战斗力很强。

前来助战的农军，也在四面山上摇旗呐喊，燃放鞭炮。胡少海、谭新领着另一路兵马，又从侧后杀入，前后夹击。许克祥腹背受敌，无法招架，仓皇而逃。

岩泉一攻下，立刻传来朱德的命令："乘胜追击，不给许克祥有喘息的机会！"工农革命军汇成一路，集中兵力，以最快的速度向坪石挺进。

许克祥这次北上，也把坪石作为大本营，囤积了大量武器弹药和各种军用物资。他刚逃回坪石，朱德带领的工农革命军就赶到了。许克祥便仓

皇应战，部队乱作一团。

工农革命军在朱德指挥下，一进入坪石，就猛打猛冲，穷追不舍，又追了一二十里。许克祥只剩下七八个人，慌忙换上便装，跳上乐昌河边停靠的一只小船逃命去了。大家都想捉到许克祥，朱德亲自带了部队去追他。赶到渡口时，只见岸上扔着一套许克祥的军装。

坪石大捷，战果辉煌，开创了以少胜多的光辉战例。这次战斗，工农革命军主力人数不足 2000，却俘虏许部 1000 余人。3 里长的坪石街上，到处都是许克祥部丢下的枪炮弹药和军用物资。战斗结束后，经过清点，共缴获步枪 2000 余支，还有重机枪、迫击炮、山炮和各种弹药装备以及几十挑子银圆。

朱德智取宜章，揭开了湘南起义的序幕，坪石大捷的消息，更轰动了整个湘南。

春节刚过，湘南各地农民群众在当地党组织的领导下，纷纷揭竿而起。粟裕几次率一个班出去执行任务，回来时后面均跟着一长列要求参军的青壮年。武装斗争的烈火迅速燃遍湘南大地。

为了支援各地的起义，朱德、陈毅率领工农革命军第 1 师北上，先向郴州前进。在黄泥坳地方与敌何键的嫡系周南（师长）的两个营遭遇，很快将其打垮，占领了郴州城。在地方党和农民武装的支援配合下，不到半个月，先后解放了永兴、耒阳、资兴等县城，建立了工农兵政府，成立了赤卫队、自卫军和革命群众组织，并在此基础上，又组建了工农革命军第 7 师、第 4 师和几个独立团。在上述 5 县斗争胜利的影响下，起义的烈火，又迅速在桂阳、安仁、常宁、桂东、汝城、衡阳等县的大部地区，以及茶陵、攸县、酃县（今炎陵县）、临武、嘉禾等县的部分地区燃烧起来。

就在朱、陈率领南昌起义保留下来的部队艰苦转战的同时，毛泽东亲自领导湘赣边界秋收起义的部队开始向井冈山进军，经过著名的文家市会合、三湾改编和古城会议，于 1927 年 10 月 27 日到达茨坪，把革命红旗插上了井冈山，创立了第一支工农红军和第一个农村革命根据地。

1927 年 10 月，在南昌起义军抵达信丰时，赣南特委派来接头的人，第一次说了毛委员率领秋收起义部队上井冈山的消息。以后，朱、毛分别率领的起义军，都千方百计地主动作了不少联系工作。1928 年 2 月，湘南大好形势遭到"左倾"盲动主义领导的严重损害。当时，"左倾"盲动主义统治下的党中央和湖南省委提出了一个极其荒谬的主张，为了不让军阀队伍沿湘粤大道停下脚来占领湘南，要求把湘粤大道两侧各10里内的村庄房屋全部烧掉。湖南省委专门派人到部队来传达这个错误主张，并要求坚决执行。“左倾”错误的烧杀政策，虽然受到一定的抵制而没有能够完全得到贯彻，但已经严重地挫伤了群众的革命积极性，引起了群众的不满，甚至激起人民的反抗，使革命斗争受到很大挫折。3月，粤、桂、湘军阀混战刚刚结束，他们之间达成暂时的妥协，便立刻勾结起来，以7个师的兵力，分南、北、西3路，对朱、陈率领的这支队伍进行“协剿”。朱德、陈毅为了保存军力，避免在不利的条件下同敌人决战，决定将起义军分路撤出湘南，向井冈山地区转移。

4月上旬，朱德率领南昌起义部队改编的工农革命军第一师，由耒阳撤至安仁；陈毅率领湘南农军由郴州撤向资兴。敌人发现我军东移，立即派两个师向东追截。正在这时，毛泽东亲率井冈山工农革命军两个团分路赶来，迎接并掩护湘南部队转移，在汝城、酃县城郊打击了追击之敌，掩护朱德、陈毅率领的湘南部队顺利地到达砻市。毛泽东率领的部队完成掩护任务后，也胜利地返回砻市。

“千流归大海，奔腾涌巨澜。”朱德、陈毅率领南昌起义保存下来的部队，经过迂回曲折的道路，冲破无数艰难险阻，1928年4月下旬，与毛泽东领导的秋收起义部队，在中国革命的摇篮——井冈山胜利会师了。

砻市是宁冈的一个大集镇，群山环抱，清澈的龙江穿市而过，江畔屹立着一座古老而雄壮的建筑——龙江书院。毛泽东和朱德、陈毅在这里进行了历史性的会见。接着，两支部队合编为中国工农红军第4军，选出了4军军委，毛泽东任军委书记。5月初，又召开了庆祝两军会师大会，在会上正式宣布成立中国工农红军第4军，朱德任军长，毛泽东任军党代表，陈毅任军政治部主任，王尔琢任军参谋长。粟裕被委任为28团5连中共党代表。盛况空前的庆祝会师大会上，南昌起义和秋收起义部队分坐在左右两侧，全军共有6000多人。人们用禾桶排列成方形，上面铺起门板、木板，作为大会的讲台和舞台，演出了许多精彩节目。部队和民众挤满广场，大家的革命情绪达到了一个高潮。

井冈山会师，两支铁流会合到了一起，从此形成红军主力。

自从潮汕失败以来，南昌起义部队始终辗转流离，现在上了井冈山，粟裕感到革命总算有个立足点了。粟裕的军事生涯从此又翻开了新的一页。

第三章　井冈风云

　　从上井冈山，到参加中央苏区的创建和反"围剿"斗争，粟裕一直跟着毛泽东、朱德转战。他身经百战，数次负伤，善出奇兵。在井冈山的游击战争中，他屡建奇功，从红军的一名基层干部成长为高级指挥员

　　1928年，南昌起义余部上井冈山和秋收起义部队胜利会师，新成立的红4军和敌人开展各种形式的游击战。红军战士也从游击战的实战出发，进行严格训练。

　　部队活动和作战区域都是山区，为了提高部队的机动能力，特别注重爬山训练。粟裕当时任连队指挥员，每天起床后第一个课目就是带领连队爬山。选择一个山头，一口气冲上山顶，休息几分钟，又跑下山，然后才吃早饭。接着进行射击、刺杀和投手榴弹3项技术训练。那时弹药很少，一支枪一般只有3发子弹，为了充分利用子弹，粟裕特别重视射击训练。他每天带头练单手无依托举枪瞄准。一段时间后，粟裕一只手举起步枪，能坚持20多分钟身不动、手不摇、枪不晃。粟裕的枪打得准，是有名的"神枪手"。粟裕教战士们合理使用子弹，就是冲锋前打一两发子弹，都是打

排枪，用作火力准备，接着就冲锋。第 3 发子弹要留着打追击时用。另外，部队常常要打夜战。半夜在荒山坟地里摸爬滚打，不少战士怕"鬼"，粟裕给他们讲科学知识，驱除他们内心的恐惧，夜晚带着大家一起训练，就这样把连队锤炼成了"夜老虎"。因为粟裕以身作则，顽强训练，他在战士们心中的威望越来越高。

上井冈山不久，毛泽东、朱德总结提出了"敌进我退，敌驻我扰，敌疲我打，敌退我追"的 16 字诀，指导游击战争。粟裕把这 16 个字熟记在心，结合战例细细体会，举一反三运用。

朱德用兵灵活机动，对付不同的敌人，采用不同的战术。对付战斗力不强的敌人，朱德常常采取穷追猛打的战法；对待战斗力较强的敌人，则采取迂回包围战术。粟裕在朱德直接指挥下作战，学到了不少精髓。在井冈山第二次反"围剿"作战时，粟裕跟随朱德向江西遂川一带运动，突然遇到江西国民党军第 31 军一部。该部战斗力不强，和红军刚一接触就慌忙后撤。朱德立即命令追击。粟裕带领全连跟着朱德军长连续追敌 35 千米。粟裕和战士们天天练习爬山，体力和耐力远远超过敌人，追得敌人一个个气喘吁吁，溃不成军。结果俘虏了敌营长以下官兵 300 多人，缴枪 250 多支。

1928 年 6 月，蒋介石抽调湘赣两省各 5 个团的兵力，分两路对井冈山革命根据地发动第 4 次"进剿"。湖南国民党第 8 军吴尚部，由茶陵、酃县（今炎陵县）向宁冈推进；江西省国民党杨池生第 9 师、杨如轩第 27 师共 5 个团，由吉安向永新进攻。杨如轩部进占永新后，以 2 个团留驻永新及其附近地区，另以 3 个团分两路进攻宁冈。22 日分别进至龙源口和白口，又马不停蹄地命令其中 2 个团从永新白口向宁冈境内老七溪岭进攻，另外 1 个团从龙源口向新七溪岭进攻。

23 日上午，朱德指挥红 29 团和红 31 团第 1 营抢占进攻宁冈必经之道——新七溪岭制高点笠月亭，一时间，山上山下，军号嘹亮，杀声震天。红 4 军参谋长王尔琢率红 28 团攻占老七溪岭制高点，而后直插龙源口，切断进攻龙源口之敌的退路，与红 29 团前后夹击，全歼进攻新七溪岭之敌 1 个团，同时将进攻老七溪岭之敌 2 个团击溃，重新占领了永新县城，缴获步枪 400 多支，重机枪 1 挺，粉碎了敌人的"进剿"。

在龙源口战斗中，粟裕带领的第 5 连随红 28 团于老七溪岭一线担任狙击，面对杨池生亲自督阵组织的猛烈进攻，他们打得十分顽强。由于敌人装备精良，训练有素，兵力又 3 倍于我，恶战从早晨一直打到下午，红 28

团2营营长肖劲、3连连长资炳谦都先后牺牲了。到下午4点多钟时，敌人渐渐支持不住，队形开始混乱。

这时，粟裕带着战士们乘敌人疲惫松懈，绕过一片小树林，伏在草丛里慢慢接近敌人，突然发起攻击，粟裕抢步冲向制高点，回头一看，后面只跟上来了9个人，连里其他人还掉在后面，于是他留下6个人控制制高点，带领3个人越过山顶，猛追逃敌。一过山凹，发现有100多个敌人乱哄哄地挤在一个小山坳里，像是要逃跑。自己人少，对方人多，怎么办？粟裕灵机一动，冲上去大声喊道："不许动，你们被俘虏了！"

这时留在制高点的司号员听到了粟裕的喊声，立即领会他的意思，在山顶果断地挥起了红旗，吹响了冲锋号。敌人不知底细，吓得乖乖地把枪放下。粟裕又命令："向前走，到前边大石块！"

敌人走到离大石块约50米处，粟裕命令他们停住，自己带一个人用枪看住敌人，让两个战士去把敌人的枪机柄卸了下来。

粟裕抓住时机，带一个班就捉了100多个俘虏，他的精彩指挥迅速在军中传开，他也被誉为"青年战术家"。

粟裕在井冈山时，时而任连党代表，时而任连长。有时连队里的新战士和解放过来的战士多了，需要加强政治工作，就调他去任连党代表。他体会到了政治思想工作的威力，感慨地说："对待自己的同志，舌头比拳头还灵啊！"

两支红军部队井冈山会师以后，毛泽东和朱德亲自领导了军队的全面建设和改造：在红军中肃清旧军队习气的残余，把队伍建设成一支中国共产党绝对领导的人民军队。

粟裕在武汉参加国民革命军24师教导队时，上过马列主义政治课，但军事教育基本上是用旧式军队的教育方式，讲的是下级对上级绝对服从。现在，粟裕这样来自基层连队的政工干部，能够和毛委员等领袖人物坐在一起开会，他由衷地感到一种喜悦。他联系南昌起义部队南下途中的所见所闻所思，在会上发表了不少看法。

粟裕在井冈山时，工作多次调整，时而任连党代表，时而任连长。有时连队里新战士和解放过来的战士多了，需要加强政治工作，就调粟裕去任连党代表；某个连长军阀习气太重了，要调动他的工作，又让粟裕去任连长。

粟裕所在的第28团，在党的领导下屡建战功，但轻视政治工作的思想仍较普遍。尤其是一些行伍出身的军人，看不起政工干部，认为政工干部只是摆样子、耍嘴皮子、卖狗皮膏药的。

"粟代表，来卖狗皮膏药了，多少钱一张啊？"

不知是第几次听到有人这么招呼他了，粟裕不禁有点窝火。

"去，到自己位置站好！"

"肃静！听粟代表给我们上政治课！"连长训斥道。

"同志们，我们红军是共产党领导的军队，是替穷人打天下的军队，我们与旧军阀军队不同。在我们的军队里，提倡官兵平等，上级不能任意打骂下级。不过啊，据有同志反映，我们的连队里还有这种打骂的现象存在——"

那时部队虽然已经明令废止肉刑，但打人的风气仍很严重。第28团有一个干部，因好打人而得名"铁匠"，意思是他打人像铁匠打铁一样狠。还有个旧军官出身的人，打得军需、上士、传令兵、伙夫差不多都跑光了。另外老兵打新兵的现象也不少。

粟裕拥护毛泽东倡导的官兵平等原则，在自己连队废除了肉刑，但有时遇到一些做了坏事的人，他觉得还是要用一些体罚，不然不管用。连里有个通信员喜欢赌博，屡教不改，一次他正在赌钱被粟裕抓个正着。粟裕心想，让他记住，还得体罚。于是命令他脚跟并拢，两腿半弯曲下蹲，双手举起。这种惩罚姿势有个名字，叫"两腿半分弯"，就算身体再壮的人，站几分钟也吃不消。这个通信员虽然吃了苦头，但嗜赌的恶习还是改不了。看来体罚不能解决问题。粟裕想了很久，最后觉得还是应该给他讲明道理。后来，这个人又一次赌博被抓住。粟裕把他叫到连部，耐心地同他谈话，讲赌博的坏处，讲革命战士应该树立远大理想，和旧的恶习决裂，一连讲了两个小时，讲得那个战士掉下了眼泪，发誓以后决不再赌博。后来，这个通信员果然不再赌了，还检举别的经常赌博的人，协助连队干部做好禁赌工作。粟裕从这件事深刻体会到了政治思想工作的威力，感慨地说："对待自己的同志，舌头比拳头还灵啊！"

井冈山斗争时期部队生活很艰苦，军衣都是自己动手缝。因为布匹缺乏，有时领到的是白布，又没有染料，粟裕就和大家一起找来锅底灰，放在锅里煮，再把白布放进去染成灰黑色。连里没有人会做衣服，粟裕第一次做裤子时，先把身上穿的裤子脱下来，沿缝线拆开，分成一块一块，再

传奇粟裕

照着样子剪裁，照着样子一针一针缝。做一条新裤子，同时还要拆一条、缝一条旧裤子，虽然如此，把自己做的新裤子穿在身上他感到特别高兴。天气冷了，部队缺少棉衣，毛泽东、朱德号召共产党员、共青团员不穿棉衣，把棉衣让给伤病员。粟裕带头响应。

部队的伙食费，除粮食外油盐和菜每人每天 5 个铜板，每个星期还可以分一次节余的"伙食尾子"。战士们用这仅有的属于个人的一点钱，买来最便宜的油豆腐打"牙祭"。粟裕和战士们相处得像兄弟，大家都爱把他请去，一起吃得很开心。粟裕还经常开心地和战士们唱自己编的歌谣：红米饭，南瓜汤，秋茄子，味道香，餐餐吃得精光。

由于敌人封锁，部队弄不到盐。长期没盐吃，行军、作战都没有力气。粟裕便和战士们一起把长在房屋墙脚下的一种白毛刮下来，熬成硝盐。虽然又苦又涩，但总比没有盐要好。

在红军驻地到处可以看到朱德撰写的一副对联："红军中官兵夫薪饷吃穿一样；军阀里将校尉起居饮食不同。"部队吃的粮食都是自己从山下往山上挑的。毛泽东、朱德也和大家一起从山下往山上挑粮。有一次朱德开会回来，正遇到挑粮的队伍，就下了马，把体弱同志的粮担放到马背上，自己又抢过一根扁担和大家一起挑粮上山。后来，"朱德记"扁担的佳话在部队传开了。粟裕在和战士挑粮的时候，亲眼看到过朱军长挑粮和那根写着"朱德记"3 个字的扁担，他也被朱军长的精神深深地鼓舞着。

在朱德、毛泽东领导下，粟裕带领连队积极参加建设和保卫根据地的斗争。每到一个新区，粟裕都积极参加建立中共地方党和政权的工作。他总是先物色对象，然后有目的地让对方送情报，经过几次考验，任务完成得都很好，就作为建党建政骨干，地方党组织和政权很快建立起来了。毛泽东常说：人不能老走着，老站着，也得有坐下来的时候，坐下来就靠屁股，根据地就是红军的屁股。毛泽东这个通俗又形象的比喻，说明了中国革命富有创造性的一个伟大思想。毛泽东把武装斗争同根据地建设有机结合起来的领导方法，概括成好懂好记的两句话："分兵以发动群众，集中以打击敌人。"粟裕在井冈山经常直接聆听毛泽东讲革命道理，结合实际体会，认识也不断提高。

正当井冈山革命根据地生机勃勃地进入全盛时期时，一个沉重的打击突然到来，那就是在中共湖南省委错误指导下导致的"八月失败"。

粟裕在桥头遇到了亲自指挥机枪连掩护部队撤退的朱军长。他对军长说："我们连已占领桥头阵地，你先过河，我们留下掩护！"朱德没有说话，紧紧地握了握粟裕的手，全部信任都包含在那一握之中

1928年7月下旬，中共湖南省委为了执行上级的"左倾"盲动政策，派杜修经以"特派员"身份来井冈山传达省委指示，欲调部队南下湘南作战。杜修经等人在毛泽东没有到会的情况下，利用29团中湘南籍战士思乡心切的情绪，擅自决定井冈山红军主力南下。在决定部队行动的会上，红4军参谋长兼28团团长王尔琢和一营营长林彪等人都提出了反对意见，但未被会议接受。

部队南进途中，毛泽东派人送来一封长信，请杜修经、朱德和陈毅重新考虑主力南下决策的利弊得失，建议将主力撤回边界。杜修经不听劝阻，坚持主力南下，攻打郴州。

7月24日，朱德率部兵临郴州城下。走在前面的红29团由于思想波动，人心涣散，首攻未克，撤退下来。朱德命令王尔琢率红28团再次强攻，粟裕随部队从后卫一直打到最前边，很快将正面敌军打垮，然后直取郴州。郴州城里只有敌人一个补充师，他们与红28团交手没几下子，就被歼灭了。我军顺利进入郴州。

中午，粟裕端起饭盒正要吃饭，忽听城北响起了激烈的枪声，他把饭盒一扔，立即传令部队集合，想去看个究竟。只见一队乱哄哄的人马从北门蜂拥而来，一边跑，一边大叫："敌人进城了！敌人进城了！"原来，北郊山的敌人趁着二营疏于防备，放松警戒之机，突然间发起猛烈的反攻。城内处于休整状态中的红军主力猝不及防，纷纷向城外退去。见此情形，朱德不敢恋战，他下令部队立即向井冈山撤退。

郴州东门外耒水有一座大桥，粟裕在桥头遇到了亲自指挥机枪连掩护部队撤退的朱军长。他对军长说："我们连已占领桥头阵地，你先过河，我们留下掩护！"朱德没有说话，他看了看粟裕，紧紧地握了握粟裕的手，全部信任都包含在那一握之中。

敌人还没接近桥头，就遭到了3连火力的猛烈阻击。粟裕甩手一枪把带头冲锋的敌连长打倒了，敌人被迫停止攻击。

红28团和红4军军部先后过了桥，接着是红29团过桥，敌人再次发

起进攻，大批敌人将正在过桥的红 29 团冲成两截。粟裕一面指挥 3 连向敌人射击，一面还想接应红 29 团强冲过桥，但红 29 团大部已向西南方远去了。粟裕带 3 连最后过桥，朱德则等在桥头迎接。

郴州一战，红军先胜后败，缴获的枪支弹药全丢掉了。29 团大多是由湘南暴动的农民武装发展起来的，战士乡土观念重，战斗一失利就散了伙，回老家去了。留下来的人情绪也都很低落。所幸主力红 28 团的损失不大，连夜撤至汝城以北进行了整编。军部特务营和红 29 团一部均编入红 28 团，并于 8 月 18 日占领了桂东县城。

毛泽东在永新闻知湘南失利的消息，非常着急，决定留红 31 团 1 营同袁文才、王佐两部驻守井冈山，他则亲自带领红 31 团 3 营往桂东方向策应红 28 团。他们一路数次与敌人遭遇，历尽艰辛，于 8 月 23 日到达桂东。毛泽东见到军委书记陈毅时说："打仗就如下棋，下错一着马上就得输，取得教训就行了。"两支部队见面，战友重逢，倍感亲密，有人将这次会见称为第二次会师。在桂东县城召开了前委扩大会议，决定红 4 军主力返回井冈山。

在 28 团、29 团去湘南的时候，湘、赣两省的国民党军乘机对井冈山根据地发动了"会剿"，出动 4 个团占领了宁冈的茅坪，向黄洋界、肖口进攻。留守井冈山的何挺颖、朱云卿等，指挥红军第 31 团第 1 营凭黄洋界天险抵抗国民党军队 4 个团的猛烈进攻，后来用仅有的一门迫击炮，打中敌军冲锋密集区。敌军指挥官以为红 4 军主力已回井冈山，立刻命令部队撤退。井冈山根据地转危为安。

9 月 8 日，红军大队回到井冈山。随后，部队稍作休息，各种组织经切实地整顿，军队训练也有进步。毛泽东、朱德随即率领红军大队开展恢复井冈山根据地的工作，取得三战皆捷的胜利：9 月 13 日，红 4 军主力攻克遂川县城；10 月 1 日，在茅坪附近的坳头垅伏击成功，歼敌一个营，并乘胜收复井冈山根据地的中心区域——宁冈县城；接着，红 4 军主力又在龙源口歼敌一个营，第 4 次占领永新县城。这样，湘赣两省国民党军队对井冈山根据地第 2 次"会剿"被打破了。

12 月 11 日，平江起义后组成的红 5 军的 5 个大队在彭德怀、滕代远率领下，克服重重困难到达井冈山，同红 4 军会合。井冈山根据地的武装力量更加壮大了。

为了打出去，向外发展，也为了牵制进攻根据地的敌军，粟裕随红军离开井冈山，向赣南、闽西进军，开始又一次艰险的大转移

井冈山，犹如一根锋利的鱼刺，卡在蒋介石的喉头，这鱼刺一天不拔去，他就一天不得安生。

一开始，蒋介石也曾经以为，朱、毛只不过是趁他打盹的间隙纠集了一帮乌合之众在山沟里安身，成不了什么大气候，也不足为患；湘赣两省把朱、毛说得神乎其神，无非是想向他多要点剿匪经费而已。

然而，经过前两次的较量，他已不敢稍存小视之心了。1928年的冬天，蒋介石一边与冯玉祥、阎锡山、李宗仁等人周旋，一边腾出一只手，成立湘赣两省"剿匪"总部。任命何键为"会剿"总指挥兼湖南省"剿匪"总司令，金汉鼎为副总指挥兼江西省"剿匪"总司令，集合6个旅3万兵力，从永新、莲花、茶（陵）、酃（县）、桂东、遂川等地，分5路进攻井冈山。同时，对井冈山根据地实行严密的经济封锁。

1929年1月4日，毛泽东在井冈山主持召开了前委扩大会议。

会议是在宁冈县柏路村兼营旅店和杂货的横店召开的。来自前委、红4军、红5军军委，边区党团特委，宁冈、永新、遂川、酃县、莲花县委和茶陵特别区委以及28团、31团、32团、5军5大队的代表，共60余人出席了这次井冈山最后一次大型会议。会议通过了"围魏救赵"打破敌人的军事进攻的战略方针。红4军主力向外突围，一方面打出去，向外发展，解决红军的经济给养，另一方面牵制进攻根据地的敌军，减少对井冈山的压力；红5军与红4军32团（袁王部队）留守边区，一方面对付敌人的"会剿"，另一方面配合红4军主力的突围行动。

1月14日，毛泽东、朱德、陈毅带领3600余人的红4军主力部队从井冈山茨坪、行洲等地出发，分两路踏上了进军赣南的征途。

红4军离开井冈山后，经遂川、大汾、左安，沿着湘赣的山路直插上犹的营前、杰坝进入崇义县。由崇义经铅厂，于1月23日一举攻下大庾县。同时，在朱、毛向赣南开进的途中，国民党李文彬21旅、刘士毅15旅一直盯紧红4军。正当红4军在县城开展工作时，由于当地没有党的组织，群众又没有组织起来，以至于尾追而来的李文彬带领一旅人马到了大庾北，正引军悄悄靠近县城，也没有人主动前来报告。担任警戒任务的28团团长林彪思想麻痹，直到敌人来到跟前，才仓促应战。枪声传到军部时，他们

才发现，敌人已经完成了对大庾的包围。

红4军凭借着大庾城东北的高地与敌3个团激战，尔后主动迅速撤出战斗，以夜间急行军摆脱了敌人。在这次突然应战中，第28团党代表何挺颖身负重伤，后来在敌人袭击时落马牺牲，英年24岁。何挺颖是人民军队初创时期的优秀政治工作领导干部，深受粟裕和官兵爱戴。粟裕听说何挺颖牺牲，十分悲痛。

大庾之战后，红军沿粤赣边界向东，转到了三南（全南、定南、龙南），敌人前堵后截，轮番穷追，紧紧咬住红军不放。红军连战失利，陷入被动。为了摆脱敌人，部队每日平均急行军90里以上。2月1日，来到寻邬县的圳下。圳下是一个四面环山的小村庄，中间是一块有几百亩地的狭长田垄。晚上10点左右，红军来到这里宿营。第二天清晨，刘士毅的先头部队已经赶到了。一阵短兵相接，刘士毅的大部队也全部到了。这时的林彪再一次失误，早早撤除警卫，带领28团提前出发了。造成西线防守的空虚，被刘士毅钻了空当。红4军领导机关身边只剩下1个后卫营掩护，情况危急。后来，毛泽东带着机关干部冲出来了，朱德等却被打散了。粟裕带着连队来到一个叫圣公堂的地方休息，听说军长失散了，急得就像天塌了似的。战士们个个心中悬着一块石头，为军长的安危担心，都打不起精神。28团是参加南昌起义的老部队，粟裕担任过起义总指挥部的警卫班长，行军作战，朱德总是和28团在一起，对粟裕很器重。粟裕和战士们也都敬重、热爱朱军长。下午4点多钟，朱德脱险回来了。粟裕和官兵们看到军长安然无恙，非常高兴，士气顿时高涨起来了。不幸的是朱德的爱人伍若兰被捕，后来惨遭杀害。

粟裕和红军战士们继续向东疾走，经瑞金北部，向大柏地前进。1929年2月9日，正好是农历除夕，经过艰苦转战的红4军到达了大柏地，恰逢大年三十，本应好好地过个年，但是赣敌刘士毅部闻风尾随而来，战士们都憋着一肚子的气，誓与追敌决一死战。毛泽东在大柏地的王家祠主持召开了紧急军事会议，决定利用大柏地的有利地形，对骄狂的追敌予以痛击、扭转被动局面。

2月10日，细雨绵绵时下时停，粟裕身上穿的单衣湿了又干，干了又湿，裹在身上非常难受。红军按会议部署占领阵地，等待敌人钻进伏击圈。下午，敌人大摇大摆地向大柏地进发，担任前哨的红28团2营，佯作不支，轮番掩护退却，将敌人引入伏击圈。然后，28团1营迅速插入敌后，截断敌人的退路，敌人被紧紧包围在峡谷之中，成了瓮中之鳖。11日，东方刚泛出鱼肚白，红军向敌人发起猛烈的总攻，战斗持续了一天，敌两个团大部被歼，俘敌团长肖致平、钟桓以下800余人，缴枪800余支，其残部仓皇逃回赣州。大柏地战斗是红4军下山以来的首次大捷，"为红军成立以来最有荣誉之战争"。从此，红4军摆脱了敌人围追堵截的被动局面。

经过大柏地一战，战士们士气高昂，红4军乘胜进占宁都县城。在宁都战斗中，粟裕臀部被弹片炸伤，受了轻伤，被送到卫生队治疗。这是粟裕第二次负伤。

1929年3月12日，部队进至闽西长汀四都镇，接着围歼驻在长汀的地方军阀郭凤鸣旅，歼郭旅2000多人。

3月14日，在毛泽东、朱德的指挥下，红28团与红31团紧密配合，又在福建长岭寨打了漂亮一仗，歼敌两个团的大部，缴枪500支、迫击炮3门，将追击红军的敌旅长郭凤鸣当场击毙，红军乘胜占领汀州。部队进城后，红4军官兵穿上了统一制作的青灰色军装，戴上缀有红五星的军帽，打上了新裹腿，衣履和标志焕然一新，大长了士气，壮了军威。

这是红4军占领的第一个大城市。红4军很快在这里打开局面，接着建立了新的革命根据地。

1929年4月蒋桂战争爆发。毛泽东、朱德抓住战机，立即挥师江西，打通闽西与赣南的联系。闽西革命形势迅速发展。5月初，蒋桂混战告一段落，粤桂军阀间又燃起战火。福建之敌张贞部南开广东，龙岩土军阀陈国辉也追随前往，闽西境内一时空虚。红4军避实就虚，于5月中旬第二次入闽。23日，以第1纵队、第3纵队担任正面进袭，以第2纵队从左侧迂回，向闽西重镇龙岩发起攻击。

粟裕带领战士们以迅雷不及掩耳之势，率先攻占敌前哨阵地龙门圩，守敌措手不及，急向龙岩城溃逃。粟裕率队跑步跟进，紧追不舍，尾敌突入龙岩西门。粟裕率部穿过五采巷，向城内纵深发展。此时，第2纵队也按原定计划，攻占了北门外的制高点。在红军凌厉的攻势下，守敌纷纷缴械投降，部分残敌逃往永福。红4军3个纵队在城里胜利会师。

为了将陈国辉主力引回龙岩加以全歼，前委决定撤出龙岩南下，进袭张贞部总兵站所在地永定。陈国辉残部果然如我所料窜返龙岩。红4军打下永定后，又再次进占龙岩。

这时，陈国辉见后院失火，极为惊慌，气急败坏地从粤东返回。粟裕他们严阵以待，准备给予迎头痛击。突然，他们接到前委命令，要部队撤往上杭大洋坝一带集结，给陈国辉让出一条大路，留下一座空城。粟裕很快明白了上级的意图。

陈国辉重占龙岩后，欣喜若狂，洋洋自得，举行"祝捷大会"，火炬举行3天。6月18日，毛泽东、朱德率领全军挥师东进，向龙岩飞速进军，3个纵队犹如3把利刃直插陈国辉的心窝。至下午2时，全歼其主力2000余人，旅长陈国辉只身化装逃回南安老家。

三打龙岩的胜利，使粟裕进一步学习和领悟了毛泽东、朱德灵活机动战略战术的精髓，大受裨益。

1929年6月22日，中共红4军第七次党代表大会在龙岩召开，粟裕参加了这次会议。会议选举了新的前委，陈毅接替毛泽东为前委书记，毛泽东、朱德为委员。会后，毛泽东离开红4军主要领导岗位，住在永定附近一座叫天子洞的大山半山坡上养病。粟裕带领3连担负保卫毛泽东的重任。粟裕把全连分成两部分，亲自率领一部分跟随在毛泽东身边，另一部分在住地附近活动，严密监视敌人。粟裕每次到毛泽东住地去看望，总是见到毛泽东在聚精会神地写东西。粟裕悄悄地走进去，停留一小会儿，看看没有事，又悄悄地走出来，不敢去打扰。广东军阀陈维远的部队就在永定附近，始终未敢进山活动。

1929年9月上旬，红4军发展到7000多人。部队又一次整编，粟裕由3连连长升任1纵队2支队党代表，时年22岁。

10月中旬，中共中央决定红4军由闽西进入广东，开辟新的根据地。从井冈山开始，粟裕一直跟随毛泽东转战，他明白中共中央进军广东的指示显然和毛泽东的一贯主张不一致。但是中共中央的命令不能不执行，结果部队伤亡较大，第1纵队、第2纵队各减编1个大队，第3纵队缩编为1个支队。

11月初红4军撤回赣南、闽西，继续发展，后来建立了以赣南、闽西为中心的中央苏区，从此在中国出现了两个中央政权对立的局面，第二次国内革命战争进入新的阶段。

12月底，红4军的第九次代表大会召开，即著名的古田会议。毛泽东在会上重新当选为前委书记，并起草长达3万字的《中共红四军第九次代表大会决议案》，明确提出必须确立党对红军的绝对领导。

粟裕从南昌起义到井冈山，又从井冈山进军赣南、闽西，短短两年多时间，经历3次大的战略转移，从战士成长为红军的基层指挥员。他认真学习毛泽东和朱德的讲话，从中汲取营养，但更多的时候是从执行毛泽东、朱德的战略决策和军事指挥中学习。粟裕平时话不多，但爱思索、想问题、善总结，一次次的成功和失败，都给他提供了丰富的学习材料。

粟裕在井冈山3次"会剿"中，从一位指挥10多人的班长，30来人的排长，一步步升到师长，是他在多次战斗中善于带兵，善于运用游击战术，英勇打击敌人，立下无数战功赢来的。粟裕任64师师长时，年仅22岁。同林彪一样，成为我军最年轻的指挥员之一

1930年上半年，中国革命形势获得了很大的发展。赣南、闽西地区已成为全国影响最大的苏区。全国其他地区的革命形势发展也很快。但随着"立三路线"在上海中共中央领导机关占统治地位，"左倾"冒险主义错误也影响了红军作战指导。在错综复杂的形势下，粟裕随红军部队开始了新的行动，受到新的锻炼和考验。

1月，粟裕与支队长萧克率2支队随主力红军进军赣南，2月下旬在吉水、吉安一带参加消灭单独进犯苏区的唐云山旅战斗。

就在我军进行部署的同时，敌唐云山、金汉鼎、朱耀华、成光耀各部已分别进到了永丰、宁都、乐安、吉安一线，构成对红军的弧线包围之势。面对急剧变化的形势，前委决定采取诱敌深入的方针，寻求歼敌良机。

红军这一举动，果然使敌人中计。敌独立第15旅分3路冒进到水南、直夏、富滩一线。红4军抓住有利战机，发起攻击。敌人依仗其凶猛火力，拼死抵抗，战斗呈白热化状态。

粟裕担任领导职务时间不长，缺乏指挥作战的经验，见几次冲锋未能奏效，他一把夺过一挺机枪，就往上冲，但被敌人的火力压住了。他一时着急，猛然甩掉帽子，向身后高呼："不怕死的，跟我冲啊！"话音未落，一发炮弹在他身边"轰"的一声炸响，粟裕只觉得眼前一黑，就什么也不知道了，这是粟裕第3次负伤。

战斗结束后，战友们把昏迷不醒的粟裕抬到后方医院。之后，他接受治疗3个多月，6月初才伤愈归队。

6月中旬，红军在长汀进行了整编，红4军、红6军和红12军整编为

中国工农红军第一路军（不久改为红1军团），朱德任总指挥，毛泽东任政治委员。粟裕被任命为红12军第5支队支队长。

8月，中共中央指示主力红军攻取大城市。部队奉命由赣南向湖南进军。沿途打了一个较大的仗——攻取文家市。8月19日，天气炎热，粟裕带领部队黄昏时出发，急行军跑了35千米，从一条河的中段游了过去，20日拂晓，红军犹如神兵天降出现在敌人面前。敌人措手不及，不到一个小时，戴斗垣的一个旅就被歼灭了。戴斗垣被打死，我军俘虏敌人1000多人。打下文家市的那天晚上，粟裕发起了高烧，也没有药吃，凭着年轻力壮，休息了一天也就好了。

1930年7月27日，红3军团攻占长沙后不到一个星期，便在敌人优势兵力的反扑下撤出长沙城。在这种情况下，李立三仍然执迷不悟，命令红1军团与红3军团组成红一方面军（朱德任总司令，毛泽东任总政委和总前委书记），再攻长沙。这次战斗，粟裕支队的任务是从南面大托铺攻城。第二次攻城时，敌人已有所准备，长沙守敌达31个团，计10万人，周围筑了坚固的防御工事，还有外壕、铁丝网、电网等好几层障碍物。而红军不会搞近迫作业，连交通壕都不大会挖，又不会爆破，更没有炸药，挖工事的铁锹也很少，完全没有打坚固设防城市的装备和技术。粟裕利用黑夜掩护，组织部队悄悄挺进到敌人铁丝网前，破坏敌人工事，挖掘前沿工事。天一亮，敌人发现了红军的意图，立即组织反击。粟裕便命令挺进到城下的部队暂时撤下来。晚上再突击到前面去继续挖时，却发现头天晚上挖好的工事已被敌人破坏了，只得重新再来。红军甚至采用古老的"火牛阵"，试图驱赶牛群来冲破敌军的电网，结果敌人机枪一扫，没有被打倒的牛掉过头来，反而冲散了自己的部队。红军发动了两次总攻，都失败了，伤亡很大。粟裕很焦急，同时产生了许多疑问。他冷静对比敌我，认为以红军现有的力量和装备、技术，根本不具备攻打大城市的能力，在上海的中共中央提出的"饮马长江，会师武汉"的口号虽然动人，但一时成不了现实，他企盼早日纠正打长沙的错误决定，避免不必要的过大伤亡。9月12日，毛泽东、朱德果断下令撤长沙之围。粟裕非常支持这个决定。

第二次围攻长沙历时16天，昼夜作战，粟裕连续10多天没有好好睡过觉，过度疲劳。部队转移到醴陵，他竟一觉睡了2天1夜。

部队撤出长沙后，转移到了株洲、醴陵、萍乡、攸县一带。中共长江局派周以栗为代表，要求一方面军回攻南昌。当时，有的领导仍然主张攻打大城市，经毛泽东反复做工作说服周以栗，才决定改为攻取吉安。于是，红军从湖南向江西来了一个回马枪，10月4日打下了工商业发达的吉安。

接下来，下一步究竟是继续执行中央的决定，打南昌、九江等大城市，还是从实际情况出发，回到根据地积极进行反"围剿"的准备？当时，作为支队干部，粟裕也听说了领导层的意见不一致。部队在峡江转来转去，等待领导层开会决定行动，粟裕的心中一直十分焦急。直到部队接到了11月1日由毛泽东以总前委书记和政治委员双重身份和朱德总司令联合署名的命令，命令部队东渡赣江，进入东固地区，他心中的石头才落了地。

不久，蒋介石以8个师10万兵马，向中央苏区发起第一次军事"围剿"。

按照毛泽东制定的"撒开两手，诱敌深入，歼敌于革命根据地内"的方针，红军决定收拢部队，东渡赣江，向小布、黄陂一带集中。临战前，粟裕受命担任由红22军缩编而成的64师师长，暂归12军指挥。该师武器装备较差。除有几百支土造的"单发步枪"外，其余的战士都是扛的"大刀"。不少人称64师是12军的"大刀队"。

粟裕在井冈山3次"会剿"中，从一位指挥10多人的班长，30来人的排长，一步步升到师长，是他在多次战斗中善于带兵，善于运用游击战术，英勇打击敌人，立下无数战功赢来的。粟裕任64师师长时，年仅22岁。同林彪一样，成为我军最年轻的指挥员之一。

粟裕对骑兵说："张辉瓒跑不了。你们先回去一个人向朱总司令、毛总政委报告，说张辉瓒马上就可以抓住，留下一个人等抓到张辉瓒后再立即去汇报。"不多久，龙岗满山都响起了红军战士像过节似的欢呼声："活捉了张辉瓒！活捉了张辉瓒！"

粉碎蒋介石对中央苏区的第一次"围剿"，在我军的战史上是一次集中兵力打歼灭战的典型战例。粟裕在这次指挥作战中，最得意之作是指挥本师指战员活捉了蒋介石的王牌师长张辉瓒。

1930年12月下旬，蒋介石担心苏区扩大，集中了10万人马进行"围剿"。工农红军在毛泽东、朱德带领下，采取了诱敌深入的方针，向根据地中部退却，把敌人引到苏区来"关门打狗"。敌人很狡猾，每日不紧不慢，以30多千米的速度前进，分多路、多梯次向苏区扑来。毛泽东和朱德决定在数路敌军中，"擒贼先擒王"，选择了张辉瓒第18师和谭道源的第

50 师作为歼灭目标，可是好几次敌人都不上钩。

张辉瓒毕竟不是草包。长期的作战经验和赣南特殊的地理环境，使他不敢贸然深入那阴森神秘的莽莽丛林。

"情况越来越证实我的推断，"张辉瓒声音激昂地说，"朱、毛派黄公略来拖住我师，好北击谭道源突围而走。朱、毛清楚自己的处境，我 6 路军与 9 路军已对朱、毛形成包围态势，19 路军已迂回到南边兴国一带。他不往北路还能往哪儿跑？他现在不跑还有什么机会跑？我们不能再观望不前，戴岳旅长，传我命令，部队明晨 5 时出发，悄悄推进，与 50 师合击红军！"

12 月底，粟裕得到了张辉瓒部将进入龙岗地区的情报，他怕情报不准确，决定化装后亲自去侦察一番。

怎样化装呢？粟裕思量再三。如化装成当地群众，自己的湖南口音，一下子就会引起的注意；装成一个从衡山来的道人，掩护自己的湖南口音倒是不错，这一带信道教的人很多，路上常有道人行走，而且自己的长相清秀，装道人很像，只可惜头上没有一盘长发。最后粟裕决定化装成敌人一个不大不小的连副。一来国民党军队中湖南人较多，不至于因口音引起敌人怀疑；二来自己对国民党军内规矩知道不少，对敌人的盘问不至于出现漏洞。

打定了主意后，粟裕立即从师部侦察连挑选了两名有经验的侦察员，穿上缴获的敌军制服，大摇大摆地朝张辉瓒所在部队走去。下午 1 点多钟便碰到了张辉瓒的部队。

"口令！"在接近敌军部队的一片小树丛里钻出一个哨兵。

"清——剿！"粟裕毫不经意地回答。当时通讯联络也比较落后，口令要 1 个星期甚至半个月才改一次，粟裕他们出来前早已从抓来的俘虏口里了解清楚了。

哨兵虽然把对准粟裕的枪收回，却依然面带怀疑的神色问道："你们是哪一部分的？"

"我们是谭师长 50 师的人，你们是 18 师张师长的部队吧？你们怎么走得这么慢？落在我们后头有三四十里路。"粟裕回答说，"我们是到后面传达命令的，还以为你们早过了龙岗呢！"

粟裕从容的神态使哨兵完全相信他是自己人，他胆怯地打听："龙岗那边是不是有共匪？"

"纯属谣言，哪有什么共匪？"粟裕笑道，"我们才从那边过来，你们18师是不是被共匪吓坏了？"

进村之后，只见敌军官到处窜来窜去，有几个敌兵躺在一堆稻草上晒太阳。粟裕和两个侦察兵的行动，一点儿也不引人注目。粟裕见一个小军官坐在一块石头上抽烟，一副愁眉苦脸的样儿，就主动上去搭腔。"我们好像见过？"粟裕说，"我是谭师长派来同你们18师联络的。"

敌人那个小官儿信以为真，紧锁着眉头说："咱们都是在为党国效命，今天见了面，说不定明天就被阎王点了名呢！"

"怎么会呢！"粟裕故意奉承对方，"你们师长出过国，喝过洋墨水，熟读兵书，精通谋略，定能旗开得胜，你到时候跟着拿赏钱吧！"

这番话让那个敌军官听得高兴，便跟粟裕攀谈起来，闲谈之中，粟裕探听到张辉瓒已令全师迅速前进，但是他手下的侦察人员回来说龙岗是个小盆地，四面高山，只有西南有条通往南垄的大道，正面是大山密林，林深苔滑……他怕中埋伏，走不走龙岗还没确定。

粟裕回到64师，天已大黑。他来不及吃饭，就把打听来的情报当面向毛泽东和朱德作了详细汇报，并针对张辉瓒求胜心切的心理，建议派一支部队佯攻，慢慢地把张辉瓒引向龙岗。派主力部队埋伏在龙岗密林中，待张辉瓒的18师进入盆地就将其一举歼灭。

朱德和毛泽东听了粟裕的汇报，立即改变原来的部署，当即派了一支部队去攻张辉瓒的18师，边打边退，把敌18师引进龙岗。

龙岗四面环山，山深林密，雾气弥漫，是个打伏击的好地方。

12月29日，张辉瓒果然中计，被红军牵着鼻子入了龙岗，进入了红军的伏击圈。

12月30日上午9点，朱德和毛泽东向担任伏击歼敌的近4万名红军下达了战斗命令。

3颗信号弹在空中炸开，刹那间，枪炮声大作，四周的山坡密林变成了歼敌的战场。红军战士的喊杀声、手榴弹的爆炸声和敌人的惨叫声震天动地。张辉瓒大吃一惊，再一看四周的地形，知道已经陷入了绝境，他立即意识到："必须组织突围，否则龙岗就是自己的葬身之地。"他马上指挥53旅抢夺万功山这个制高点。可是，红12军军长罗炳辉已经带队从西南抢先占领了万功山，敌53旅离山顶还有50米左右，被抢先占领山顶的红军一阵排枪扫去，便一个个滚下山去。

传奇粟裕

这时从东边涌来敌 52 旅的溃兵，张辉瓒担心引来追兵，便下令向溃退的 52 旅射击，要他们退回去守住阵地。

此时，红 3 军团和红 4 军团从龙岗之西攻击前进。红 4 军奉命直扑龙岗以北的上固，途中得知张辉瓒在龙岗，罗荣桓立即以他和军长林彪的名义起草了一个简短的通知："上固无敌，敌在龙岗，望全体将士奋起精神消灭之。"他让政治部的同志借一块门板，将这个通知写在上面，把它放在路边。

下午 3 时，红 4 军、红 3 军从北边大山上压过来；红 12 军及粟裕的 64 师从万功山上控制了开阔地；红 3 军从正面像洪水一般朝张辉瓒的 18 师师部席卷而来。

一时之间，数百支军号同时吹响，红军战士如一群猛虎扑下山去。

已经同红 3 军团、红 12 军激战了一天的敌军哪里还经得起这样的冲锋，刹那间便土崩瓦解了。

张辉瓒知道自己的 18 师难逃全军覆没的命运，慌忙找来一个小排长的制服换上，一头钻进了万功山东坡的茅草丛中。

敌人已失去反击能力，有的放下了武器，红军进入了缴枪抓俘虏的阶段。

当黄公略指挥红 3 军包围了张辉瓒的指挥部时，张辉瓒的警卫营营长原是黄公略在湘军独立 5 师办随营学校的学生。他把全营集合好，令号兵吹敬礼号缴械。黄公略来到时，他毕恭毕敬地向黄公略报告，全营举枪敬礼。

有一部分漏网之敌往西南垄逃命，当他们跑到龙岗、南垄之间的大山时才长吁了一口气，自以为逃了出来，忽然发现一排红军战士正端着枪指着他们，他们再也无力逃跑，被迫放下武器做了俘虏。

当时，粟裕正在龙岗小街。忽见两骑兵飞至，下马向粟裕报告："朱总司令、毛总政委问捉住张辉瓒没有！"粟裕答："张辉瓒跑不了。你们先回去一个人向朱总司令、毛总政委报告，说张辉瓒马上就可以抓住，留下一个人等抓到张辉瓒后再立即去汇报。"

此时的张辉瓒换上了小排长的制服，又拿土灰往脸上抹了几把，混杂到败兵中企图溜走。

粟裕令战士们严加搜查，并告诉大家张辉瓒可能会化装，因此要仔细识别，一定要活捉张辉瓒。

不多久，龙岗满山都响起了红军战士像过节似的欢呼声："活捉了张辉瓒！活捉住了张辉瓒！"

粟裕高兴地对总部独立营营长肖锋说："龙岗一仗，打死打伤敌人1000多，俘虏8000多，活捉师长张辉瓒，现红3军正协同红3军团在东绍打谭道源、许克祥，前边也捷报频传，敌人这次'围剿'又被粉碎了！"

肖锋说："粟师长，朱总司令、毛总政委刚才直夸你，说还是你有办法。"

粟裕笑着摇了摇手："如果说有成绩的话，一是因为上头指挥有方，二是由于下边将士的努力，我只是起一个上传下达的作用。"

"那也不简单，"肖锋笑着说，"连林彪军团长也说粟师长打仗行。"

歼灭了敌第18师两个旅和师部，粟裕和他的64师全部换了装，一色的"汉阳造"5响快枪。战士们高兴地互相祝贺：蒋介石给我们送来了丰盛的新年礼物。

进攻江西东部的硝石时，一颗子弹飞来，击中了粟裕的左臂，动脉血管被打断，鲜血喷出一米多远，粟裕当场昏了过去。后来，伤虽然治好了，他的左手却落下了永远的残疾

紧接着，红军总司令部颁发了追歼谭道源，进攻东韶之敌的命令，决心要把谭道源师歼灭在东韶这块四面环山、道路狭小的洼地之中。粟裕率64师担任正面攻击任务。1月3日清晨，红12军在浓雾的掩护下接近敌人，发起了攻击。谭道源依仗优良装备，向粟裕师发起反击。前面的部队一时未能挡住敌人攻势，被冲开一个缺口。敌人一直冲到64师师部指挥阵地跟前，形势非常危急。粟裕临危不乱，指挥大家全力拼杀，不让敌人再前进一步。这时，粟裕身后突然一声枪响，子弹从他身边穿过，通信员中弹牺牲。后来查明，打冷枪的是一个混到红军队伍里的坏分子，他原来想在混乱中打死粟裕，也许是害怕，手一抖打偏了。幸好军部就在64师指挥阵地后面山头上，相距只有二三百米，发现这一紧急情况，立即派1个连增援，从翼侧迂回到敌后，实施两面夹击，最终把这股敌人消灭了。这场战役，红军歼灭谭道源师1个旅，俘敌3000多人。

粟裕曾经比较过打张辉瓒和打谭道源这两仗的得失，打张辉瓒部队迂回得好，红军从四面八方重重包围敌人，张辉瓒无路可逃，乖乖就擒。打谭道源，有1支红军部队行动慢了点，对敌没有及时形成包围，因而没有获得全歼敌人的胜利。粟裕从中得出经验，要打歼灭战，在兵力运用上，必须把包围、迂回结合起来，没有迂回就打不好歼灭战。

红军以后的几次反"围剿"，粟裕都在前线带兵作战，他有意识地体会毛泽东灵活用兵克敌制胜的战略战术，每次都有新的体会、新的收获。

1931年2月，蒋介石派他的军政部长何应钦代行总司令职权兼陆海空军总司令南昌行营主任，调集18个师又3个旅，约20万人的兵力，积极部署对我中央根据地的第二次"围剿"。

3月下旬，敌人部署完毕。国民党军队西起江西万安东至福建建宁，构成了一条长达800里的弧形战线。蒋介石鉴于第一次"围剿"失败的惨痛教训，采取"稳扎稳打、步步为营"的作战方针，企图将红一方面军围歼于根据地内。

在此期间，中共苏区中央局对反"围剿"的方针和红军作战方向问题进行了多次讨论，粟裕每次都参加了。苏区和红军领导层中意见不一，有的主张红军应分散到苏区外，进行游击战，把国民党军引出苏区；有的主张红军退出中央苏区，转移到云南、贵州、四川建立新苏区。毛泽东则坚决主张继续采取诱敌深入方针，把敌人引到苏区内，集中优势兵力各个击破，粉碎敌之"围剿"；并提出先打较弱之敌王金钰部，然后向东横扫，在闽赣交界之建宁、黎川、泰宁地区扩大苏区。粟裕认为毛泽东的主张正确，坚决支持留下来打。几种意见争论很激烈，会议一次次开，结论还是定不下来。毛泽东一边参加会议讨论，一边命令部队向东固方向推进，逐步作好战略展开。当中共苏区中央局最终采纳了毛泽东的意见时，部队已经完成了战略部署。

毛泽东的形象比喻，给粟裕留下了很深的印象。毛泽东说：现在敌人的阵势是只螃蟹，两边有两只大钳子，中间是个软肚皮。软肚皮好打，但搞得不好，钳子就会夹过来。蒋介石一贯借刀杀人，扫除异己。红军先打中间软肚皮的杂牌军，蒋介石的嫡系部队不会前来积极救援。战局发展完全如毛泽东总政委所料，红军从富田、东固之间打起，对准中间软肚皮的上官云相、孔繁祥两支北方部队开刀，长驱15日，横扫700余里，一直打到福建省的建宁。敌阵左翼有蒋介石的"四大金刚"陈诚、罗卓英、赵观涛、卫立煌4支战斗力很强的部队，都没有出动；右翼有蔡廷锴、蒋鼎文两支部队，也是作壁上观。红军顺利捅破了"软肚皮"。国民党军队的"一字长蛇阵"全线崩溃。5月31日，蒋介石的第二次军事"围剿"以失败告终。

粟裕经历了第二次反"围剿"的高层决策过程，又在师长的领导岗位上参加了作战的全过程，他有了很深的感悟。他看到，毛泽东、朱德指挥作战的一个重要特点，就是充分发挥红军和根据地优势，准确选择歼击对象。一般说来打仗总是先打弱敌。打弱敌难在选择。判断敌军之强弱，需要对敌人的各种具体情况作全面、周密的调查研究。但一切的强和弱，都是相比较而存在的，不是一成不变的，例如强敌而未展开，虽强犹弱；弱敌作困兽之斗，虽弱亦强等等。所以，还需结合实际作具体的分析。毛泽东、朱德对这一原则的运用，可谓得心应手，让粟裕深深钦佩，也深受教育。

国民党军队的第三次"围剿"比红军的预计来得早得多，规模也比第二次"围剿"大得多。

蒋介石带着英、日、德等国的军事顾问来到南昌，亲自任"围剿"军总司令，以何应钦为前线总司令，调集 30 万兵力，采取"长驱直入"的战略方针，组织对中央苏区第三次更大规模的"围剿"，企图彻底摧毁中央苏区。7 月 1 日，蒋介石在南昌行营下达了总攻击令。趁红军主力还分散在闽北和闽西一带做群众工作和筹款之机，急速推进到苏区中心地区，占领了东固、富田、东韶、黄陂等许多地方。

面对不利的情况，毛泽东、朱德决定仍然采取诱敌深入的方针，以一部兵力在地方武装的配合下迟滞敌人前进，主力则从闽西地区出发，绕道千里，回师赣南兴国地区集中，积极进行反"围剿"准备。

7 月 1 日，敌军开始分路向中央根据地大举进攻，但在我一部红军和地方武装的阻击、袭扰下，敌人不知我军主力去向，处于盲目进攻状态。红一方面军主力在敌"围剿"开始后，由闽西建宁地区出发，沿闽赣交界的武夷山脉，经安远、宁化、长汀、瑞金，千里急行军，于 22 日各部先后到达于都西北地区。在周密研究和分析当前敌情及战场态势之后，红一方面军决定采取"避敌主力，打其虚弱"的作战方针，首先从敌人翼侧打起，突破富田一点，然后由西而东横扫。31 日，当红一方面军按计划由兴国向富田开进之际，被敌发觉，遂改变原定作战计划，决定实施中间突破，向东面的莲塘、良村、黄陂方向突击。敌人发现我军在黄陂地区后，集中主力与我决战。红一方面军以一部兵力向东北方向佯动，调动敌人，主力向西急进，使敌疲于奔命。在我军的不断打击下，敌被我拖得疲惫不堪，已无力再战，蒋介石被迫于 9 月初下令"围剿"军总退却。从 8 月 7 日至 9 月 15 日，我军先后在莲塘、良村、黄陂、高兴圩、老营盘、方石岭等地，六战五捷，击溃敌人 7 个师，歼敌 17 个团，毙伤俘敌 3 万余人，缴枪 2 万余支，彻底粉碎了敌人的第三次"围剿"。在敌人撤退时，红 4 军和红 3 军团联

手打了一场恶仗，对手是战斗力很强的蒋鼎文、蔡廷锴。双方打到最后都打红了眼，蒋、蔡集中军官、军士冲锋，红军则集中共党员、共青团员拼杀。双方伤亡都很大。粟裕率部参加了这场恶战。他总结这一仗的教训，认为实在没有和敌人硬拼的必要，因为敌人已经决定撤退了，又是战斗力较强的部队。他进一步认识到，作为一名战场指挥员，随时都应该保持冷静的头脑，切忌感情冲动。

中央根据地三次反"围剿"胜利后，赣南、闽西两块根据地连成一片，发展到 21 个县境，人口 250 万，面积 5 万平方千米，成为中央苏区的全盛时期。

第三次反"围剿"结束后，1931 年 11 月，粟裕调任红 4 军参谋长。不久中央军委在江西瑞金创办中央军事政治学校（即红军学校），叶剑英担任第一任校长。红军学校下设 4 个连，3 个月为 1 期。粟裕先是被调任 3 连连长，第二期 4 连即政治连成立后，又被调去担任 4 连连长。叶剑英调任红军参谋长以后，萧劲光、刘伯承先后担任校长。政治连有 400 多名学员。粟裕对学员要求很严格，又处处以身作则做榜样。学员回忆说，每天的军事训练很紧张，粟裕和 3 名排长亲自讲课做示范。粟裕结合自己丰富的革命知识和实战经验，讲起课来十分生动，学员们听他的课，总是聚精会神，时而欢笑鼓掌，时而凝神细听。粟裕常以亲身经历讲述南昌起义后跟随朱德、陈毅上井冈山与毛泽东会师，开创红色革命根据地的艰苦奋斗史，年轻学员们感到很新鲜很激动，在思想上树立起"星星之火，可以燎原"的革命信念。粟裕教导学员们："青年要积极学习马列主义，要做党的后备军，青年干部首先要起模范作用，要以自己的模范行动去团结带领青年战士，冲锋在前，退却在后，吃苦在先，享乐在后……"

政治连住在一家祠堂里，尽管很拥挤，粟裕还让腾出一间洁净明亮的房子，布置成为"列宁室"，墙上贴着标语、地图，桌上放有书报，训练之余大家都爱到这里来看书学习，开展娱乐活动。粟裕经常和大家一起唱歌、做游戏，辅导文化低的学员学文化。政治连学员毕业回到部队，许多人担任了政治指导员，为加强红军的政治建设作出了贡献。

在红军学校带过两期学员后，1932 年 2 月，粟裕被调回红 4 军仍任参谋长。1932 年 12 月，粟裕被调任红一方面军教导师师长。半年后学员毕业，教导师随即解散。1933 年 1 月，方志敏在赣东北创建的红 10 军奉调到了中央苏区，和红 31 师合编成立红 11 军，军长周建屏，政治委员萧劲光，粟裕被调去担任参谋长，不久参加第四次反"围剿"。

1931年"九一八"事变后，日本侵略者大举入侵东北、华北，中国面临亡国之祸，民族矛盾急剧上升，国内阶级关系随之发生新的变化，全国上下要求停止内战，抗日救亡的呼声越来越高。但蒋介石仍积极反共，提出"攘外必先安内"的反动口号，顽固地进攻红军，而与日本侵略者一再妥协。

蒋介石对中央苏区的第四次"围剿"，规模超过了以往几次，国民党赣粤闽边区"剿匪"总司令部调集近40万兵力，采取"分进合击"的方针，企图将红一方面军主力歼灭于黎川、建宁地区。这时王明"左倾"错误已经扩展到中央苏区，毛泽东被排挤出了红军领导岗位。第四次反"围剿"作战是由周恩来、朱德指挥的。他们运用前三次反"围剿"的成功经验用兵，先实行战略退却，诱敌深入，再采取灵活机动的战略战术，集中兵力各个击破。粟裕所在的红11军在东线福建方面作战。周恩来、朱德命令红11军伪装成红军主力，执行牵制任务。2月中、下旬，粟裕协助周建屏军长、萧劲光政委率红11军先打新丰镇，再东渡抚河，将敌人向黎川方向吸引，掩护红军主力秘密转移到东韶、洛口地区隐蔽待机，在宜黄的黄陂山打了个漂亮的伏击战，全歼敌52师，俘师长李明，59师仅1个团逃脱。3月中旬，红11军再次奉命担任钳制和吸引敌人先头纵队的任务。粟裕精细筹划，红11军行进至广昌西北地区，在地方武装配合下积极开展活动，摆出要保卫广昌的姿态，吸引敌人中路军前纵队加快南进，以拉大其前后两个纵队的距离；同时红一方面军主力秘密北移，准备侧击力量较弱的中路军后纵队。埋伏在东陂地区的主力红军又打了一个漂亮的山地运动战，一举歼灭敌11师大部和第9师一部。红军取得了第四次反"围剿"的胜利。

第四次反"围剿"结束以后，王明"左倾"冒险主义进一步发展，命令红军部队进行所谓"不停顿的进攻"。5月，粟裕与政委萧劲光奉命率红11军进攻江西东部的硝石。驻防硝石的是1927年在湖南发动"马日事变"的刽子手许克祥部第24师，战斗力比较强。红军战士恨透了许克祥，仇人相见，战斗十分激烈。天下着雨，红28师攻打一个山头失利，形势紧张。粟裕和萧劲光闻讯赶到前沿，组织部队再次冲击，迅速把敌人打垮了。红28师乘胜追击，没有料到敌第二梯队突然从红军后面打了过来。这时粟裕手中已没有部队，带领身边的警卫人员冲上去堵截，压住敌人进攻。战斗中一颗子弹飞来，击中粟裕左臂，动脉血管被打断，鲜血喷出1米多远，

传奇 粟裕

粟裕当场昏了过去。

"粟参谋长！"警卫员扑上去为他止血。萧劲光大喊："担架，快送参谋长到救护所。"可是，山道崎岖，雨大路滑，走了三四个小时才送到。因为淋雨，第二天，粟裕负伤的左臂肿得像腿一样粗，皮肤变成了紫褐色。战地救护所见伤势严重，赶快派人将他转送到军医院。军医院的医生一会诊，发现子弹是从左前臂的两根骨头中间打穿过去的，两边骨头都伤了，还伤到了神经，而且已经感染，出现坏死现象。医务主任难过地说："粟参谋长，看来你的左臂得锯掉，别无好法。""不，我不！"粟裕连声反对。"不锯会有生命危险！"医生的口气也很坚决。

粟裕明白，少了一只手臂，作战就会有很多不方便。他坚决不让锯。最后医生也只好尊重他的意见。感染了的伤口需要开刀排脓。当时没有麻药，手术开始后，医护人员只好搬来凳子，拿来麻绳，将他的左臂牢牢地绑在凳子上。接着，又将他的右臂、头、肩死死按住，让主刀医生施行手术。粟裕牙齿咬得咯咯响，浑身冒汗，却始终没喊一声。

手术总算做完了。然而，随后的伤口护理让他吃了更大的苦。为了防止伤口再次感染化脓，医生们将蚊帐剪成2指宽、5寸长的布条子，先在盐水里浸泡，头一天早晨将布条子从子弹进口处捅进去，第二天早晨抽出来，再捅进一条浸泡过盐水的新布条，循环往返，周而复始。结果捅来捅去，伤口不仅长不拢，而且还生出了一层顽固性的肉芽子。医生无奈只好用一个小耙子捅在伤口里，转圈儿地耙，把肉芽子耙掉。每次治伤，粟裕虽然疼得满头大汗，却从来没有叫苦。就这样，一会儿布条子捅进抽出，一会儿小耙子耙来耙去，整整治了5个月。眼看敌人第五次军事"围剿"就要开始，其他伤员一个个伤愈出院返回前线，粟裕心中焦急如焚。

在受伤期间，粟裕经历了一次遭敌特袭击的危险。那是一个赶集日子的早晨。军医院设在硝石南边的团城，敌人的便衣队伪装赶集混了进来，袭击军医院。医院毫无准备，又没有武装力量，大家立即分散四处隐蔽。粟裕一跑出门就遇到4个敌人便衣。敌人紧追不放。粟裕虽胳膊负伤，但两条腿很利索，而且平时训练有素，一口气跑了10多千米，甩掉了敌人，转危为安。后来粟裕被送到方面军司令部手术队，用当时根据地最好的外科药品碘酒治疗，不到半个月伤口就长好了。这是粟裕第4次负伤，左臂虽然保住了，但留下了终身残疾。胳膊萎缩了，只有小竹竿一样细，五指也伸不直了。然而这只残疾的手，在以后的岁月里，还可以帮助右手做一些辅助动作。粟裕很高兴当初自己坚持不锯掉左臂，是正确的。

粟裕伤愈出院回到部队时，第五次反"围剿"已经开始 1 个多月。中共中央组建了第 7 军团，下辖 19、20、21 师。19 师是由红 11 军改编而成的。寻维洲任 7 军团军团长，萧劲光任政委，粟裕任军团参谋长兼第 20 师师长。11 月 11 日参加了浒湾、八角亭战斗。

浒弯、八角亭在靠近敌人战略要点抚州的金溪县。浒弯的敌人是冷欣的 1 个师，辖 5 个团。中央军委命令红 7 军团由正面攻击，袭取浒弯，3 军团迂回其侧后。红 7 军团向敌人发起攻击，敌人在八角亭固守，与我军形成对峙。粟裕率领的第 20 师，是刚由地方部队改编成立的，全师只有 2000 多人，而攻击正面有近 10 千米，只能一线式配备。第二天敌人发觉了 3 军团进攻其侧后，便倾全力向正面猛攻。粟裕指挥 20 师和 19 师一起奋力反击，第一天把敌人打垮了，还缴了几百条枪，天黑后各自收兵。

第二天早晨，敌人继续在正面猛攻，派飞机、装甲车协同步兵作战，红军战士没有见过装甲车，面对这样的铁家伙，不知该怎样对付。19 师的阵地被敌人两辆装甲车冲垮了。擅长游击战的红军指战员，从来没有见到过飞机轰炸场面，望着集中投下的炸弹，有人大声叫喊："不得了啦，不得了啦！"他们不是胆小怕死，而是不知该怎样对付敌人的空中袭击。粟裕指挥的 20 师阵地战斗也很激烈，敌人以密集队形冲杀，20 师师部阵地最后只有机枪排的一挺重机枪，仅剩 70 多发子弹。机枪排长舍不得把子弹打光，粟裕抢步上前，夺过机枪，猛扣扳机，70 多发子弹一齐射向敌阵，遏制了敌人的攻势。子弹、手榴弹全打光了，粟裕和战士们就用枪托和石头砸，一直坚持到天黑。敌人进攻的枪声渐渐地停止了，粟裕率领幸存的战士们沿着抚河撤退，第二天早晨才找到 7 军团指挥部。

浒弯战斗后，粟裕率部队在清流、归化、将乐、沙田一带活动。军委给他们的任务是拖住福建方面的敌人，不让敌人向江西方向增兵。7 军团兵力不多，不能打大规模运动战，粟裕于是带领部队打游击性的运动战。他们占领交通要道附近的重要山头，当敌人向江西方向运动时，就打出去，截住敌人，以吸引敌人回援。为牵制敌人行动，粟裕还谋划了奇袭永安县城。

粟裕亲自布置了作战方案，组织指挥战士把坑道一直挖到永安城墙脚下，又找来一口棺材，里面装满黑色炸药，挑选一批战士伪装出殡队伍，把棺材抬到城门口，趁敌不备点着引线，把城墙炸开一个大缺口。预先埋伏在城边坑道中的战士一跃而起，冲进了永安县城。

由于攻占永安城的胜利，7军团受到了表扬和奖励。然而，局部的个别的胜利，却无法扭转王明"左倾"冒险主义错误造成的失败，也无法在总体上粉碎蒋介石的第五次军事"围剿"。1934年4月，国民党军队集中优势兵力进攻中央苏区的北大门广昌。"左倾"错误领导不顾敌强我弱的实际情况，调集红军主力同敌人"决战"。经过18天的血战，部队遭受重大伤亡，广昌失守。7月，在敌人新的进攻面前，又兵分6路，全线防御。10月初，兴国、宁都、石城一线相继失陷，中央根据地日益缩小，原有的纵横近千里的中央苏区面积，"缩水"到只有300余里。在这样的情况下，中央红军主力被迫从苏区的西南方向突围，进行战略转移，开始了两万五千里长征。在长征前3个多月，中央派出一支部队，从中央苏区的东部出动，向闽、浙、赣、皖诸省国民党后方挺进。这支部队，就是人们常常提到的红军北上抗日先遣队。

第四章　九死一生

中央派出北上抗日先遣队更加直接的目的，是以此来威胁国民党统治的腹心地区，配合中央红军主力即将实行的战略转移。这个目的，粟裕当时并不知晓

1934 年 7 月初，红 7 军团奉命从福建连城地区调回瑞金待命。部队到瑞金后，党中央和中央革命军事委员会的主要领导人及共产国际派来的李德，接见了军团领导人寻淮洲、乐少华、刘英和粟裕，宣布由红 7 军团组成红军北上抗日先遣队，立即向闽、浙、赣、皖等省出动，宣传我党抗日主张，推动抗日运动的发展，并规定这次行动的最后到达地域为皖南，要求红 7 军团在一个半月内赶到，发展那里的革命局面。而中央派出这支部队更加直接的目的，是以此来威胁国民党统治的腹心地区，吸引和调动一部分"围剿"中央苏区的敌人，配合中央红军主力即将实行的战略转移。这个目的，粟裕当时并不知晓，直到多年以后，粟裕才看到在当时中央下发的两份绝密文件中，表达了要以先遣队的北上行动促使敌人变更战略部署的策略。

红军北上抗日先遣队对内仍称红7军团，共6000余人。寻淮洲任军团长，乐少华任政治委员，粟裕任参谋长，刘英任政治部主任，曾洪易为中共中央随军代表。1934年7月6日，一切准备工作就绪，全军将士精神抖擞，整装待发。

出征前，军团在瑞金叶坪召开誓师大会。毛泽东、朱德、周恩来等中央领导检阅了队伍。

是日晚，由红7军团组成的北上抗日先遣队，披着灯光，在苏区人民的依依惜别声中，告别红都瑞金，踏上了新的征程。先遣队挑了几百担宣传品，沿途发放。

1934年7月31日清晨，红7军团主力到达古田县谷口村时，中央突然改变计划，发来一道紧急电令，要红7军团由谷口东进，占领水口，并相机打下福建省会福州。

对于这一道命令，军团长虽然感到困惑，但还是执行了。兵贵神速，他们放弃攻打古田县城的部署，连夜长途奔袭水口。

水口是福州西北一个重要集镇，国民党福建闽江警备司令部所在地，警备司令王敬修率4个正规营的兵力镇守。粟裕率红7军团先头部队以迅雷不及掩耳之势连夜向敌人发起进攻，敌人从梦中惊醒，仓促应战，顿时陷入一片混乱之中。粟裕指挥的先头部队很快就突破了敌人的防线，敌司令王敬修不知红军来了多少，慌忙丢下部队，带亲信乘船顺闽江而下，逃往福州。粟裕率领的先头部队占领了水口镇，歼敌1000余人，缴获了一批武器。

天刚亮，大部队赶到，粟裕提出快速跟进，在福州守敌没发现水口丢失之前发起进攻，打敌人一个措手不及。

军团长寻淮洲很支持粟裕的意见："兵贵神速，福州是福建省省会，地处东南沿海，交通便利，城墙高大坚固，城内外驻有国民党第87师一个团和一个宪兵团，还有一些炮兵、工兵和海军陆战队，守备力量强，如果敌人一旦有准备，要打下福州就很难了。在充满迷雾的战争风云中，偶然机会可能随时都有，但并不是每个人都能抓住机会，创造奇迹的。"

"打福州是件大事，"政委乐少华粗暴地说，"没通过我就打仗，还要不要政治委员制度？"他说着向中央代表曾洪易瞟了一眼。

曾洪易站起来，装腔拿调地说："同志们，我们是党指挥枪，仗不是想打就打的。再说没有政治动员，怎样提高士兵们的战斗热情……"

当天上午，红7军团在水口镇召开大会。乐少华对攻打福州进行了动员，说了革命军队没有攻不破的堡垒云云。接着又召开连以上干部会，粟裕对攻城做了部署。

然而，福州敌人早就作好了准备，他们通过情报网，密切注视着红7军团的行踪。部队还没从水口镇出发，敌人的战斗机、轰炸机共8架就从江西、浙江等地飞到水口上空，对红7军团进行侦察轰炸。缺乏防空经验的红军战士，尤其是刚入伍的新兵，还没弄明白发生了什么事，就被炸倒了80来人。正在屋里的中央代表曾洪易吓得浑身发抖，面无人色，要他去指挥部队疏散隐蔽，显然是不行了。粟裕当机立断冲出屋子，把部队带到了安全的地方。

粟裕组织红7军团于8月7日、8日两天连续向福州发起进攻，但因已失去攻城的最佳时机，加上敌人兵力强大，又调来了援兵和飞机参战，攻城未能取得进展。这时，蒋介石又调了两个师的兵力向红7军团右侧迂回。为了避免更大损失，我军决定放弃攻占福州的计划，向闽东连江方向转移。

敌军通过飞机侦察，发现了我军的动向，急令敌52团加一个营从侧面出击，企图封锁红7军团退向连江方向的道路。

8月10日，粟裕部署红7军团第2师正面向梧桐山高地出击，第3师从左、第1师从右包抄敌之侧翼。战斗从上午9点半发起，一直打到下午3点钟，双方均有伤亡。

粟裕立即组成一支敢死队冒着枪林弹雨，突破敌人中央阵地，同守敌展开肉搏。这时，敌机从梧桐山头低空掠过，见到山上插有红旗，以为主峰阵地已失，立即投弹轰炸，敢死队的战士与守敌一起阵亡。粟裕立刻命令主力展开进攻，击溃守敌，并追至降虎山一带。没料到碰上敌人的一支增援部队，于是各自抢占地形，展开攻击。政委乐少华坚持打阵地战，但我军武器不如敌人，又缺乏子弹，伤亡剧增。

天黑以后，粟裕同乐少华决定撤出战斗，粟裕带一个连队殿后掩护，经潘渡撤到了闽东游击区，甩脱了追兵。

攻打福州是一次"左倾"冒险行动。红7军团受到很大损失，而且使敌人了解到红7军团的战斗力，结果一些保安旅、民团也敢阻击红7军团北进。

福州降虎山战斗后，更加严重的问题是，军团主要领导成员之间的矛盾日益尖锐起来。这是王明"左"倾宗派主义干部政策种下的恶果。

曾洪易是个典型的投机分子。他曾在闽浙赣苏区任中共中央代表和省

委书记，推行"左倾"路线，给闽浙赣苏区造成极大危害。来到抗日先遣队以后，面对艰险的斗争环境，一直悲观动摇，最终叛变投敌。乐少华既无实际斗争经验，又蛮横霸道，动辄拍桌子骂娘，用"反政治委员制度"的大帽子压人，滥用"政治委员最后决定权"。在军团3人领导核心中，只有寻淮洲是在革命斗争中锻炼成长起来的优秀青年军事指挥员。他参加过秋收起义，作战勇敢，联系群众，有胆有识，机智灵活。但是，寻淮洲虽是军团长、军事一把手，却无法行使军事指挥权。乐少华对行军作战都要指手画脚。粟裕不是军团军事委员会成员，他的许多正确主张尽管得到中下层干部拥护，却得不到曾洪易、乐少华重视。

乐少华和寻淮洲一开会就吵架，天天如此，几乎造成指挥上的瘫痪。曾洪易愈益暴露出严重的恐慌动摇，竟然要求离开部队。

这种极不正常的状况，给红7军团这支深入敌后、独立作战的部队造成了难以言喻的困难，也给军团长寻淮洲指挥作战造成了极大的障碍。

攻城部队在粟裕亲自指挥下，趁着茫茫夜色，按计划向罗源开进。罗源上空枪炮齐鸣，火光映天，敌人果然中计，防守顿时土崩瓦解，士兵纷纷缴械投降

时值8月中旬，天气炎热，部队的伤员增加到800余人。由于在白区行动，既无后方，又无民夫，这些伤员的转移、安置，成了摆在粟裕等军团首长面前的一个棘手问题。部队急需一个地方把伤病员安置下来，粟裕和政治部主任刘英派人同闽东游击区的地方组织取得了联系。

闽东游击区主要位于宁德、福安、霞浦三县之间，以赛岐、赤溪一带为中心。境内山高涧深，溪流交错，森林密布，物产丰富，交通闭塞。这是个便于防守，又利于回旋的地方。

早在1930年，这里就建立了党组织，以后又相继成立福安、连江中心县委。1934年2月，又在福安成立了闽东苏维埃政府，组建了中国工农红军闽东独立第2团和第13团，主要负责人有任铁锋、叶飞、魏耿等人。他们听到中央红军主力之一的红7军团就要从闽中过来的消息，无不万分激动，他们盼望借助中央红军的威势，打几个漂亮的胜仗，好好振奋一下部队的斗志。8月11日，中共连江县委派宣传部长陈元前往潘渡迎接，终于找到了盼望已久的中央红军。闽东的党组织和游击队，看到中央红军队伍强壮、

纪律严明，大家备受鼓舞。连江、罗源县委动员全县苏区军民行动起来，全力投入救护红军伤病员的工作。县委组织担架队紧急抢运伤病员。担架队的队员们攀悬崖、绕绝壁，躲过国民党的飞机轰炸，经过三天三夜才把全部伤病员运抵苏区。接着，县委把设在下宫的红军13独立团医疗所改为红军医院。在大家的精心照料下，有100多名伤病员康复，被充实到连罗红军13独立团。这些骨干力量为巩固苏区发挥了重要作用。

在罗源县，粟裕和军团领导顾不上连续作战的劳累，立刻一道接见了地方党组织的负责人，闽东红军独立团团长任铁锋说道："我们闽东苏区比较分散，尤其是罗源城立在我们几块游击区之间，我们很难连成一片。"

寻淮洲当机立断，决定打下罗源城，并将攻城任务交给粟裕具体实施。

当天，红7军团先头部队在粟裕指挥下，迅速开至距罗源城10里的白塔村。与此同时，粟裕又选了4名有经验的侦察人员与当地部队两名侦察排长，化装成卖菜的农民混入罗源城。侦察人员进城后，在城内地下党组织帮助下，很快搞到了一张罗源城守敌布防图。

罗源城临海，背后靠山，地形险要，加上处在通往福州的主干道上，因此城墙修得高大坚固，4个城门上均有城堡，各有1个班守卫。东门外地势比较平坦；南门则面对大山，并有一条小河自西南向东顺城墙流过，但河水不深；西门又分大小西门，门外地势开阔，稍远处为棋盘山；北门则建在高山右侧，城墙从梅峰山上穿过，形势最为险要。为了占据此要冲，国民党在城内驻有福建省保安11团和民团约2000余人。布防情况为大小西门有两个连另两个机枪排；南门有两个排；东门有1个排；北门及附近的梅峰山上驻有海军陆战队、县警队和1个机枪排。

在摸清敌人兵力部署后，粟裕与当地红军负责人一起召开了联合作战会议，研究攻城计划。

粟裕说："从敌人的布防上看，敌人一定以为南门易守难攻，仗着地理优势，兵力不会太多，警惕性不会高。所以我们可以佯装攻东西门，调动敌人的注意力，然后攻其不备，主力直突南门，肯定有奇袭效果，大家看如何？"

其他红军负责人都赞同粟裕对敌情的分析。

粟裕当即做了战斗部署：派两个连的兵力佯攻东门，以两营兵力佯攻西门，要求佯攻部队攻势要大，要迷惑住敌人；南门则派1个主力团进攻，要集中火力，一举突破。

部署完毕，粟裕信心十足地对连江红 13 团负责人说："你们的任务是 14 日清晨进城接管，千万别迟到！"

13 日晚 10 时，攻城部队在粟裕亲自指挥下，趁着茫茫夜色，按计划向罗源开进。

14 日零点 10 分，东、西门佯攻之战同时打响。霎时，罗源上空枪炮齐鸣，火光映天，敌人果然中计，立即调部队加紧东、西门防守，主攻南门的红军主力团则趁机一举攻入城内，守军没想到红军在南门有强大的攻势，防守顿时土崩瓦解，士兵纷纷缴械投降。

战斗不到两小时，我军歼敌 800 多人，俘虏 1000 多人，在嘹亮的军号声中宣告胜利。

红 7 军团在罗源县城筹集了 3 万多银圆的军饷和大批军需品。并留下了 300 多支步枪，两挺重机关枪及一批弹药，于 14 日下午继续向北开进。

红 7 军团连经穆阳、庆元、竹口等战，歼灭了部分敌军保安部队，在闽北站住了脚。寻淮洲本想要部队休整一段时间，但"中革军委"来电，要求 7 军团继续北上，而且速度不能太快，每天限定二三十里。中央的意思就是要利用 7 军团来拖住国民党军，以减轻中央红军的突围压力。这样一个战略行动方针，明显使红 7 军团摆脱不掉敌军的围追堵截，一直处于被动之中。在军团作战会议上，以寻淮洲、粟裕为一方，主张果断独行，轻装前进，甩掉敌人；以乐少华、刘英为一方，认为要坚决执行中央的指示，不得擅作主张。双方争论得很激烈，最终决定服从"中革军委"的命令。

就这样，红 7 军团一路艰苦转战，击破拦路敌军，顽强突进。由于国民党军主力都在"围剿"中央红军，沿路并无重兵，总算是有惊无险。历经近 4 个月的转战，红 7 军团终于进入了方志敏等人建立的闽浙赣苏区，此时全军减员已达一半。

红 10 军团 8000 多人马，只有粟裕带着 1 个无炮弹的迫击炮连、无枪弹的机枪连、1 个步兵连和部分伤病员、机关人员，共计 400 余人冲出了重围。他们虽是残兵，但更是火种，日后转战大江南北，建立了不朽的功勋，终于成为燎原大火

1934 年 10 月底，红 7 军团抵达由方志敏、邵式平、黄道等同志创建和领导的闽浙赣革命根据地。11 月 1 日，红 7 军团在赣东北的德兴县（今德

兴市）重溪村与新红 10 军会师。红 7 军团的到来，受到闽浙赣苏区军民的热烈欢迎，群众热情地称红 7 军团为"老 10 军"，为了慰问这支历经风霜的子弟兵，他们就像母亲迎回久别的儿子一样，倾其所有。当时，正是闽浙赣苏区反"围剿"最困难的时候，但群众竟为 7 军团送来了大批慰问品，这使得一路征战，历尽艰辛的 7 军团指战员备受鼓舞，士气大振。

先遣队到达苏区时，方志敏亲自到驻地看望。他的亲切热情，平易近人，给粟裕留下了深刻的印象。

11 月 4 日，留在中央苏区的中共中央分局，转来已在长征路上的"中革军委"发出的"关于组建 10 军团和闽浙赣省及其隶属关系的决定"的急电：命令由红 7 军团和新红 10 军组成红 10 军团，继续完成北上抗日的战略任务。

闽浙赣军区的领导干部也作了调整，原闽浙赣军区司令员刘畴西任军团长，乐少华仍担任军团政委。由于寻淮洲从实际出发，经常提出一些与"左倾"冒险主义领导者的不同意见。因此，他由军团长降为第 19 师师长。支持寻淮洲的原 7 军团参谋长粟裕则被调离主力部队，担任闽浙赣军区参谋长。11 月 18 日，经方志敏提议，粟裕调回红 10 军团任参谋长。

红 10 军团改编不久，先遣第 19 师赴浙西、皖南游击，之后军团部率领第 20 师也赶到皖南。

12 月 11 日，全军团在黄山东南的汤口合兵一处。首战谭家桥，始成败局。

1934 年 12 月 13 日，红 10 军团沿屯溪至青阳公路北移，经乌泥关进到黄山东麓的谭家桥地区，得知敌各路人马距我尚远，唯尾追我军的先头部队敌补充 1 旅王耀武部孤立突出。军团的军政委员会决定，利用有利地形打一个伏击战，战场放在谭家桥附近的乌泥关。

乌泥关距谭家桥 5 千米左右，是个山隘口，一条公路自南向北通过，路东侧有一个高地，靠北侧是一片小山坡，公路南端有一道悬崖。这个地形非常适合打伏击战。寻淮洲和粟裕商定，将主力放在路北侧山坡上，路东高地上则设置机枪火力，待敌军进入包围圈后突然出击，将敌分割切断。另将一支部队埋伏在路西侧，战斗打响后断敌归路，可以说十拿九稳。刘畴西宣布了作战计划，沿公路由南向北将 19 师、20 师、21 师依次布置，将 20 师放在主攻位置上，21 师则迎头堵击，19 师以一个连控制乌泥关高地，师主力则置于路南悬崖地带截击敌军尾部。

第二天上午9时，敌先头部队第2团慢慢地进入了埋伏圈。因为没有估计到红军会在这里设伏，国民党军的行军显得懒洋洋的，队伍也拉得很长。粟裕精心布置一些侦察员化装成老百姓，像平时一样砍柴、种地，也有人装作行人，在路上自由往来。

敌团长周志道没有发现什么可疑情况，遂向王耀武报告可以通过，同时向公路两侧扫射，进行火力侦察，搜索前进。再过一会儿敌补充1旅就会完全进入伏击圈。就在这时，意外发生了。一个红军战士过于紧张，竟然放枪走火。这下国民党军立时警觉，停止了前进，主力迅速沿公路两侧展开，一部分队伍则去抢占最近的高地。粟裕急令各师迅速投入战斗，趁敌未站稳脚，就将其击溃。立时，公路两侧枪弹齐发，一场伏击战打成了遭遇战。红军集中火力扫射敌军，一时倒也将敌人打个手忙脚乱。敌团长周志道慌忙大叫司号员吹号，催促援兵。粟裕见势不妙，从战士手中接过一支步枪，抬手一枪将司号员击毙。紧接着一声枪响，周志道也被粟裕打成重伤，顿时昏死过去。

初期，我军还是占优势的。但担任主攻的20师和21师缺乏战斗经验，没有能及时发起冲锋截断敌军。而寻淮洲的19师部署在路南的悬崖地带，出击地域狭窄，兵力一时无法展开，也耽误了攻击时机。敌补充1旅的指挥官王耀武是黄埔军校3期的学生，相当善战。他在很短时间内就判明了战场局势。他看出了占据路北山坡地带的20师战斗力较弱，而乌泥关高地又是控制战场的制高点，于是集中旅里的迫击炮和重机枪向两处进行火力压制，同时命部队发起猛攻。坚守高地的一个连红军无险可守，伤亡很大，但仍拼死阻击。经过激战，高地最终被国民党军攻陷。

寻淮洲这下急了，这个高地是全局制高点，怎能沦入敌手！他立即指挥19师部队向高地发起反攻。国民党军的机枪火力很猛，冲上去的红军被一次次击退下来。年轻气盛的寻淮洲干脆端起一挺机枪，带头发起了冲锋。战士们见师长冲上去了，齐声高喊着跟着杀了上去。寻淮洲冲上一个山坡，迅速指挥部队扩张战果。这时，一排子弹飞来，寻淮洲腹部中弹，鲜血喷涌。他咬着牙坚持指挥，直到昏迷过去。通讯员急忙将他背离战场。后来，寻淮洲因为流血过多，在转移途中不幸牺牲，年仅24岁。

粟裕也急忙调整部署，将部队安排在制高点两侧的山头上，然后居高临下，组织了几次攻击，均未成功，只得扼守几个山头，与敌形成对峙，双方伤亡惨重。打到黄昏后，红军被迫撤离战斗。

谭家桥之战，红军将士阵亡 300 余人，这一直是时任红 10 军团参谋长粟裕的心头之痛。直到 14 年后，粟裕指挥麾下的华东野战军一举攻克了山东首府济南，活捉了王耀武，这才报了谭家桥的一箭之仇。

谭家桥一战虽然给予敌人沉重打击，但我军也损失惨重，特别是寻淮洲的牺牲，给抗日先遣队造成了无法挽回的损失。谭家桥战斗之后，蒋军第 49 师、补充第 1 旅、第 21 旅及一些地方部队，共约 20 个团的兵力，蜂拥而来一齐追击红 10 军团。红 10 军团在皖南和皖浙赣边的十几个县往返转战，只能在寒冷的山区风餐露宿，靠兜圈子避敌，部队战斗意志大大削弱。在一路转战中，红 10 军团度过了 1935 年的新年。

1935 年 1 月 9 日，红 10 军团在浙江西部遂安县茶山村召开紧急会议。对于如何摆脱目前的困境，会上有两种意见。粟裕、刘英等提出，要分兵游击，减小目标，保存实力；刘畴西则主张，继续大兵团作战，转回闽浙赣苏区休整。经过争论，茶山会议最后作出了全军南下返回赣东北苏区的决策。从事后看，正是这个致命的错误造成了后来怀玉山的惨痛失败。红军转移后，各地苏区都已沦陷。国民党军还在沿苏区的路上设置了多道封锁线，苏区内外用兵的地域都很狭小，根本无法展开大兵团作战。方志敏等人一心要使疲惫的红 10 军团得到休整，总认为到了苏区就到了家，而忽视了这些变化了的客观情况。

10 日，红 10 军团沿着浙西天目山脉南下，向赣东北苏区进发。粟裕率军团机关人员、后勤人员、没有弹药的迫击炮连、重机枪连和 300 伤病员共 800 多人，作为全军的先头部队披荆斩棘在前开路。方志敏和在谭家桥激战中负伤躺在担架上的乐少华、刘英随同行动，但军事指挥全由粟裕负责。主力部队 2000 多人组成另外一路，由军团长刘畴西率领。

1 月 12 日，红军到达三清山东北面的浙江开化杨林，在敌人前堵后追之下，冰天雪地中的红军缺衣少粮、饥寒交迫，艰难行进在三清山下的坎坷山路上。主帅方志敏肺病复发且日趋恶化，乐少华、刘英负伤。刘畴西由于优柔寡断、运动迟缓，致使军情危急。粟裕深知兵贵神速，率先头部队连夜翻越南华山，拼死杀开一条血路，涉过一条小河，甩脱敌 49 师、补充 1 旅、21 旅、浙保 5 团等 20 多个团的"追剿"之敌，于 13 日到达三清山北麓的化婺德苏区港首村。14 日继续西进，到达三清山脚下的德兴港头村宿营，等候主力部队。

在粟裕率领先头部队离开杨林不久，刘畴西带领 2000 人的主力部队也

到达了杨林地区。他顾虑部队过度疲劳，命令在当地宿营，到第二天下午才继续前进。结果被抄捷径，星夜急驰赶来的敌浙江保安第2纵队，挡住了进入闽浙赣苏区的通道。红10军团主力部队到达开化、婺源、德兴苏区东部边缘的王坂、徐家村时，立即受到先一步到达的敌人阻击，双方展开激战。

刘畴西以一部分兵力掩护，大部队改变行军路线撤退。战斗持续到14日下午，至15日主力部队才大部分进入开化、婺源、德兴苏区。

16日，先头部队西进到德兴龙头山乡程家湾。苦等主力部队不到，方志敏毅然决定留下等候主力部队，命令粟裕率先头部队先走。粟裕依依不舍与方志敏握别，谁知这竟成了这两位患难与共的战友的永别。

此时，敌独立43旅、浙保2团等敌军虽已加强了童（玉山童家坊）暖（德兴暖水）封锁线的警戒，但是兵力不足。粟裕借着明月和白雪的映照，率部向敌封锁线逼近，山上碉堡里的敌人疯狂射击，粟裕巧妙地派两个班去佯攻，吸引敌人火力。敌人也不敢走出碉堡。粟裕当即指挥部队快速前进，从敌人碉堡下的射击死角通过，胜利突破敌童暖封锁线，于16日夜11时许安全到达闽浙赣东北苏区——三清山西面的德兴大茅山东南麓的梧风洞之黄石田、大小坪。

红10军团主力约3000人在化婺德苏区休息一天后，继续前进。当通过封锁线时，因敌人射击拦阻，即折回改换方向。因几次改变前进方向，又延误了几天时间，追击的敌军都赶上来了，军团主力遂在怀玉山区陷入敌军重重包围之中。由于长途转移，部队十分疲劳，粮食与弹药消耗又得不到补充，加之严冬季节，雨雪交加，红10军团主力已面临饥寒交迫的绝境。他们在怀玉山区的冷水坑、玉峰、马山、玉龙山等地占领制高点，坚决抗击敌人，血战7昼夜，给敌军以重大杀伤，终因弹尽粮绝，伤亡惨重而告失败。刘畴西、王如痴先后被俘，方志敏隐蔽在德兴、玉山两县交界的高竹山中，于1月29日也落入敌手。7个月后，在南昌英勇就义。

红10军团8000多人马，只有粟裕带着1个无炮弹的迫击炮连、无枪弹的机枪连、1个步兵连和部分伤病员、机关人员，共计400余人冲出了重围。他们虽是残兵，但更是火种，日后发展成为闽浙军区独立师、新四军第2支队、华野第4纵队、第23军，转战大江南北，从而建立了不朽的功勋，终于成为燎原大火。

国民党浙江省主席黄绍竑说："粟裕啊，你这个人真是不可思议。我打你时，东征西讨不见你的人影。可是一和谈，城里乡下到处是你的人！"

广财山在德兴县境内，是一个模范苏区，地方部队建设、政权建设搞得热火朝天，加上山大林深，群众觉悟高。粟裕率先头部队突围后，便让部队去那儿修整。

这支部队自怀玉山突围以来，天天都在同敌人拼杀。寒风呼啸，全军上下缺衣少食，枪弹也严重不足，伤病员急需找个地方安置进行治疗。

但是，当粟裕率先头部队来到广财山时，他们被眼前的惨景惊呆了：房屋倒塌，被焚烧的房屋残火灭尽，冒着青烟。加上天空又飘起了雪花，北风一阵紧似一阵，显然这儿也遭到了敌人的洗劫。

监视敌人的干部看到红军来了，一阵欢呼，群众纷纷从各个躲避之处跑出来，给红军战士们送来热水，并生火给战士们取暖，当地党组织负责人组织群众给部队送来一些山芋粉和杂粮表示慰问。

见群众刚遭敌人洗劫，但仍热情欢迎红军，粟裕感动得热泪盈眶。他深深感到，苏区人民太好了！有苏区人民支持，革命一定能取得胜利。

方志敏在赣东北苏区的威信极高。许多群众关切地向红军战士们打听："方主席怎么样了？他什么时候回来啊？"

粟裕也很着急。怀玉山突围之前，方志敏坚持自己留下来接应刘畴西率领的主力，要粟裕带先头部队先走，并约定突围后在广财山会合。可这么多天过去了，依然没有他们的消息。

部队在广财山又等了几天，仍未见方志敏、刘畴西及主力部队的影子。

粟裕觉得情况可能有了变化。而广财山由于敌军封锁，群众生活极端艰苦，个别群众连野菜杂粮都吃不上，部队粮食给养十分困难。不能再在这里等下去了！他们决定带部队去找闽浙赣省委和省军区。

行前，粟裕向部队战士和群众讲话。他说："同志们，方主席很安全，大家不要挂念，我们的主力已在怀玉山改编为游击队，回皖南打游击去了。我们也不在这里等了，立即开到磨盘山去与省委、省军区会合。"

粟裕的这番话很起作用，大家听后得到极大的安慰，军心也稳定了下来。

部队下了广财山，经联络，在横峰县簧村槎源坞村找到了省委，并在这里进行了修整，省军区还给他们补充了一批弹药。

1938年春，原红军挺进师干部与中央局代表曾山于浙江平阳县山门街合影

　　不久，中共闽浙赣省委向粟裕、刘英率领的先遣部队传达了苏区中央分局转来的中央指示：以先遣部队为基础，迅速组建挺进师，由粟裕任师长，刘英为政治委员，立即率部进入浙江境内，开展游击战争，创建苏维埃根据地，以积极的作战行动打击、吸引和牵制敌人，保卫闽浙赣苏区和邻近的根据地，并从战略上配合主力红军的行动。

　　重新听到党中央声音的粟裕和刘英，好像回到母亲怀抱的儿子一样异常高兴和激动。对于今后的行动方向更明了，信心更足了。

　　"志敏同志，你放心吧。我们一定会继续扛起先遣队的红旗，和敌人血战到底。"遥望着怀玉山的方向，粟裕在心里默默说道。

　　随后，粟裕、刘英召集先遣队全体干部战士，宣布了中央关于组建挺进师的电令，并选定仙霞岭为中心的浙西南地区作为创建游击根据地的第一个目标。

　　粟裕十分清楚，浙江是国民党统治的腹心地区，又是蒋介石的老巢，反动势力强大，党的工作基础薄弱，挺进师要在那里立脚生根，发展壮大，必须吸取先遣队以前失败的教训，改变斗争策略，自觉地把正规军变为游击队，不打正规战而打游击战。

　　粟裕把想法跟刘英一说，刘英也十分赞同。

"仙霞岭地处闽、浙、赣3省交界，那里的群众基础比较好，1930年，红12军曾经在这一带举行过暴动，革命的火种尚未熄灭。那里有一个青帮组织，其领导人对国民党统治反抗已久，专干劫富济贫，和我们也有些联系。另外，那里大部分地区山岭连绵，森林茂密，便于我们隐蔽和机动。"粟裕扳着手指，把选定仙霞岭作为游击根据地的理由和大伙儿一说，大家都很佩服粟裕独到的眼光，同时也增添了打游击的信心。

在中共闽浙赣省委和省军区的帮助下，粟裕、刘英立即进行挺进师的组建。

怀玉山一战后，突围出来的部队仅包括一个迫击炮连，一个机关枪连（均已经没有炮弹和枪弹）和第20师的第5连，再就是一些康复的轻伤病员和政治部、供给部、保卫局的机关工作人员，共400多人，这部分是挺进师的主体。此外，闽浙赣省委又将其所属的独立师第1团100多人编入挺进师，这样，挺进师的总人数仅500多人。很显然，这只是一个小团的兵力。为了适应游击战争的需要，挺进师下面不设团、营、连，而是编成3个支队和一个师直属队。支队实际上相当于连，但大都由团级干部担任领导。同时还任命了王蕴瑞为师参谋长，黄富武为师政治部主任。

1935年2月底，经过短暂的修整，挺进师全体指战员怀着继承先烈遗志，开创新的游击根据地的坚强信念，誓师出征了。

挺进师的行动路线是：由浙闽赣根据地南下，先到闽北根据地，和那里的党组织取得联系后，再去浙江。

1935年5月至9月中旬，粟裕指挥挺进师粉碎了由国民党浙江省主席黄绍竑亲自指挥的八九个保安团的"进剿"，使浙西南游击根据地扩大到江山、浦城、龙泉、遂昌、松阳5个县，纵横百余千米，挺进师发展到近千人，扩编为5个纵队，两个独立支队。另有党领导的地方武装千余人，还建立了后方基地。挺进师从此在浙江站住了脚。

1935年，粟裕率领突围部队组成挺进师进入浙南

传奇粟裕

1935 年 9 月下旬，敌人又对挺进师发动了第一次"围剿"。

这次"围剿"，敌人集中了正规军 32 个团六七万人的兵力，连同地方反动武装，号称 40 个团，由蒋介石的嫡系第 18 军军长罗卓英统一指挥。粟裕决定实行"敌进我退"的方针，留下少数部队就地坚持斗争，主力部队跳出包围圈，运用巧妙的游击战术，同敌人周旋于浙闽边界，积极打击敌人。粟裕率部机动作战，从浙江打到福建，又从福建打回浙江，积极打击和吸引敌人，掩护省委开展工作，支援浙西南地区的斗争，到 1936 年 6 月，终于粉碎了敌人的第一次"围剿"。

1936 年底，"西安事变"发生后，国共两党达成合作抗日的协议。但浙江的国民党军又调集 6 个主力师、两个独立旅及地方保安团共 43 个团，对挺进师进行第二次"围剿"。挺进师在粟裕的指挥下，经过艰苦、频繁的战斗，再次粉碎了敌人的"围剿"。

处于这种惊险的战争中，生活自然是十分艰苦的。有一次粟裕和他带领的小分队被敌人连续追了三天三夜，到一个秘密点隐藏后，他一觉睡了 40 多个小时。部队一两天供应不上伙食更是常事。3 年时间里，他们几乎每天都在行军打仗。

1937 年 2 月，敌人向浙南游击根据地展开全面进攻。强敌压境，为避开敌人的包围，保存实力，粟裕毅然决定，率部回到龙泉河以北的原浙西南根据地坚持斗争。途中，他们突破敌独立第 9 旅和 50 师的数道以碉堡群构成的封锁圈，差不多天天要连续打数仗。最多的一次，一天一夜跑了 170 多里路，打了 8 仗。

在强敌的进攻面前，粟裕采取了灵活机动的游击战术，敌人梳过来，红军则钻进去；敌人抢山头，游击队就占后方。作战单位也逐渐分散，把部队分散成几百人、几十人。

3 年的游击战，将挺进师的指挥员们锻炼成了游击战争的高手。他们采取兜圈子、杀回马枪、东去西返、早出晚归等方式，飘忽不定、出没无常，将敌人搞得晕头转向。

1937 年，粟裕不时收到来自外界的各种消息，说什么"共产党投降了""红军被收编了"。他经过仔细分析，认为有可能是国共合作了，便立即派出一小队人员，化装成国民党军，大摇大摆地走到附近的一个镇上，到镇公所里找到镇长说："我们是在山区'剿匪'的，要给县长打个电话，了解情况。"镇长立即挂通了县长的电话。县长说："现在国共合作啦，红军改编为八路军要开赴抗日前线了……"

粟裕了解到这个情况后，一方面集中部队进行动员教育，并要求部队继续提高警惕，防止发生意外，一方面写信给国民党遂昌县政府，要他们派代表来谈判。

不久，遂昌县政府派来了代表，请游击队下山进城。又经过一番谈判，粟裕率部下山。当红军队伍整整齐齐地出现在县城的时候，全城百姓扶老携幼，争相观看。

队伍经过杭州时，浙江省主席黄绍竑宴请粟裕等红军将领。黄绍竑打量了粟裕半天，仍然怀疑地问："你就是粟裕？不像，不像！"

粟裕讽刺道："黄主席一定以为我是青面獠牙吧？"

"那倒不是。"黄绍竑摇摇头，"没想到一个文弱书生竟然统率千军万马。"接着又说："粟裕啊，你这个人真是不可思议。我打你时，东征西讨不见你的人影。可是一和谈，城里乡下到处是你的人！"

传奇
粟裕

第五章　抗战建功

　　阔别10年的粟裕和叶挺再次重逢，他俩谈起24师教导队的军旅生活，粟裕又记起了"艰苦与死"的回答。久别重逢，两人不禁感慨万千

　　1938年春，粟裕接到中央和东南分局要他"带领主力开赴皖南，参加新四军的战斗序列"的指示后，率领浙闽边抗日游击总队，由平阳山门街出发，途经瑞安、泰顺、丽水、松阳、遂昌、龙游、常山、开化等地，经20多天的长途跋涉，到达安徽省歙县的岩寺地区，整编为新四军第2支队第4团第3营。新四军第2支队由张鼎丞任司令员，粟裕任副司令员。

　　4月中旬，新四军军部及1、2、3支队约7000人在岩寺一带会师。陈毅、傅秋涛率领1支队驻扎在潜口；张鼎丞、粟裕率领2支队驻扎在琵塘、琵村；张云逸、谭震林率领3支队驻扎在西溪南。皖南山明水秀，如今军号嘹亮、歌声阵阵，更增添了无限生机。

　　粟裕安顿好部队，就赶往岩寺镇金家大院，去看望叶挺和军队其他领导人。阔别10年，粟裕端详着身穿一身哗叽军服、挂着中将军衔、雄风不减往昔的叶挺，内心有着说不出的高兴。叶挺乍见粟裕几乎认不出来了，

1939 年陈毅、粟裕、傅秋涛、周恩来、朱克靖、叶挺在新四军军部合影

想不到当年那初出茅庐的小伙子如今已锻炼成为经验丰富的战将！他俩谈起 24 师教导队的军旅生活，粟裕又记起了"艰苦与死"的回答。久别重逢，两人不禁感慨万千。

叶挺在粟裕等将领的陪同下，到各驻地去看望了从 8 省边界 13 个地区汇聚到皖南的新四军指战员。许多人是第一次见到自己的军长，心情都很激动。大家列队接受叶军长检阅。

叶挺戎装整肃，腰扎武装带，手提一根手杖，威武地从队伍前面走过，微笑着向大家频频挥手致意。他鼓励大家说："你们从老区过来，走一路宣传一路，扩大了我军的政治影响。部队不但没有减员，而且还补充了新生力量，这是很好的开端。你们绝大部分是老红军战士，是很强的骨干力量，要好好学习锻炼，今后发展起来都是我军的优秀干部。你们要利用当前的宝贵时间，加强军政训练，提高政治水平和军事水平。我告诉大家，我们马上要同日本侵略者打仗，没有过硬的本领不行。"

接着，军部在岩寺鲍家祠堂召开了第一次营以上干部大会。项英主持会议，叶挺在热烈的掌声中讲了话。他说："党中央信任我，让我当这个军长，我能有机会向同志们学习，和大家一起战斗。今后我一定坚决遵照党中央

所指示的道路前进，在党中央和毛泽东同志的正确领导下，在座各位的帮助支持下，坚决抗战到底！"

大会之后，叶挺、项英将1、2、3支队的负责人留下商量怎样立即组织部队向敌后实施战略展开的问题。

经东南分局和军分会研究，军部任命粟裕为先遣支队司令员，钟期光为先遣支队政治部主任，王庆丰为民运科长，率部先期进入苏南敌后，执行战略侦察任务。

1939年3月，周恩来同新四军领导干部合影

先遣支队出发前，军分会秘书长李一氓又抽调电台台长江如枝、副队长廖肇权及机要员何凤山等跟随粟裕行动。

4月28日，粟裕、钟期光率领先遣支队全体指挥员，在潜口西大祠堂门前誓师东进。

临行前，叶挺走上前紧紧地握住粟裕的手。他瞥见跟随粟裕的机要员何凤山没有武器，就解下自己心爱的左轮手枪，交给何凤山说："小鬼，你任何时候，不论发生什么情况，都不能离开首长身边，千万，千万！"

粟裕感动得眼泪都流了出来。

先遣支队从潜口出发，经石埭、青阳去南陵，途中必须通过国民党第55军的防区。夜晚时分，钟期光睡得正香，忽然被摇醒。他睁眼一看，粟裕站在他身边。粟裕说："钟主任，快起来，我们集合部队转移。"

钟期光急忙翻身坐起："发生什么事了？"他一面说着，一面将枪紧紧握在手里。

粟裕忙说："别紧张，没发现什么情况。"

钟期光松了口气，又疑惑地问："为什么现在急着转移？"

粟裕解释道："此地离芜湖很近，鬼子一定在这一带布置了特务汉奸和电台，我军进驻南陵的消息必然很快被敌人侦悉。这里不能久留！"

粟裕停了停，又认真地说："不信我可以和你打赌！"

钟期光笑起来："早听说粟司令有料事如神的本领，我听你的就是。"

于是两人立即叫醒部队，率领部队于拂晓前离开南陵。次日清早，部队已经抵达麟桥，距离南陵仅20里左右。粟裕又命令部队停止前进，赶快进行防空伪装。果然，不久日军飞机来到先遣队刚刚离开的地方，进行一通狂轰滥炸。指战员们对粟裕如此料事如神钦佩不已。

傍晚时分，粟裕派侦察参谋张铚秀带几名侦察员去侦察铁路西边的情况。这段时间日军的铁甲车常在铁路上出没，对我军造成很大威胁。粟裕问："张参谋，敌人铁甲车开来，你在远处如何发现？"

张铚秀想了想，困惑地摇了摇头。

粟裕笑了笑："把耳朵贴在铁轨上就行了。起码可以听到几千米以外。另外，如果铁甲车的探照灯照过来，一定要头朝着灯的方向紧贴在地上不动，千万不可把手和脸露出来。"粟裕仔细地交代。

侦察兵们信服地点着头，执行任务去了，他们对粟裕考虑问题的细致周到早就领略了。

部队在麟桥隐蔽休息了两天，查明了宣城、芜湖之间的敌情、路情，继续前进，渡过了青弋江，到达东门渡。在粟裕的指挥下，部队通过了敌人的五六道封锁线，于5月13日到达了南京附近的江宁县叶家庄。

两天以后，先遣支队一路冲破了余忠承、朱永祥、陈德功等国民党溃军及土匪们设下的重重阻碍，于5月19日正式进入江南敌后战场。

传奇粟裕

韦岗首战告捷。当大家把缴获的日本国旗、军旗、指挥刀、军大衣、钢盔、皮鞋、望远镜等物品集中在一座祠堂里展出时，远近的群众争先恐后地赶来参观，一时间粟裕将军的威名在江南四处传扬，妇孺皆知

这时国民党正面战场节节败退，京、沪、杭、芜各地相继失守，敌伪及土匪得势猖狂，无恶不作。国民党军队和各级地方官员或逃之夭夭，或投降附敌，江南各地已半年以上未见中国军队，广大人民生活在水深火热之中。日军气焰嚣张，甚至两个徒手的日本士兵也敢到离据点10多里远的村庄抢掠。由于新四军初到江南，一般群众对这支军衣破旧、装备不齐的军队都持怀疑态度。

"看来我们得和鬼子打一仗了。"粟裕对部队说，"只有打了胜仗，才能打破日军不可战胜的神话，树立我们新四军的威信。"

在粟裕积极寻找战机时，陈毅率领一支主力部队也到达江南，两支队伍并肩进入茅山地区。

6月，正值江南梅雨季节。数日不晴，道路泥泞。部队连着十几天在漆黑的雨夜中行军，又冷又累。粟裕和战士们一样只有一套军装，无法替换，到达宿营地后，只好脱下衣服架在火上烘干。整整一天，粟裕和陈毅就这样边烤衣边讨论部队下一步的行动方案。

"我打算沿沪宁铁路东进到镇江附近，寻找战机，同鬼子打一仗。现在这个形势，不打一仗是不行的。"粟裕迫不及待地对陈毅说。

陈毅笑道："我们这是赤条条来去无牵无挂啊！打吧，我支持你，一仗大胜，全盘皆活。"他翻动着衣服又问："力量是不是还需要加强一下？"

粟裕点点头说："这一路南来，天天在雨夜中行军，部队病号很多，战斗力大为减弱。你再派点身体好的同志给我吧。"

陈毅二话没说，当即抽调了100多人，清一色的棒小伙子，组成一个连，交给粟裕。当夜，粟裕率部向镇江方向进发，陈毅出来送行，告诫粟裕慎重初战，战则求其必胜！

两天后，部队到达预定地区，按计划破坏了宁沪铁路。

这天，粟裕在一个竹林里开了一个干部会。他在会上说："国民党军队几十万人都被日军打得惨败，上海、南京也相继失守，日军长驱直入，至今没有遭受打击。敌人傲慢到了极点，三五成群没带武器也敢到离驻地10里远的乡下横行。这正是我们袭击敌军的好机会。根据多次侦察，公路

第五章 抗战建功

抗日战争初期的粟裕

上每天过往的军车约五六十辆,从上午7时开始就有往返,行车时一般都毫无戒备。我决定今天子夜行动,目标是镇江南约30里的韦岗附近,任务是伏击敌人车队,要以小的代价夺取军事上、政治上的大胜利。这是我们挺进江南后打的第一仗,十分重要!只有初战就打个胜仗,方能树我军的威信,扩大我军影响!"

到会的干部们情绪高涨,当即表示一定坚决执行命令,完成作战任务。粟裕亲自带领80多名战斗员执行伏击任务。

第二天凌晨,粟裕亲自率部冒雨向韦岗以南的赣船山地区急进,这是他前几天选好的伏击区。

月黑风高,山道崎岖,部队行军速度却很迅捷,拂晓以前已全部进入伏击阵地。指战员们观察四周,见这一带地形很险要,公路两侧均是200米左右的山峦,横亘南北,公路犹如一条长长的鳞蛇,蜿蜒于山峦之间,真是个打伏击的好战场!

粟裕作了简单扼要的动员,要求大家隐蔽、迅速、勇敢、灵活,一定要打出军威,务求必胜!然后,他派出少数部队担任警戒任务,大部分人员就地埋伏,等待敌人军车到来,采取突然袭击。

上午8时,天还在下着大雨,从镇江方向传来了汽车的马达声。指战员们仍屏息静气,注视着敌军军车过来的方向。冰冷的雨水不停浇在身上,全体指战员却如同雕塑一般一动不动。

过了一会儿,日军第1辆军车转过了山脚,侵略者们坐在汽车上耀武扬威,目空一切。当日军的车辆进入伏击区离我军阵地约50米远时,粟裕举起左轮手枪,突然从隐蔽的岩石后跃起,挺身而立,命令截击敌军车。数架机枪、步枪一齐吐出火舌,敌车上的驾驶兵被击毙,汽车失去了控制,在弹雨中冲出几十米,撞在公路一侧。

接着而来的5辆军车也停了下来,车门打开,百十个日本士兵端枪跳

传奇粟裕

下来。一时间，枪声、手榴弹爆炸声、军号声、喊杀声震荡山谷。

残敌70多人在两日军军官的带领下，号叫着组织反击。有的跳入公路西沿的沟壑，有的窜入路边的草丛，或利用地形地物，或依托被击毁的汽车，负隅顽抗。

粟裕带着警卫员跃过公路，亲自指挥，战士们堵住敌军冲杀，机枪手端着机枪横扫。这时20多个敌人越过公路，玩命地朝公路边的小山头爬去，企图占领制高点，但他们却没料到粟裕早在山头部署了10来个人的兵力。当敌人离山头还有30来米远，我军一阵排枪扫射，敌军纷纷中弹，数十具尸体滚落在公路上。我军战士从四面八方冲向敌人，一场白刃格斗开始了。

在我军战士的英勇拼杀下，敌人死的死，伤的伤。粟裕正指挥大家猛扑残敌时，公路一侧的沟里一个中弹受伤的日军军官突然跳起，举着寒光闪闪的军刀，狠命向粟裕劈来。

只见粟裕手一扬，随着"砰！砰！"两声清脆的手枪响声，顽敌倒在了血污之中，此人便是日军大尉梅泽武四郎。

日军在我军冲杀下，伤亡殆尽。另一日军少佐土井潜入汽车下，也被击毙。

这是一次漂亮仗，打得干脆利落。清扫战场，合计击毙日军100余名，击毁汽车6辆，缴获长短枪80余支、钢盔76顶、日钞1.7万余元，另外还有大批日军军刀、军旗、军服以及食物、保险箱、被服等物资。

战斗胜利结束后，我军指战员们的情绪高涨极了。粟裕掏出怀表，看了看，战斗刚好进行了半个小时，遂命令部队立即转移。

伏击勇士们离开战场不久，敌军大批援兵以及十几辆汽车和数辆坦克，在3架飞机的配合下匆匆赶到韦岗，所见的尽是日军官兵的残骸和焚毁的车辆……

粟裕率部向东南方向疾进，经青山抵达白虎镇。先遣支队全体人员会合在一起，欢庆胜利。粟裕即兴作五言诗一首："新编第四军，先遣出江南。韦岗斩土井，处女奏凯还。"当晚，粟裕向陈毅报告了战斗的情况。陈毅当时也口吟七绝一首，以表达喜悦并赠给粟裕留作纪念："弯弓射日到江南，终夜喧呼敌胆寒。镇江城下初遭遇，脱手斩得小楼兰。"因该诗题为《卫岗处女战》，从此韦岗又常被称作"卫岗"。

国民党中央政府曾电令嘉奖这次战斗——

第五章 抗战建功

叶军长：

　　所属粟部，袭击韦岗，斩获颇多，殊甚嘉尚，仍希督饬继续努力，达成任务。

　　韦岗首战告捷。当大家把缴获的日本国旗、军旗、指挥刀、军大衣、钢盔、皮鞋、望远镜等物品集中在一座祠堂里展出时，远近的群众争先恐后地赶来参观，一时间粟裕将军的威名在江南四处传扬，妇孺皆知。

1939 年秋，时任新四军江南指挥部副指挥的粟裕

　　陈、粟率部历经大小数战，东避黄桥。黄桥周围百余里内所有敌、伪、顽等被一扫而光

　　新四军挺进江南敌后战场，除陈毅等指挥的 1 支队取得了辉煌战绩外，粟裕指挥所属各部在科研短短的 1 年多时间内，就与日伪军作战 300 余次，毙伤日伪军 6000 余人，缴获各种枪支 2000 余支，击毁汽车数十辆，破坏铁路多次。1、2 支队在陈毅、粟裕等领导下很快打开了以茅山为中心的苏南抗日根据地的局面。

　　其实，1939 年，蒋介石允许新四军到茅山地区敌后抗战，是有他的如意算盘的。一次，他在庐山训练团的讲话中说："我让新四军到那里去，是为了让日本人消灭它！"因此，第 3 战区根据蒋的这一"借刀杀人"之计，

严格划定新四军的活动地区。然而，事情的发展却与蒋的居心叵测恰恰相反。新四军东进之后，不但没有被消灭，反而迅速发展壮大，形成了燎原之势。于是，顾祝同一面给项英施加压力，一面集中其特务武装忠义救国军不断向新四军进攻，进一步压制在江南敌后抗战的新四军部队。粟裕等则模范地执行党中央和毛泽东制定的在抗日民族统一战线中"综合联合和斗争两方面的政策"和"有理、有利、有节"策略原则，不断挫败顽固派的反共阴谋。

1940年春，蒋介石令反共急先锋韩德勤与国民党第3战区前敌总指挥冷欣积极压制江南的新四军，想截断其与苏北的联系，而后歼灭新四军江南部队。

粟裕对韩德勤并不陌生，早在井冈山反"围剿"时就与韩相逢过。那是第五次反"围剿"时，粟裕率部从高兴圩撤向富田南边白云村时，遇到韩的一个师。粟裕率士兵们一个冲锋，像吃豆腐一样，一下子就把敌军消灭了，缴获颇丰。

现在粟裕经过调查，又进一步加强了对韩的了解。韩德勤在蒋介石的扶持下，担任江苏省主席兼鲁苏战区副总司令，他依靠其嫡系主力第89军和独立第6旅等武装，实行苛政重赋，鱼肉人民，极力镇压爱国运动，摧残抗日力量。如1939年春，突然围攻东海县抗日武装——八路军独立第3团，杀伤该团团长以下数百人。同年夏，又围攻活动于高邮湖北闵家桥地区的抗日游击队，惨杀该游击队领导人陶容以下数百人，其中大部分是共产党员。类似大小血案，遍及苏北各地，时有所闻。苏北国民党部队内部爱国官兵的抗日要求，也受到韩德勤的压制。日寇在其兵力不足的情形下，乐于利用韩德勤作为其镇压苏北抗日军民的统治力量。日、顽双方信使往来，狼狈为奸，人民陷于水深火热之中。韩德勤已成了苏北抗战的主要障碍。

当时，苏北地区由韩德勤指挥的国民党总兵力共有16万人，其中韩德勤系统8万人，号称10万。但派系繁多，矛盾重重。

驻在泰州及其附近地区的鲁苏皖边游击总指挥部李明扬、李长江及曲塘一带税警总团陈泰运等部，都是深受韩德勤排挤和歧视的中间势力。他们的处境和具体情况与韩德勤的嫡系部队和保安旅有所不同，因而政治态度也有差异。李明扬是老同盟会员，资历比韩德勤老，他和李长江原是国民党江苏省保安处正、副处长，自从顾祝同、韩德勤包揽江苏军政大权以后，保安处长由第89军军长李守维取代，两李的地位一落千丈，后来得到桂系的扶助，才维持了当时的地位。他们有一定的民族意识，同时也企图借助于我新四军的抗战声威，以抵制韩德勤的压迫与兼并。而贵州籍的苗族人陈泰运，属于宋子文系统，是以同乡关系得到何应钦的支持而维持了今天的地位。他也有一定的抗日意识。1939年，陈泰运曾一度被韩德勤软禁于兴化。

粟裕从以上的分析认为，李、陈等地方实力派与韩德勤之间的矛盾，虽有自身的利害关系，但包含有坚持抗战与破坏抗战的矛盾。在苏北顽、我之间，李、陈等地方派处于重要的地位。如果他们能中立，就便于我军同韩德勤作最后的较量。因此，粟裕与众多领导人认为，要解决苏北问题，必须除韩，团结地方实力派李、陈两部。

可是，对两李的统战工作并不那么简单。事实证明，由于两李在抗日反韩这一根本立场上存在一定程度的摇摆性，因此对他们的争取工作要准备"和"与"打"并用。

当陈、粟积极争取两李时，韩德勤利用两李对蒋顽压力的畏惧以及对我挺进纵队在江北发展的畏惧心理，又打又拉，表示要与他们"摒弃前嫌，重修旧好，共同反共"，使两李动摇，转而反对新四军。

1940年5月17日，新四军挺进纵队为粉碎敌伪"扫荡"，移往江都郭村休整。在韩德勤的挑唆下，李明扬、李长江竟说新四军是占了他们的地盘，并向新四军下最后通牒，限3天退出郭村。在顽军保安3旅的配合下，调动其第1、第2、第4、第6纵队向郭村进逼，总兵力达13个团。其第2纵队居于塘头、宜陵、丁沟一带，隔断郭村与大桥地区和苏南之联系；第4纵队在泰州、刁家铺、口岸一带；保3旅则在郭村以北之小岐一带。妄想一举围歼新四军挺进纵队于郭村、大桥地区。

6月30日，我挺进纵队第1团两个营在粟裕指挥下，于夜间隐蔽出击，突然袭入李军后方重镇宜陵，消灭其一个营和一个团部，李军大怒。

此时，共产党员陈玉生率领李军一个团，在我第4团接应下立即起义，进一步改变了战场形势。我军反守为攻，对李军进行内外夹击，歼其3个团，迫使李军全线溃退。

7月3日，陈毅赶到郭村，他给部队以热情的慰问和鼓励。但他又说："战役和战术上的胜利，不等于战略上的胜利。我们要打开苏北局面，非把韩德勤打败不可。要打败韩德勤，就必须争取两李中立，不使他们投奔韩德勤。这一打，究竟是把两李打到韩德勤一边去，还是打到我们这边来，

这就要看我们政策和策略的威力了。"

这时，有的同志主张驻守郭村，不再前进，有的同志又主张直下泰州。

陈毅认为郭村地区过于狭小，将来势必还会发生摩擦；而打到泰州又会逼得两李非倒向韩德勤不可。他决定乘胜打下塘头，控制交通要点，解决部队给养；又在泰州城唾手可得的态势下，适可而止，收兵于泰州城郊的碾米场，并派代表去见李明扬，表明我顾全大局，灭敌、反顽、联李的方针不变，要他以"互相互让，共同发展"8 个字来推动抗战。

这时，李明扬从兴化赶回来收拾残局。他听说新四军不攻泰州，还派来代表倡导和议，正是求之不得，连忙向陈玉生赔礼道歉，派专使陪送返回挺进纵队。

电话架通后，陈毅亲自同李明扬通话，再次表明为了团结抗战，愿意与他们重修旧好，将俘获他们的人员全部释放，归还缴获的部分枪支。并愿将郭村等地全部让出交给他们，但要求他们团结抗日，如果将来韩顽不以民族利益为重而向我挺进纵队进攻时，希望他们保持中立。

李明扬难中得救，全部答应。

郭村战斗是巩固苏北桥头阵地的一仗，也是同韩德勤争夺两李的关键一仗。

紧接着，粟裕他们就商量吃掉韩德勤打通苏北的大计了。

大家认为要打倒韩德勤，先要占据黄桥。因为黄桥地处靖江、如泉、海安、泰兴、泰县（今姜堰市）的中心。以黄桥为中心建立根据地，向东可以控制南通、如皋、海门、启东等地，进而与江南我军相呼应，控制长江通道，威胁日寇，同时也可切断顽固派韩德勤与江南冷欣的联系。目前盘踞在黄桥一带的是何克廉的保安第 4 旅，该部一贯与日伪勾结，积极反共，敲诈勒索百姓，为群众所痛恨，而且战斗力弱，易于歼灭。况且黄桥地区系土地革命战争时期红 14 军活动地区，抗战以来党组织又做了大量工作，群众基础好，我军东进抗日，能得到地方党组织的配合和广大人民群众的支持。陈毅、粟裕倾听着大家的意见，觉得东进黄桥的确是上策。于是作出决定，东进黄桥！

正在这时，经党中央和中央军委批准，渡江北上的江南指挥部改为新四军苏北指挥部。陈毅任指挥，粟裕任副指挥。部队进行整顿，编为 3 个纵队共 7000 余人。

部队稍事修整，于 7 月 25 日在陈毅、粟裕率领下向黄桥进军。

当晚指挥部离开塘头，经事先与李明扬等商议好的路线，悄悄地穿过泰兴到口岸间的二李防区寺巷口、缪湾等处时，二李部队如约让路，朝天鸣枪，佯作阻击姿态。

粟裕为了迷惑敌人，沿途仍然用挺进纵队和管文蔚名义颁发布告，张贴标语。经两天行军，进入黄桥地区，并且同时分兵打击附近日伪据点，孤山、李家市、西来镇等均很快收复。日伪军两次报复性进攻，均被击退。黄桥地区周围东西百余里、南北七八十里内所有敌、伪、顽被一扫而光。

1940 年 10 月初，粟裕在黄桥战场指挥了著名的黄桥决战。图为 7 月底陈毅与粟裕率部向黄桥开进

黄桥决战前，韩德勤口吐狂言："以我10万之众进击，压也把陈毅、粟裕压扁了！"粟裕把左轮手枪一挥，振臂高呼："冲啊！"纵队司令陶勇和纵队参谋长张震东把上衣一脱，就挥着马刀冲到了敌人中间。

粟裕有个职业性的习惯，每到一地，就要把该地的五分之一的军用地图满墙钉起，自己搬个椅子，反过来跨坐着，两手扶着椅背，全神贯注地看地图、"背"地图。举凡山川道路，村镇桥梁，一一熟记心中。有一次侦察参谋向他报告侦察地形的情况，报告完毕，他问道："那个小王庄南边有座石桥，现在还在吗？"原来，参谋漏讲了这个石桥，他惊奇地问："首长没去过，怎么知道有？"他说："地图上不是有吗？"

他还曾布置部队，每驻一村，都要绘制详细地形图上交，瓦房草屋、河沟池塘，都要据实画上，以便及时订正。为此，还要求参谋处给各连文书传授简易标图知识。他对于地图上的每一个细微的偏差，实地的每一点琐碎的变化，都不肯放过。

到黄桥后，他就到处踏勘地形，对照地图。

"公家发给我们一匹马干什么？还不是要我们多跑一些地方！"他幽默地说，"勘察战场可不要留死角。"他越看越爱上了黄桥地区的地形。原来黄桥以北30余里，便是越来越密的河网，再北便是宽深的运盐河。要来黄桥，只有东北偏北一带是旱路。这种地形，通道少，路径窄，桥梁多，对韩军的山炮野炮是难于克服的天然障碍，进来固然不易，逃跑则更为困难。而黄桥附近，却是低度的起伏地，干沟小坡，旱地高苗，此时正值高粱半割半留，玉米茂密的时候，很便于我军埋伏隐蔽，快速运动，迂回突击。在这样的地区用兵，英雄们大有用武之地。

踏勘地形之后，粟裕就专心致志地研究各种可能的作战方案。他是一位思虑周密的军事家，总是夜以继日地钻在军事论著、敌我情况和作战方案之中。这一次黄桥决战，他下的功夫很大。

9月中旬，韩德勤亲自指挥16个团共3万余兵力南下，叫嚣要与陈、粟部决战，把江北新四军消灭在黄桥地区，并夸口道："以我10万之众进击，压也把陈毅、粟裕压扁了！"

他将进攻大军分为3路：右路军是两李和陈泰运的部队，其任务是攻击我黄桥以西防线，并掩护中路军的进攻。韩德勤估计这至少能牵制我军两个整团。左路军由第1、第5、第6、第9、第10共5个保安旅的大部组成，任务是攻击我黄桥的东南地区，牵制我防御的兵力。中路军由其嫡系主力89军和独立6旅组成，担任主攻任务，89军军长李守维为前敌总指挥。中路军本身又分3路。89军的33师为左翼，由加力、分界攻我黄桥东面；独立6旅为右翼由高桥南下，攻我黄桥北面；李守维亲率117师大部及军部直属队、炮兵为中坚，由营溪南下，攻我黄桥东北。

同时，日寇加强了对长江的封锁，沿江的顽军也劫走船只，不让我军"逃往江南"。

这是抗战开始以来全国规模最大的一次反摩擦战斗。

决战迫在眉睫。然而这时我军总共才7000余人，其中战斗人员仅5000余人。而八路军南下部队由于受到敌、伪、顽的牵制和水网地区的阻碍，一时还不能接近苏北。在顽敌数倍于我的情况下，这个仗该怎么打呢?

粟裕彻夜不眠，在地图前来回踱步。他双眉紧锁，凝神细思，各种设想如沸腾的铁水一般在他的头脑中搅动。紧张的思考使他昔日头部负伤留下的后遗症又开始发作，脑部疼痛如灼烧一样，他不得不把头浸泡在冷水中，以便能继续冷静思考。

经过一天一夜的紧张思考，粟裕有了成熟的腹案。这个方案最简要的表述为：以黄桥为轴心，诱敌深入，各个击破。

粟裕战役指挥的才能，在黄桥作战计划的制订和实施中得到高度发挥。他严格地从实际出发而又富于创造性。黄桥作战计划中有几个罕见的战法：

第一，不使用一般的部队而是以一个主力团的两个营，再加上各纵队自行派出的营或连，前出担任游击队式的分散阻击。从营溪以北加力东北的前哨阵地开始，节节抗御。这样一来迫使韩军过早地投入攻击，以达杀伤与疲滞韩军之目的。韩军展开强攻，我及时摆脱，使其扑空，惑乱其判断。尤其是对中路中坚的89军军部与117师，更以一个营插入其侧后进行袭扰，使其前进速度更慢。这样，就可以使坚守黄桥的部队有时间加强准备，并且不至于一开始就同时受到两路三路顽军的猛攻。而我军王必成的老2团是很善于担任这种灵活机动的任务的。

第二，一直把韩军放到黄桥附近几里路的地段，不怕韩军直扑到黄桥街口。只有这样，才能将韩军全部包围在内，才能全歼韩军。

第三，用少数兵力坚守韩军集中攻击的黄桥镇，而以三分之二以上的兵力作为突击力量。这样才有可能在敌众我寡的条件下进行迂回包围，各个歼灭韩军。这是一个最冒风险最为大胆的布置，是我独立歼韩最得力的一着。

　　第四，选准首歼对象，以利连续歼顽。第一刀斩向哪里，能否奏凯，对整个战局的成败影响很大。经过反复研究，选定了翁达的独立 6 旅。

　　吃过晚饭，粟裕便向陈毅汇报拟订的计划草案。

　　粟裕开门见山解释道："为什么要首歼独立 6 旅呢？首先因为它是主力若首歼独 6 旅才会使整个战局比较好打。独立 6 旅是韩德勤系统有名的主力，装备精良。把它打掉才会震动全线，大大削弱韩军的实力和士气，并使中间势力和杂牌顽军更不敢来凑热闹。其次，我军可以占据有利的阵地，发挥游击战运动战之长。独立 6 旅是中路的右翼，其西侧 20 里左右按韩德勤、李守维的作战计划规定有两李、陈泰运部队列阵前进作为掩护，照理说是十分安全的。但由于李、陈已和我密约缓缓前进，我军可以埋伏在李、陈部队与独立 6 旅这两路的前进路线之间，背李、陈而击翁达，李、陈当然不会援翁。而中路的中坚被我前出部队阻击，前进较慢，鞭长莫及，独立 6 旅又不是 89 军的部队，李守维不大可能极速增援。由于我突击部队将从李、陈的方向猝然杀出，态度上的极大优势将弥补兵力的不足。再次，独立 6 旅就歼后，战局可以连续向有利于我军的方向发展。李、陈和 89 军之间相隔达 40 里，空当大大拉开，就可以进一步分化对方的阵势，使李、陈参战的可能性进一步缩小。更重要的是独立 6 旅歼灭后，大大有利于黄桥的守备。而我突击部队则可以从中路军被打开的大缺口中插入纵深，对 89 军实施迂回包围。所以，首歼独 6 旅，这是争取决战胜利的第一个关键，对战局的转变将起决定性作用。"

　　"好！"陈毅同意粟裕的意见，首歼独 6 旅是一奇着！整个作战计划也处处设下了奇兵！

　　粟裕和陈毅取得一致意见后，召开了营以上干部会，宣布了战斗部署，"根据我们掌握的情况，我们可以较大胆地布置兵力，也就是说，仅以四分之一的兵力守卫黄桥，以四分之三的兵力作为突击力量！"

　　会场上一下子喧闹起来，"四分之一兵力，不就是 1000 多人吗？这么点人守黄桥，怎么守？"

　　他们纷纷议论道，"守得住吗？这太冒险了吧？"

　　陈毅敲敲桌子："不要吵嘛，听粟指挥讲完嘛！"

　　"这么点人守黄桥的确是少了点。"粟裕笑道，"不过，如果我们在西、南两个方向不派部队，只派几个炊事员去警戒，部队还少不少？"

　　一位参谋脱口而出："还是少！"

粟裕又说："如果我们在北门也不派部队，只放一个班呢？全部都集中守东门一线，还少不少？"

与会者都被粟裕这种异常的胆略惊呆了。他们自己想了想，又觉得这样的用兵真是太绝了，本身就是一种激励士气，让人热血沸腾的办法。只见陶勇猛地站起来，大喝一声："就这么办！"

此次进攻黄桥的总指挥是韩德勤手下主力之一，江苏省保安副司令、89军中将军长李守维。这位中将身高体胖，拥有正规军3个师6个旅2万余人。这次率师出征，他在作战会议上口吐豪言："解决陈毅是不成问题的问题。"这句话立刻为部下所传颂。

10月4日，顽军到达黄桥外围，攻城战正式打响。

根据当时对敌斗争的情况，中央指示黄桥决战期间，陈毅撤至严徐庄掌握全局，由粟裕坐镇黄桥，负责前线的军事指挥。

这时的黄桥，成为苏北各种政治势力集中注意的焦点。李明扬日夜关注战况，陈泰运则派人站到高地上观察战况的发展。日军也派出侦察员到距黄桥很近的地方观战。这一两方对战、多方围观的奇景，构成了苏北战场上极其复杂的局势，也要求新四军必须迅速结束战斗。

4日下午两点钟，正当黄桥东门的争夺战愈演愈烈，我军阵地一片硝烟的时候，翁达率领他的独立6旅3000余人，越过高桥，直趋黄桥，来攻取守备空虚的北门了。他的部队一路纵队前进，每人一顶笠帽，完全是轻松行军的架势，好不逍遥！他们满以为新四军主力已在黄桥以东拼得焦头烂额，正是他们直入北门、勇获头功的大好时机！

翁达和几个高级幕僚骑着几匹高头大马，在本队前头由大批卫队簇拥而行。他根本没有想到叶飞、张藩、乔信明的一双双眼睛正在望远镜后边盯着他的队伍，而陈毅、粟裕手拿电话听筒，眼望军用地图，正在追索着他的行踪。陈毅、粟裕他们对于出击独6旅的时机特别重视。出击的迟早，看来简单，却是全局成败所系的关键问题。独立6旅成一字长蛇前进，出击早了，只打到其先头部队，大部队会立即缩回高桥以北，逃出我军的围歼圈；我军的部署和意图就会暴露，就难达到突击迂回的目的。战斗就会持久，力量对比于我就极端不利。打迟了，其先头部队如立即向黄桥北门猛犯，我守军同时对付3路强敌，危险大大增加，若使黄桥有失，全局将会大乱。

下午3时，侦察员报告粟裕，独立6旅前锋已到黄桥以北五六里处。

传奇粟裕

粟裕当即亲自赶到北门，登上土城观察。望远镜里，果然看到北面五六里远的大路上，许多群众向西南惊跑。

粟裕对于行军作战的多种数据从来谙熟在胸。他计算，独立6旅以一路行军纵队前进，两人之间距离平均一米半，3000多人将是八九里长的队伍。黄桥至高桥约15里。现其先锋已离黄桥5里，其后尾必已脱离高桥，完全进入了我军的预设战场。若再延迟，其先头部队止驻村落或向我突击，就不好办了。粟裕立刻报告陈毅。

"能不能再放近一点？"陈毅问，"会不会还太早？"

"我计算过，"粟裕把他的"应用题"实算了一遍，"可以了。"

"那就出击！"陈毅大声说，"不要放他跑掉！"

一声令下，1纵立刻分路出击。1团奉叶飞之命，分4个箭头直插独6旅的腹部，顿时把这条"长蛇"的躯干部分斩成几段。经3个小时激战，以1纵为主的突击部队全歼了独立第6旅，敌中将旅长翁达自杀。顽军主力第89军失去了右翼屏卫，完全暴露和孤立了。这是韩德勤万万没有料到的，给了他沉重而有力的一击。

粟裕松了一口气，对陶勇说："估计89军33师先头部队不久就会进到黄桥，这里一定要守住。守不住，就没戏唱了。现在王必成正在通过古溪附近地区，很快就会猛攻分界。我们驻黄桥之敌，到时候前后夹击，即可将33师消灭，那么，歼灭李守维的军部和117师就不难了。"

为了扭转不利局面，韩德勤组织力量，猛攻黄桥。新四军在东门一带的防守工事几乎全被敌人炮火摧毁了。我军部队伤亡非常大。5日凌晨，敌第33师竟然突进了东门。

黄桥守卫战进入了最紧张的阶段，粟裕认识到，在这时的战局中，黄桥如果失守，不仅这次战役的任务不能完成，新四军江北的各个纵队也势将被敌人分割，被迫分散活动，形成打游击的局面。党中央关于发展华东抗日根据地的战略设想也将随之落空。因此，必须坚决夺回东门！

关键时刻，粟裕把指挥所全体人员组织起来，编成突击队，亲自带队冲往东门。正在这时，有报告说奉命增援的江南部队有一个营离黄桥只有10千米了。粟裕把左轮手枪一挥，振臂高呼："同志们，江南增援部队到了，冲啊！"部队立即士气大振，高呼口号，向敌人扑去。纵队司令陶勇和纵队参谋长张震东把上衣一脱，就挥着马刀冲到了敌人中间。东门终于又被我军夺了回来！

随即第1纵队、第2纵队在完成了对独立6旅的突击任务后,已挥军南下,包围了韩军主力第89军,并于5日下午消灭了其第33师主力,活捉了该师师长。5日夜间,发起对该军的最后总攻。经一夜激战,彻底歼灭了该军军部。

军长李守维在企图逃窜时,被溃军拥挤掉进八尺深的河沟中。此公体躯肥胖,黑夜里挣扎不起,便在河沟中惨遭没顶。顽军余部失去指挥,乱作一团,有的缴械投降,有的向海安方向逃窜。新四军乘胜追击,占领了海安。

韩德勤见大势已去,带着仅剩千余人的残部逃往兴化,此后一蹶不振,从苏北政治舞台上消失了。

黄桥决战以新四军大捷而告终,共歼顽军主力12个团,保安第16旅全部,保安第33师第5旅各一个团,共计1.1万人。顽军主力全军覆没。中将军长李守维、中将旅长翁达及旅长、团长数人毙命,俘虏师旅团军官10余名,下级军官600名。缴获长短枪3800余支,轻重机枪189挺,迫击炮59门,以及大量弹药和军需物资。

车桥战役的捷报传至延安,慧眼识将才的毛泽东当场说了一句极富预见性的话:"这个从士兵成长起来的人,将来可以指挥四五十万军队。"当粟裕突然出现在日军战俘面前时,日俘们竟齐刷刷地向着他们心目中的"天神"鞠了个90度大躬

1942年,苏中抗日根据地,敌我之间"扫荡"和反"扫荡","清剿"和反"清剿"斗争正在激烈地进行。日伪军四五百人的"扫荡"平均一周一次,1000人以上的"扫荡"平均半月一次。粟裕指挥的新四军1师在反"扫荡"、反"清剿"中大显神威,在1942年的头3个月中就作战168次,攻克敌据点20余个。在频繁的战斗中,粟裕多次身历险境。由于他机动灵活,指挥若定,出奇制胜,终于化险为夷,转危为安。

1942年1月下旬,粟裕率领新四军1师前指机关转移到苏中第二分区三仓之间的滨海地区修整。当时正值旧历年关。为了能让机关和部队过一个愉快的节日,粟裕特意通知在海上活动的师直机关人员上岸与前指机关会合。由于接连取得"保卫三仓""保卫丰利""十团大战"的胜利,师部机关喜气洋洋。

当天黄昏，师侦察科报告：处于我军南、北、西3面的敌军增兵，有3路合击三仓的动向。粟裕当机立断，与敌人相向对进，跳出敌人合击圈。当天夜里就率领师直机关人员向西面敌人来路富农、安丰方向开进。

第二天拂晓，粟裕率队来到鲁家灶。

这是一个小村，村北有一条由西向东的小河，河南岸有一条通向安丰的小路。

敌人本来习惯于走大路，但是他们发现我军惯于走小路，就改变战法，有时也从小路掩袭我军。

粟裕估计袭击三仓的敌人可能从村北的小路通过，立即下令："赶快过河，越快越好！"

果然，师直机关的人员刚刚过河，后卫部队就同从安丰出动的敌人交火了。

机关和部队虽然安全过河，但是目标已经暴露，只得赶快向北转移。

当天中午到达四灶，炊事班立即埋锅造饭。饭菜还没有做熟，又响起了枪声。敌人分路分梯次行动，前面的刚走过去，后面的又跟上来。

粟裕带领机关、部队继续向北走。傍晚到达七灶，刚刚准备做晚饭，北面又发现敌情。于是掉头往南走，转移到张家灶。发现敌人刚刚从这里袭扰过去。粟裕决定，一面在这里休息，一面侦察敌人的动向。

时间不长，侦察员跑步回来报告："唐家洋的鬼子集合在打谷场上，指挥官正在训话。一部分鬼子押着抢来的东西往李堡据点运。"

"为什么敌人不待天明就集合？为什么敌人往据点运东西？"粟裕判断，敌人要伪装行动，不是回据点，而是杀"回马枪"。于是立即命令部队集合，继续向南开进，越过海安至丁家所的公路，跳到如皋东面的汤家园地区。

粟裕带领部队走上公路，发现有许多新的穿着钉子皮鞋的脚印。他判断，有一批敌人刚刚通过，后面还可能有敌人跟进。于是决定抓住这一间隙，迅速越过公路。部队还没有全部通过，后续之敌果然从海安方向开了过来。

粟裕命令部队隐蔽在公路两侧，不准发出任何声音。敌人走过去以后，粟裕指挥部队顺利越过公路，到达预定目的地汤家园。

第五章 抗战建功

这次行动，部队连续行军一天两夜，行程100多千米，终于甩开了敌人，跳出了合击圈。后来得知，粟裕率领部队离开张家灶以后，敌人果然杀了一个"回马枪"，然而扑了一个空。

1942 年 9 月，日伪军对苏中抗日根据地发动第 3 次"清剿"并以 4 分区作为"清剿"的重点。

粟裕率领精干的指挥机关留在 4 分区坚持斗争，创造经验，指导整个苏中的反"清剿"。

9 月 25 日，农历八月十五中秋节刚过。日军南浦襄吉旅团 52 大队大队长保田中佐率领日伪军 400 余人，分两路进犯 4 分区中心地区，企图围歼在启东二镇附近整训的新四军第 1 师指挥机关和 3 旅 7 团。粟裕立即作出部署，决心在夏家渡伏击歼敌。我担任诱敌深入的部队与敌军前卫打响以后，日伪立即互相靠拢，企图在夏家渡合击我 7 团主力。我军当即抓住战机，改变原定作战计划，由伏击改为进攻，乘敌人立足未稳，展开猛烈攻击。从下午 1 时一直打到午夜，歼灭日军保田大队长以下 110 余人，生俘日军 3 人。

这一战斗的胜利，给日伪军以沉重打击，迫使日伪军对第 4 分区的"清剿"仓皇收兵。

1944 年的早春，苏中大地上残雪融尽，田野里又露出绿油油的麦苗。反"清乡"的胜利，带来了形势的进一步好转。广大抗日军民情绪高涨、争取抗战胜利的信心更足了。为了迎接大反攻的尽快到来，苏中区党委决定春节前后召开五届扩大会议。

会场上炭盆烧得正旺，通红的炭火上搁着一把紫铜水壶。壶里的水已经沸腾，嗤嗤地冒着热气。温暖而湿润的空气中夹着烟草味，向四处散发。粟裕向来不抽烟，但他觉得在这样的氛围中与同志们讨论事情，格外亲切自然。

他在报告中充分肯定了全区党政军民一年多来在反"扫荡"、反"清乡"斗争中的优秀成绩，分析了国际国内的大好形势，最后说："眼下苏联红军老大哥又快将德国法西斯赶出苏联国境，美军已在太平洋发起强大攻势。今年打败希特勒，明年打败小日本，已成定局。我们在这新形势下，必须更积极地开展对敌进攻，更沉重地打击日伪，同时又必须做好思想上、组织上、军事上、物质上的充分准备，为即将到来的大反攻创造有利条件。目前亟须有一个更加稳定的环境，以便开展全面整风运动。像以往那样，领导机关经常处于流动状态，对整风、训练干部和部队、发展生产，都是很不利的。"

陈丕显拨了一下火盆中的木炭，抬起头来说："是呀，我们连办党校

传奇粟裕

的地方还没有呢！"

叶飞、管文蔚等都议论纷纷。大家一致认为要寻找有利战机，好好打几仗，以进一步扩大机动范围，为干部整风和部队整训提供安定的环境。

粟裕倾听着大家的意见，频频点头，表示满意。实际上他已经深思熟虑，成竹在胸。每次讨论作战方案，他总是引而不发，希望充分发挥大家的智慧。同志们都谈得差不多了，粟裕就着炭火暖了暖手，走到军用地图前，徐徐拉开绿色的布幔，指着地图上淮安以东车桥、曹甸的位置说："我们是不是可以在这儿打一个大仗？"他目光闪闪地扫视全场，等着大家发表意见。

陈丕显见大家未发表意见，抬头看了粟裕一眼，站起身来说："如果我们攻下了车桥、曹甸，回旋余地就大得多了。我们就可以背靠苏北，与淮北、淮南连成一片。这样，我们干部集中整风，部队集中整训，都有了安稳的环境。"

1940 年秋，粟裕、陈毅和陈丕显等在黄桥

显然，会前粟裕已和他交换过意见。

"这想法很好嘛！"叶飞很兴奋地接着说，"我们打下车桥后，运河沿线像平桥、泾口等敌伪据点就可以统统收复。这对即将到来的大反攻非常有利！"他停顿了一下，继续说："我军主力地方化以后，保持了3个主力团，力量比较集中，地方武装大大加强后，各县团都很能打仗了！我想，只要战役组织和指挥得当，胜利是有把握的！"他摩拳擦掌，大有跃跃欲试的劲头。

与会的同志们，你一言，我一语，议论很热烈。会议越讨论越深入。打这一仗，有哪些有利条件，有哪些不利条件，会发生什么情况，该使用多少兵力，怎么打法……都逐渐明朗化、具体化了。

粟裕集中大家的意见，说："经过这几年的抗战，华中敌后的形势也已经发生了有利于我们的变化。敌人一再收缩防务，放弃了不少次要的据点。许多训练有素的老兵，有的已被我们消灭，有的已被调去应付太平洋战争，调来补充兵员的人数较少，又多是十七八岁的娃娃，战斗力相应减弱了。日军固守据点，越来越依赖伪军。从实际出发，确有攻下车桥的必要，从客观力量上看也是有可能的。如果大家同意打，我建议由叶飞同志率部担任主攻，大家有什么意见？"

参加会议的同志一致同意，会议作出了关于发起车桥战役的决议。

接着，粟裕、叶飞召开团以上书记会议，研究具体作战部署。简陋的作战室里，放着很大的沙盘。粟裕指着沙盘上的车桥、曹甸一带地形说："车桥经过韩顽和日伪的多年经营，防守工事相当严密。它四周有大土圩子，东西长2华里多，南北宽约1华里半，高约1丈至2丈。外壕约宽一丈五，水深7至8尺。南和西南另有两道土围子，东南还有3道土围子，为伪军大队部驻地。由伪军大队部向西又有小土围子，高1丈2尺，东西南三面外壕水深两尺，围墙四周有5个暗堡，围墙内有两座大瓦房，中间一个大碉堡，为日军驻守，沿大小土围子的碉堡计53个，各碉堡之间相距200米，火力能够相互支援，并有暗堡封锁地面。那里共驻日军40余名，伪军600余名。车桥周围均系旱地，北面多坟地，西面1华里处有敌简易飞机场，西北之芦家滩周围地势低洼，北有2公里纵横的芦苇荡，南有涧河……"他指到哪里，讲到哪里，如数家珍，清晰明确，足见侦察了解敌情细致深入。粟裕接着说道："车桥属水网地区，敌人经营多年，沟深垒高，防守严密。我们这一仗打的是硬仗！但是我们必须看到，敌人所占据点之空隙较大，

车桥又是日寇华中派遣军第 64 师团与 65 师团的接合部，两部之间配合较差，协同不便。这对我军进攻相当有利。我军正可摸入其接合部，对车桥、泾口之敌发起强大攻势，然后向曹甸发展。"大家围着沙盘讨论行动方案。有的主张先集中兵力攻占泾口，这样可以苏北根据地为依托，大兵团运动较为方便，又不受敌人威胁，稳扎稳打，攻下泾口后再攻车桥。

有的认为泾口一打起来，敌必增兵车桥固守，再打车桥就很困难。如车桥不能攻克，淮宝局面就打不开，创造稳定后方环境的目的仍难达到。

大伙儿你一言我一语，各抒己见，气氛十分热烈。

粟裕听了大家的意见，综合思考后，确定攻坚打援的办法。他说："攻坚打援，但必须以打援为主。敌人目前以深沟垒高对付我，我们只有发扬积极的进取精神，实施攻坚；又由于敌人控制点线，交通便利，援军可能会很快到达，如果我们没有足够的力量来消灭来援之敌，也就无法拔除敌人的强固据点。同时，来援之敌脱离其驻防地区，也便于我军在野外将其歼灭。这次战役，我们必须以重兵打援！狠狠地打！只有将援敌消灭，才能确保整个战役顺利完成！"

粟裕的话，使大伙儿豁然开朗，都非常赞成这样的打法，于是就进行了具体兵力部署。一切准备工作就绪以后，叶飞即率部队开到泾口、曹甸一线以东的蒋营地区集结，指挥所暂设在收城镇。叶飞和参谋长刘先胜等一方面再次派干部进入车桥据点侦察，进一步摸清敌情；另一方面派一支小部队去泾口附近活动，造成新四军将攻击泾口的迹象，以迷惑敌人。

3 月 24 日，叶飞、刘先胜下达命令，要求各部于当晚零点前，隐蔽到达各作战地点并进入阵地。叶飞的指挥所也相应移至扁担城，以便就近指挥。

深夜，寒风阵阵，苏北平原的夜空分外清澄。攻坚和打援的部队分别准时到达指定地点，作好了攻击和阻击的准备。

在叶飞、刘先胜等指挥下，进攻车桥的突击队泅过深壕，架起云梯，发动偷袭，爆炸声接连不断，浓烟滚滚，火光熊熊，不到半个小时，就攻入车桥镇。至 9 时左右，已解决日伪军据守的碉堡 30 多个。

苏北新四军 3 师密切配合，也已攻克附近的朱圩。

日伪军的电台不停呼叫，要求其师团部速发救兵。

下午 3 时，敌 7 辆卡车赶到芦家滩附近，我阻击部队适时出击，战斗打响。

第五章 抗战建功

敌人的火炮、机枪、掷弹筒一起展开,火力很强。连续3次进攻,均被我英勇的阻击部队击退。

黄昏时分,车桥攻坚战仍在激烈进行。守敌得知其援兵到来,更是拼死顽抗。

这时,敌第2批、第3批、第4批援兵又接踵而至。

阻击部队见敌几批援兵犹如一条长蛇般滞留在公路上,如让其再次组织进攻,我军阻击的困难势必更大,于是当机立断,先行出击,将敌截为数段,予以杀伤。

敌我双方一层夹一层地殊死拼搏。敌人窜入野地,企图利用有利地形顽抗,被阻击部队事先布下的地雷阵炸得焦头烂额,纷纷退入韩庄一带。

傍晚,阻击部队发起总攻,勇士们如猛虎般突破敌军阵地。

战士们发现俘获的日军官兵中,有一个身挂银鞘指挥刀的军官,身负重伤还狂呼乱叫,立即将他抬送至野战医院,因抢救无效而毙命。这人便是日军第65师第52团第60大队大队长三泽太佐。

深夜,敌援军一股偷涉几百米的芦荡,企图向车桥靠拢,被1团政委曾如清发现,即调集部队予以围歼。

战至次日拂晓。援敌被基本消灭。车桥日军也被解决。

此役,共摧毁日伪军碉堡50座,歼灭日军三泽大佐以下460多名,其中生俘日军24名,歼灭伪军500余人,缴获大批武器装备。

4月7日,日军出动飞机7架,窜到车桥以西地区轰炸、扫射,掩护其残部撤回两淮。

新四军则乘胜前进,相继收复曹甸、泾口、塔儿头、张家桥、蛤拖沟、蚂蚁甸等日伪军据点12处。

车桥一战,使淮安、宝应以东纵横百余里地区全部获得解放,苏中、苏北、淮北、淮南根据地遂连成一片。

当捷报传至延安,慧眼识将才的毛泽东当场说了一句极富预言性的话:"这个从士兵成长起来的人,将来可以指挥四五十万军队。"

车桥大捷,振奋人心。叶飞、刘先胜率指挥所进驻凤谷村。这个苏北小镇充满了胜利和欢乐。

粟裕得到捷报,骑着马,兴冲冲地赶来,部队将俘获的日军官兵押送到指挥所。

粟裕为瓦解日军,亲自予以接见。一名日俘伸着大拇指说:"我佩服

1940 年春，粟裕等曾参加南昌起义的新四军干部在皖南合影

新四军作战巧妙，惊叹新四军士兵攻击精神旺盛。"另一名日俘说："我现在清楚地知道了，日本军不管战斗意志也好，战术指挥也好，完完全全比新四军低下。"

1 师敌工部长陈超寰向日俘们介绍说："这位就是新四军第 1 师师长兼苏中区司令粟裕将军！"

日俘们惊讶得瞪大了眼睛。他们没有想到眼前这位中等个子、文质彬彬的军官，竟是他们心目中十分敬畏的"天神"粟裕！一个个不由得肃然起敬，全体立正，脱帽向粟裕鞠了个 90 度大躬！

车桥战役后，敌人由于兵力不足，指挥不统一，而且惮于新四军的军威，不但未能进行报复，而且士气更加沮丧。驻东台的日军岩切部队，由于在苏中作战屡遭惨败，士兵思家厌战情绪不断增长，得悉三泽大队在车桥芦家滩被歼后，更是陷于绝望。其部 15 名兵士，脱下靴子，向东方祭拜，痛哭流涕地祈祷说："天皇陛下啊！不是我们对陛下不忠，实在是毫无希望了！我们只好一死以报陛下！"然后，悲歌饮泣，12 名兵士在仓库里上吊，3 名兵士切腹自杀！伪军为此更是恐慌动摇，投诚者络绎不绝。

在皖南事变中犯下累累血债的蒋军52师为抢头功，叫嚣着"再打一个茂林，完成皖南剿共未竟之功"孤军冒避。粟裕巧妙地变换战法，上演3次精彩的反顽战役。毛泽东后来曾一再赞扬天目山战役打得不错

自粟裕1938年率被改编为新四军的红军挺进师抗日以来，有一个愿望一直埋藏在他心中。这就是：有朝一日率领大军重返浙西，在这里开辟根据地，发展革命力量。经历过那样艰难困苦的3年敌后游击战争，他再也不能忘记浙西的山岗和密林，再也不能忘记浙西的人民群众。

1944年底，这个愿望终于实现了。党中央指示粟裕率师主力，向苏浙皖边挺进。接受任务后，粟裕十分兴奋。

挺进浙西的第一关是偷渡长江。主力部队和地方干部近万人必须在同一时间内一举偷渡，并且要保证绝对不被敌顽双方发觉，这绝不是一件轻而易举的事。

为此粟裕作了精心的准备。他把敌工科长曹慧民叫来，问道："你那方面怎么样？渡江能作配合吗？"

"师长，你放心好了！"曹慧民很有信心地说，"我都安排好了，沿线的伪军到时大部分会拉出去打野外，只留下少数可靠的在据点里为我们望风。"

"日军据点呢？"粟裕急切地问。

"我让几个伪军头目到时请他们去吃喝，保证岗楼上一个日军也没有。"曹慧民回答。

"你要提前过江去掌握情况，"粟裕指示道，"万一有什么变化，要及时报告！"

粟裕把渡江的地点选择在仪征和东沟之间。这里东靠伪江苏省会镇江，西邻伪首都南京，均有日伪重兵把守。而且两地之间各铁路车站都是日伪军据点，铁路与江岸并行，地形很不利。但粟裕认为，正因为如此，敌人想不到新四军敢从他眼皮底下通过。

12月27日夜，粟裕命侦察分队先头过江，悄悄登上对岸的龙潭码头。

侦察分队顺利地占领了龙潭码头，把码头上的十几个守敌集中到一起，进行说服教育。

在他们的配合下，大部队偷渡进展得十分顺利。第二日晚全部偷渡成功。江南人民突然见到军容整肃、英姿飒爽的大批新四军主力部队出现在面前，

不由得欣喜若狂，奔走相告。

1945 年 1 月 13 日，中央军委电令成立苏浙军区，统一指挥江南、浙东部队，粟裕任司令员兼政委。华中局并委托粟裕以华中局代表的名义全面领导江南、浙东两个地区的党委工作。在苏浙的部队也进行了统一整编。

2 月 5 日，在温塘召开了苏浙军区成立大会。粟裕在大会上号召全体同志积极响应党中央号召，"扩大解放区，缩小沦陷区"，以实际行动迎接抗战的最后胜利。

进入浙西的第 1 个军事行动便是控制天目山地区。粟裕采取较为稳妥的办法。他先派第 1 纵队进入浙西及余杭以北地区，肃清土匪，开展地方工作，尔后再以此为基础，逐渐以小部的形式渗入天目山。

"我们为什么不全力向孝丰地区出动，然后再在反击中进占天目山呢？"粟裕耐心地向部队解释道，"从现在苏南的情况和我们的力量看，这样虽然有可能迅速打开局面，但不是很有把握。主要是取决于后续部队能不能迅速南来。如不能，我们在军事上就可能陷于僵局，在政治上也很不利。"

接着，他又说："现在我们这样做虽然要慢一些，但比较稳妥。而且我们还可以在进行中摸清情况，加快发展天目山的速度。"

新四军挺进天目山，必然会遭到天目山地区国民党军的阻截。浙江属国民党第三战区，已有迹象表明，战区司令长官顾祝同正在调兵遣将，准备进击南下的新四军。

对此，粟裕的交代是：对顽斗争，我们严格遵守自卫立场，人不犯我，我不犯人；若顽军向我进攻，则坚决予以反击，人若犯我，我必犯人。对日作战，我们在战略反攻前主要仍是游击战。对顽作战则将以运动战为主，着眼于歼灭有生力量！

2 月中旬，第 3 战区以陶广为总司令的苏浙皖挺进军总部，奉顾祝同的命令，以 5 个团的兵力，在广德以南向苏浙新四军第 3 纵队 7 支队突然发起进攻，企图以 5 比 1 的优势消灭 7 支队，一举切断挺进天目山的新四军的退路。

"我就等着它这一着呢！"粟裕高兴地说，"顽军主力由孝丰西北向北攻击我第 3 纵队，正符合我的估计。这样我们就可以放手在这个方向实行反击，转而进占天目山。既避免了主动攻入顽区在政治上军事上对我们的不利，又收到了声东击西的效果。"

顽第62师是中央军主力部队，也是第3战区的骨干部队之一。装备整齐，较有战斗力，也是反共老手，是这次进攻7支队的主力。受命时曾扬言"两天解决，绰绰有余"。配合62师的忠义救国军则是一支受过特别训练的反动特务武装，全部是轻型装备，武器精良，善于游击和山地作战，作战灵活机动，善于投机取巧，被称为"猴子军"。

这是粟裕自南渡以来对国民党正规军的第一战。粟裕希望通过这次战役对浙西的国民党军有一个实际的了解。

苏浙新四军7支队遭顽军主力进袭后，立即奋起还击。击退了"忠救军"为时4天的猛烈进攻。

这时62师向7支队侧后迂回，企图截断7支队的归路。对此粟裕早有成算，立即令第8、第9支队投入战斗，使顽军的企图不能得逞。又急调第7纵队主力越过莫干山，切断了战场上的顽军向孝丰和天目山区的退路，以协同第3纵队歼灭这股敌人。

经5日激战，顽军终于被打垮，孝丰县城被解放。第一次反顽战役胜利结束。此次战役共歼敌1700余人，缴获迫击炮3门，重机枪12挺，轻机枪30余挺，步枪600余支。控制了天目山北部地区。战斗中，还第1次缴获到了美制新式武器汤姆枪、卡宾枪，部队官兵们爱不释手。

第一次反顽战役结束时，粟裕把追击的深度仅划在福坛、渔溪口一线。

粟裕在战役总结时说："这主要从3个方面考虑。一、有理有节，适可而止；二、抓紧时间，深入农村工作；三、天目山易守难攻，顽军有纵深配备，过于深入对我不利。而且顽军在失败后必不肯善罢甘休，第二次进攻必接踵而来。我军需以逸待劳。"

据此，粟裕决定："在顽军再次进攻之前，我不主动出击。"

2月底，粟裕获悉：顾祝同密令陶广所部相机在孝丰附近围歼新四军，严防新四军以天目山作根据地。

果然，陶广即调第192师、第52师以及"忠救军"部队共12个团，以第28军军长陶柳为前线总指挥，兵分四路向孝丰合击。

这次进攻的重点在孝丰以西，主要骨干力量是第52师和第192师，都是第3战区的主力。尤其是第52师，训练有素，反动教育深入，装备精良，配有苏式轻重机枪，是各部队中战斗力最强的。该师一贯充任反共急先锋，是皖南事变的主要刽子手。据粟裕战前向刘先胜、江渭清了解，其一个团的战斗力大致相当于新四军一个较强的支队。这是粟裕主要准备对付的方向。

粟裕指示各部队："我们的方针还是老办法，任凭敌几路来，我只打一路，集中兵力捏成一个拳头，指向西面的52师和"忠救军"主力！"

顽军于3月3日发起进攻。4至6日，坚守在孝丰周围的守备部队与敌展开了激烈的阵地争夺，许多阵地反复失而复得。6日晚，各守备部队发起反攻，正面击溃了第52师的进攻。

7日晚，粟裕挥兵全线出击，经激战，歼灭了第52师、第192师各一部。"忠救军"见势不妙，急忙逃窜。10日，顽军各部纷纷南逃。至3月底，放弃临安，向西南方向撤退。这次战役，在敌我兵力为2比1的情况下，新四军后发制人，各个击破，以少胜多，歼敌团长以下1700余人，完全占领了天目山。

5月底到6月下旬，顾祝同再次向苏浙新四军进犯。

顽军自第二次进攻失败以后，便效法起了五次"围剿"时期堡垒主义的老办法，在防御地段上短时间内筑成了大批碉堡群，切断了浙西新四军与浙东的联系。

这次进攻除原有的部队外，顾祝同还调集了第79师、独立第33旅、第146师以及突击总队第1队共14个师42个团6万余人。其中第79师也是顽军主力，皖南事变的刽子手之一。突击总队更是顽军中精锐中的精锐，全部美式装备，由英国教官训练，五五制编制，战斗力强于第52师。顾祝同还勾结南京日伪政权对新四军"扫荡"，企图与日伪南北夹击新四军。战区副司令上官云相亲自出马任总指挥，第25集团军总司令李觉代替陶广任前敌总指挥。

这时节气虽已入夏，但新四军指战员还穿着从苏北带来的掏空了棉花的夹衣。由于粮食供应困难，很多部队不得不采取别的办法，有的上山挖竹笋野菜，有的下溪捉青蛙，这样的生活虽很艰苦，但对久经战争磨砺的新四军指战员来说，已是习以为常了。大家都等待着粟裕司令早日下达反攻的命令。

大战前粟裕的生活仍和平时一样，保持那种平静和镇定。近来他看地图的时间更长，神情更专注了。他常常仰起凸起的前额，伸出手掌，丈量那幅覆盖了一面墙的大地图，一双深深眍进的双眼在思索中不时闪动着锐利的光芒。他长时间地站在地图前，静静沉思，良久无语。

经过反复思索，他确定了这次作战的原则：诱敌深入，各个击破，集中优势兵力首先歼敌一路。

5月28日，三路顽军分别进占新登以北一线，向孝丰以西新四军阵地进逼，与日伪形成合击之势。

29日，粟裕决定乘敌立足未稳之际打乱进攻部署，确保浙西浙东的联系，改变日伪顽夹击的态势，并争取时间，使分散的主力迅速集中。当夜，第1支队、第7支队、第10支队向顽第79师展开反击。经3日激战，6月2日占领新登，歼灭顽军2200人。

新四军在这次反击中也伤亡900余人。此后，双方形成相持态势。

战役该如何往下发展呢？

粟裕坚定地说："顽军发动这次大规模进攻是下了极大的决心和作了极周密部署的，这仗非打不可，你想不打也做不到。不打这一仗就不足以粉碎其进攻，不粉碎其进攻就不能保持战场的主动权。"

只是何时、何地、怎样打才有利呢？对此，粟裕认为：现在战场上的情况变了，敌人有优势的兵力和广大的后方，僵持下去，必造成死打硬撑的消耗战。因此，不可迷恋于新登，也不宜死守天目山。

于是6月中上旬，新四军主动撤离新登，接着离天目山而去。这使顽军产生了错误的判断，以为新四军是在伤亡惨重难以支撑的情况下被迫后退。

粟裕了解到这个情况后，索性将计就计，不仅令各部在撤退时让出了许多赖以联系南北、连接浙东浙西的城镇和地域，而且让部队故意暴露出许多败象：如48团团长刘别生牺牲后，故意让敌人得知，部队抬着大红棺材前呼后拥，招摇过市，公开把后方的工厂、医院、机关往北转移，并让作战部队帮着运送物资，使后撤的队伍绵延浩荡，粟裕自己也把耕种的菜地移交给房东，并与驻地老乡话别。

对面的国民党军将领都是交战多年的对手，深知我军战术。特别是敌前敌总司令李觉，每当下级得意扬扬地向他报告击溃了多少共军、占领了多少地方时，他总是提心吊胆地告诫再三："不要受诱上当，丛林深谷，容易埋伏，务必缜密搜索残敌。"

敌52师的副师长韩德考是韩德勤的弟弟，他更是深知黄桥决战时他的那位长兄就是被粟裕断了后路而吃了大亏。因此，敌军在前进时，采取了步步为营、稳扎稳打的方法，使粟裕一时未能找到战机。

6月19日，顽52师终于憋不住了，为抢头功，竟利令智昏地孤军深入。李觉到这时也为粟裕败军之计所迷惑，不但不再提醒其孤军深入造成的危险处境，反而夸奖52师主动积极。敌33旅见势也想抢头功，先头部队还

传奇粟裕

没到达孝丰城，却谎报说部队已经进了孝丰城。52师得到这个消息后，便派了一个侦察排长去和33旅联络，结果被新四军侦察部队捉住，连人带信送到粟裕面前。

粟裕从这个被俘的侦察排长处证实了52师已成突出之势的情况，感到战机出现了。他计算，如果以6个支队围歼第52师的两个主力团，有把握在两天之内解决战斗。于是粟裕派出第1纵队的3个支队对付第154团，以第3纵队的第7、第9支队和第4纵队的第10支队对付第155团，分别进行包围歼击，并提出了"为皖南事变死难烈士报仇"的口号。新四军上下早已知道顽52师在皖南事变中血债累累，而且在这次进攻前扬言要"再打一个茂林，完成皖南剿共未竟之功"，所以对这股敌顽充满了仇恨，部队斗志非常旺盛，歼击速度也比预期的更快。

对于新四军的攻击，敌52师开始以为是少数部队夜间骚扰。到发现枪声四起，战斗激烈时，各部已被新四军所截断，陷入了新四军的重重包围之中。

粟裕的这一回马枪杀得如此迅速有力，以至于敌左翼兵团一夜被歼，前敌指挥李觉竟不知情，还一再急电右翼兵团：火速急进，协同左翼兵团夹击新四军。其实这时左翼兵团早已不复存在了。

经一昼夜的激战，顽52师的这两个团全部被歼灭。

顽52师的另一个团在第二次反顽战役时，早已被消灭。至此，这个在皖南事变中沾满了新四军鲜血的刽子手，终于遭到了覆灭的下场。

20日下午，粟裕乘胜挥师，包围了顽军右路兵团，并将其大部歼灭。余敌惊魂不定，全线退却。国民党发起的气势汹汹的第三次进攻，以彻底的惨败而告终。

这次战役共歼灭敌少将司令以下6800多人，俘敌近3000人，缴获了一大批武器装备。

粟裕亲自领导和指挥的这3次反顽战役，共歼顽军1.3万余人，为发展东南沿海抗日斗争扫除了障碍。

毛泽东后来曾一再赞扬天目山战役打得不错。

天目山战役胜利后不久，日本帝国主义即宣布无条件投降。粟裕奉命率苏浙军区部队北撤，回师苏北。从南进到北撤，历时10个月，粟裕率部以劣势兵力，在错综复杂的艰苦条件下，打开了局面，为后来华东战争的胜利奏响了先声。同时也展示了粟裕高超的指挥艺术。

第六章　"常胜将军"的苦恋

1941 年的冬天，在接连取得反"扫荡"斗争的胜利之后，粟裕决定抽出时间，完成个人的终身大事。

12 月 26 日，粟裕与楚青在黄海之滨一个叫石家庄（今江苏省如皋市石庄镇）的小村庄里结婚了。他们从相识、相恋到最后结合，经历了一番曲折的过程。

楚青等几个女兵将竹筒内的饼干吃光了，然后还写了一张纸条"小老鼠偷吃了"放在空筒里。第二天，粟裕看到楚青等人时，微笑着说："欢迎小老鼠再来光临。"楚青等都红着脸笑着跑开了

1923 年 3 月 10 日，楚青出生在江苏扬州市一户普通家庭。父亲詹克明是银行高级职员。楚青幼年很得祖母喜爱，她对祖母的感情也很深。祖母思想开明，主张男女平等。楚青小学毕业后，祖母鼓励她向父亲要求继续读中学。父亲提出的条件是：必须考上省立扬州中学。当时的江苏省立扬

州中学，在省内外享有盛誉，对学生的素质要求很高，胡乔木、乔冠华等出类拔萃的人才都曾是这所学校的学生。楚青刻苦攻读，终于如愿以偿，进入省立扬州中学读书。

楚青回忆说："我幼年时，母亲患病去世，父亲省吃俭用，一直供我们子女们上了省立扬州中学。1937年抗日战争爆发以后，我们学校大部分内迁四川，一小部分随老师在上海筹办了省立扬州中学沪校。我因为家里经济不算宽裕，暂时留在扬州。"

不久，扬州沦陷。日本鬼子进城杀人放火，抢财夺物，还挨家挨户奸淫妇女，吓得老百姓四处躲藏。詹克明本来在上海一家银行工作，因担心家人的安全回来了。当时，为了保护孩子，詹克明临时设置了一个简陋的暗室。在原来堆柴草的房子外边砌了一堵墙，并用柴草盖得很严实。让楚青刻骨铭心的是，有一天，她们姐妹几个躲藏在柴禾后面不久，三四个日本鬼子闯进来了，其中一个突然拨弄柴禾，这下可让楚青等心都要跳出来了，吓得一动也不敢动，几乎屏住了呼吸。这时，这个鬼子不小心被柴禾挑伤了眼睛，于是尖叫着捂着眼走开了。楚青和姐妹们这才躲过一劫。

詹克明后来想，长期躲在家里也不是个事，迟早可能会被发现。于是，詹克明向扬州的美国教堂捐了一笔钱，让全家及亲友的女性躲在当时没有受到日寇冲击的美国教堂。这时，楚青的思想受到强烈的冲击：没有国就没有家！亡国之人不如丧家之犬！

但是，这也不是长久之计。后来，詹克明设法把小女儿留在扬州乡下，带着其他孩子来到上海租界。不久，父亲送子女进了省立扬州中学沪校读书。

1938年10月，已读到高二的楚青再也没有心思念书，满脑子是"救国"两个字。一天，同学告诉她"今天我要送我的一位朋友参加新四军"，这时楚青问："你能不能同你的朋友商量一下，也带我去。"就这样，楚青没有同家人打招呼，和姐姐詹永珊等一行共8人踏上了参加新四军的旅程。

当天，放学好久了，詹克明见两个女儿还没有回家，一打听才知她们去寻找新四军了。于是，詹克明立即发电报给在宁波工作的四弟，请他拦截两个女儿。楚青姐妹所在的船只刚要靠岸，只见叔父站在码头上。一上岸，叔父说："我等你们好久了，下来下来，到我家里坐坐。"到叔父家后，他耐心地劝阻她们，并说："我很赞成你们投身革命，你们要去，我怎么向你父亲交代……"可是，楚青与姐姐执意要参加新四军，最后叔父坚持要留一个下来。后来，考虑到詹永珊才新婚成家，就要她留了下来。楚青离开叔父家时，叔父给了她一些盘缠。

随后，楚青一行 7 人经过宁波到皖南，很快到达泾县城西南约 50 里的云岭。这里山清水秀，四周环山，呈狭长地形。3 个月前，新四军军部由歙县岩寺移驻于此。军部各机关分布在云岭与四顾山之间长达 15 千米山冲的 13 个自然村里。军部司令部就设在一个叫罗里村的小村里。找到日夜向往的人民军队——新四军，楚青异常欢欣、异常激动！

这里就是著名的云岭山庄，当年新四军总部设在此地。现在这里是红色旅游胜地之一

当时，楚青一行住在新四军兵站所在的章家渡。因为是自愿参军的，没有带介绍信，新四军军部不肯接收。一天，同住在招待所的上海煤业救护队一名队员手上有份介绍信，让楚青察觉到了，于是去做这个队员的工作，希望自己能挂靠在一起加入新四军。于是，楚青侥幸地被接收了。

此时，叶挺军长指示把青年学生送到新四军教导总队学习。很快，楚青被编到教导总队第八队当学员。学员们家庭出身、社会经历各不同，年龄、性格、特长各异，有的个儿还没有步枪高，但抗日救国的革命意志是同样坚定的。在这里，楚青听到了平生从未听到过的道理，才明白了世界上为什么有穷人有富人，懂得了什么是剥削、什么是压迫；才知道革命者的奋斗目标不能放在一时一地，而要为实现社会主义、共产主义而奋斗。一张白纸，可点可染，纯朴的无产阶级感情渐渐上升到自觉的革命行动。

经过在新四军教导总队及军部速记训练班两段紧张、短促的学习、训练后，楚青于1939年初冬与几位同学被分配到新四军江南指挥部司令部秘书处任速记员。学习结业时，大家高唱着雄壮激昂的毕业歌："这是时候了！同学们，该我们走上前线。我们没有什么挂牵，纵或有点点留恋，学问中不易求得完全，要在工作中去钻研，抗战已经到了眉尖，要在战争中锻炼！我们要去打击侵略者，怕什么千难万险！我们的血已沸腾了！不除日寇不回来相见，快跟上来吧！我们手牵手，去和敌人决一死战……"那歌声，时时萦绕在楚青耳畔。

当时，司令部设在江苏省溧阳县（今溧阳市）水西村光裕祠堂。当时的条件比较艰苦，人多房子不够住，粟裕就亲自教楚青等女兵搭房子。他告诉她们利用祠堂前面宽阔的走廊和圆形粗大的大柱子当骨架，先用竹竿、稻草、草绳编成一个个约3尺宽、2尺高的长方形草块，再把这些长方块一个个、一层层地编搭起来作为房子的墙壁，中间开一个小窗，用稻草编一扇门。不多久，楚青等几人按照粟裕的方法，真的把房子盖了起来。当时，粟裕想给楚青拍照片，可是，如果说给她一个人拍，一定会遭到楚青的拒绝，于是，粟裕就找到了楚青的战友陈模和罗伊，让她俩帮忙作陪，和楚青一起拍。由此，粟裕为楚青等女兵在草屋的窗口前拍了一张照片留念。

当时，在楚青的印象中，粟裕副司令待人和蔼可亲，但在军事训练上却要求严格。每天起床号吹响后10分钟内，大家必须跑步到操场，人员到齐后，他亲自率领大家跑步，然后进行队列训练和射击训练。有时，他还教她们练习刺杀。粟裕经常说，平时多流汗，战时少流血。

在光裕祠堂的时候，粟裕住在祠堂边上的小阁楼上，楚青等几个女兵就住在阁楼下。他平时工作很忙，经常工作到深夜，公务员怕司令晚上饿了，就买了一些饼干放在粟裕床后的竹筒内。有一天，楚青等几个女兵将竹筒内的饼干吃光了，然后还写了一张纸条"小老鼠偷吃了"放在空筒里。第2天，粟裕看到楚青等时，微笑着说："欢迎小老鼠再来光临。"楚青等都红着脸笑着跑开了。

初学速记，楚青觉得很难，要学很多符号，还要按不同口音分别注上音符线。学会后就要紧跟说话人的声音，用符号迅速地、几乎一字不漏地将声音记录下来，然后再译成汉字。楚青天性聪慧，又勤奋好学，为了熟练地记住和书写长短不一、形状各异的几百个音线符号，她反复练习，进步很快，成为一个称职的速记员。

楚青看完信脸色大变，将信和照片捏在一起，"嚓嚓嚓"撕成碎片，扔在了地上。一位高级将领不应该向一个小姑娘求爱。她拿定主意，往后再也不见粟裕

1939年，粟裕32岁，早已超过了当时那"二八五团"（即年龄28岁、军龄5年、团级干部）的结婚条件，但他还是个实实在在没有谈过恋爱的单身汉。长期的战斗生活，使他无暇去考虑自己的终身大事。陈毅则笑粟裕没有恋爱细胞，说他"在作战地图前可以滔滔不绝，见了姑娘就不知说什么"。粟裕听了，也就笑笑，并不多说什么。

立春不久，新四军第2支队副司令员粟裕来到教导总队，准备挑选几个德才兼备的学员到部队的机关去工作。当时，教导总队负责人梁国斌给粟裕推荐了一名女生。他介绍说："教导总队第八队有个叫詹永珠的扬州姑娘，聪明伶俐，且各方面表现都很好，前不久还加入了中国共产党，你是否先找她谈谈？"粟裕表示同意。

楚青推门进屋，看见一位身材不高、目光炯炯有神、一身朴素的灰军装、打着绑腿、腰间束一条插满子弹的皮带，隐含着英武气概的军人。粟裕一看到清秀俊气的楚青走过来，指着对面的椅子说："快坐，快坐！"楚青怯怯地坐下来，粟裕的视线落在她的脸上，并没有说找她谈话的意图，而是用温和的声音说："听说你在八队表现很好，军政都获得好成绩。"楚青脸颊发热，"这是总队教育、同志们帮助的结果。"在和楚青的谈话过程中，粟裕发现，这位学员学习刻苦，成绩优异，而且回答问题快速简捷。这一切，都给粟裕留下了深刻的印象。

离开教导队后，这位已32岁仍是孤身一人的副司令员，脑海中不时浮现出楚青的秀气可爱，他发现自己对楚青一见钟情了。结果粟裕的这一心思被支队政治部主任王集成发现，这位善做思想工作的老战友夸下海口，说这件事包在他身上。他要粟裕给楚青写一封信，由他交给楚青。

1个月后，粟裕乘王集成再次赴军部的机会便托他给楚青捎去一封信。到了军部，王集成约见楚青，一见面就说："詹永珠同志啊！我给你带来好东西了……"顺手把信递了过去。楚青接过信，信纸里夹着粟裕的一帧近照，信里写道："詹永珠同志，我们已经一个多月没见面了。自从上次长谈之后，你在我心目中留下了难忘的印象。从内心讲，我很喜欢你，不

传奇粟裕

是由于别人的强迫，也不是虚荣的动机，而是一个新四军指挥员对一个真正的女战士忠诚的爱……"

楚青看完信脸色大变，将信和照片捏在一起，"嚓嚓嚓"撕成碎片，扔在了地上。一位高级将领，不应该向一个小姑娘求爱。她拿定主意，往后再也不见粟裕。

一时，王集成十分尴尬，找不出恰当的语言来解释这件事。他根本没有想到这位年轻的小姑娘会如此对待指挥千军万马的粟裕将军。

返回后，王集成将经过告诉了粟裕。粟裕心里自然不好受，可他却说："詹永珠这样，我无法去责怪她，因为她有在爱情上选择的自由。"就这样，战场上百战不败的粟裕将军，情场上第一个回合便一败涂地。

陈毅对粟裕说："我看你的恋爱观念和你指挥打仗一样，认准了的目标是不会改变的。"

粟裕的爱情之舟在这位小姑娘面前搁浅了。于是，有人戏言：战场上，常胜将军粟裕运筹帷幄，横扫千军如卷席；然而，情场上他却遭受挫折，表现平平。

转眼到了初冬，新四军江南指挥部成立了，陈毅任司令员，粟裕任副司令员兼参谋长。不久，楚青从新四军教导总队毕业后，分配到江南指挥部机要科担任速记员。

到指挥部报到的时候，楚青心想："真是冤家路窄。这下好了，我成了他的部下，两个人天天见面，这下肯定要遭到粟裕的报复了。"

好在粟裕是个胸怀宽阔的人，虽然他仍像过去那样爱着楚青，但他绝不会利用自己的权力和威望去逼迫一个纯真少女。他每次见到楚青都是一副若无其事、十分坦然的样子，这才使楚青安下心来。看到楚青渐渐安下心来努力工作积极要求上进，在平时一直暗暗观察女孩子的粟裕，更是打心眼里喜欢她了。

这样平静地过了一段时间，粟裕终于按捺不住内心的冲动，将楚青单独约到了自己办公室，亲切地询问了她的工作近况，再次表明了他对她的爱慕之情。

楚青当然明白粟裕约她的目的。面对这位首长，她还是沉着而冷静地把早已想好的话说了出来："首长，我对您的为人和指挥才能，内心是钦佩的。可由于我现在年龄还小，对谈恋爱没有兴趣。我经常想，自从日军入侵后，许许多多的父老乡亲死在日本鬼子的刀枪下，我们活着的人应牢牢记住他们的追求和痛苦，不能先考虑自己的生活小事，要时刻不忘为他们报仇！"

粟裕也坦率地谈了自己对这个问题的认识："詹永珠同志，你说得对，我们应该牢记烈士的遗愿，努力去争取抗战的胜利。但我总认为，凡是有男女的地方，无论环境如何恶劣，条件如何艰苦，都会产生爱情的。作为一个革命者，关键是应该处理好革命和爱情的关系，而不是要抹杀男人和女人之间的感情。这样吧，我请你再考虑一下，最好我俩能交个朋友，以后互相体谅，互相照顾，互相帮助，这与干革命和为烈士们报仇并没有矛盾。"粟裕真挚的言语中丝毫没有强人所难。

听着粟裕的话，楚青内心一惊，她感觉到了粟裕的真挚和忠厚。沉默了好一会儿，她才轻轻地说道："首长，虽然您是一番好意，但我现在还是不想考虑这个问题……"

粟裕的爱情之舟又一次在这位小姑娘面前搁浅了。消息传到陈毅耳中，他也急了："粟裕同志，你要有所动作才行呀！这样吧，这个女孩子硬是不愿意，那就干脆换一个算了。"粟裕说："司令员，不行啊！我已经把她挂在自己的心上了，坚持'3年游击困难时期'吧……"

陈毅急了："哎呀呀！你呀你！我看你的恋爱观念和你指挥打仗一样，认准了的目标是不会改变的。"粟裕却笑了："司令员过奖了。我总觉得我缺少男子汉那种谈情说爱的魅力。"

陈毅哈哈一笑，说："粟裕啊，有时我想，你何必等呢？要是鬼子突然来扫荡我们江南指挥部，你背起那个女孩子撒腿就跑，这婚事不就一锤定音了？"陈毅一句话，把平素不苟言笑的粟裕也逗乐了。

爱情之舟虽然搁浅，但粟裕没有在失恋中失却大将风度。在军事上他仍精心指挥，连打胜仗。1940年10月，他率部与国民党亲日军队在黄桥进行决战，结果取得了黄桥决战的辉煌胜利。这次胜利，不仅实现了新四军与南下八路军的胜利会师，也终于打开了他和楚青的爱情僵局。

那次黄桥决战，当33岁的粟裕手举望远镜，在镜头里看到三四里开外的老百姓惊慌失措地奔跑时，他果断地判明敌先头部队已兵临黄桥。此后，他脑海里紧张地进行着严密的推演。他要实施自己设想的"黄鼠狼吃蛇"的歼敌方案。

传奇 粟裕

　　结果一切都如他所料。黄桥激战 3 个小时，国民党军第 1 旅便被全歼。而中将旅长翁达在望着部下横尸遍野后，立即掏出手枪自杀。战斗胜利后，许多人都不明白，粟裕当时为什么要选择"黄鼠狼吃蛇"这套方案呢？因为当时的翁达旅战斗力很强，全旅 3000 多人，清一色的"中正式"七九式步枪，每个步兵连均有崭新的捷克式机枪 9 挺，军官大多是"军校生"。而按照我军一贯作战原则，都是先打弱后打强的……以后工作在粟裕身旁的楚青，渐渐地了解到，原来黄桥决战，粟裕采取的是一反"常规"的做法，即先消灭敌人优势兵力。这种出其不意，击其要害的战术，要的就是以奇制胜。由此她不由得深深地敬慕起粟裕来。

　　随着接触的不断增加，楚青先后听到了关于粟裕的许多传说，尤其是目睹了粟裕在黄桥决战中表现出的山崩地裂之际仍沉着镇定的大将风度之后，内心极为钦佩。慢慢地，粟裕在她的心目中成为一个伟大的传奇人物。终于，将军的痴情打动了姑娘的芳心，他们的爱情之舟扬帆起航了。

　　那一天傍晚，他们又相约了。在驻地旁那条小河边的杨柳树下，粟裕又像过去和她谈话时一样，先询问了她的工作情况，然后诚心诚意地说道："詹永珠同志，我会尊重你的意见，尊重你的人格的，你放心好了。现在，我再一次郑重地向你——求爱！"楚青羞涩地低下了头，嘴唇动了动，但没说什么。

　　见对方不语，粟裕又说："我只是希望你知道，我是真心爱你的。如果你暂时还不能接受我的爱，我可以等，等一年、两年、三年我都会等的。"楚青抬起头，双目凝视粟裕，调皮地问道："那，三年后我还是不答应你呢？"

　　"如果真是这样，我继续等，再等一个三年、两个三年、三个三年，一直等到你答应为止。"楚青听了，激动得热泪盈眶。她将头靠在粟裕的胸脯上，无限深情地看了粟裕一眼，说："那……我要是现在就答应你呢？"

　　幸福的突然降临使粟裕无法抑制心头的激动，他紧紧地搂着胸前心爱的人儿，嘴里喃喃自语："啊，好姑娘，好姑娘，两年多了，我终于被你理解了……"月亮悄悄地升起来了，小河汩汩，杨柳依依，两个身影紧紧地依偎在一起……

　　1941 年 12 月 26 日，在新四军 1 师司令部所在的石家庄，楚青与粟裕结为终身伴侣。当时楚青 18 岁，粟裕 34 岁。

　　结婚刚过 3 天，粟裕、楚青就投入反"扫荡"作战，紧张的战斗生活代替了他们的蜜月。

　　此后，这对战争年代的战友、爱人终于迎来了革命的胜利，并在此后几十年的革命生涯中，成了甘苦与共、志同道合的患难夫妻。

1972 年，粟裕与夫人楚青及儿子、女儿、儿媳、孙子在一起

第七章　初战苏中

粟裕四让华中军区司令，毛泽东闻讯，感慨万千。对日寇最后一战，粟裕不战而屈人之兵，狂妄的日本旅团长也敬佩地献上自己祖传的宝刀

1945 年的冬天似乎来得格外早。才 10 月下旬，长江中下游已是寒风呼啸，冷气逼人了。蒋介石破坏和平发动内战的消息，和着早到的寒流，震颤着解放区的每一寸土地。而华中军民在粟裕的带领下，也紧张地进行着抗击蒋介石反动派的准备。

9 月 19 日，党中央确定了"向北发展、向南防御"的方针，并于次日指示华中"浙东、苏南、皖南部队北撤，越快越好"。为此，苏、浙各部于 9 月下旬至 10 月上旬，有计划地先后渡江北上。

10 月 25 日，中共中央和中央军委电示华中局：成立华中军区，由粟裕任军区司令，张鼎丞任副司令。

粟裕看到华中局转来的电报后，心情十分不安。

张鼎丞是一位资格很老的革命者。抗战初期，张鼎丞任新四军 2 支队司令员，是粟裕的直接上级，与粟裕的关系也十分融洽。

一向谦逊诚恳的粟裕马上命令业务部门将中央的任命文件暂缓下发，并3次向华中局请示：张为正职，他为助手。但华中局并没有同意。粟裕想了一夜，觉得张鼎丞是位在党内、军内都深受爱戴、素有众望的老同志，且素来为自己所敬重。如果让他担任一把手，对今后工作的开展会大有好处。经过反复斟酌，粟裕直接给中央发去了一份电报：

> 我在华中局阅悉中央以职及张鼎丞同志分任正副司令之电示，不胜惶恐。以职之能力，实不能负此重任。鼎丞同志不论在才、德、资各方面，均远较职为高超。抗战以前为长辈；抗战初期，为职之上级；近数年来，又在中央直接领导下，成绩卓著，且对于执行与掌握党的政策，均远非职所能及。为此，曾再三请求华中局，以鼎丞同志任司令，职副之，未蒙允许。为慎重并更有利今后工作起见，特再电呈，请求中央以鼎丞为司令，职当尽力协助，以完成中央予之光荣任务。

1941年，粟裕同夫人楚青在苏中

毛泽东接到电报后，大为感慨，认为粟裕从革命事业、党和人民的利益等角度出发，主动、真诚地请辞，充分体现了一个真正的无产阶级革命者的一片赤诚，遂于 10 月 29 日电示华中局，同意粟裕的请求，改任张鼎丞为华中军区司令，粟裕任副司令。

粟裕四让司令的事迹，很快便在华中传开了。广大干部群众都交口称赞，一时成为佳话。

11 月 10 日，中央指示成立华中野战军，粟裕任司令员。

其时，华中解放区大部已经收复，苏中、苏北、淮南、淮北四块根据地基本连成了一片，但各地残存日伪军还未完全解决，对我解放军的生产、生活有较大的威胁。因此，中共中央对华中野战军提出 3 个行动方向：一、利用伪第 4 军投降的影响，向南解决国民党军孙良诚的新编第 2 路军；二、向北到徐州以西解决张岚峰的新编第 3 路军；三、向西到津浦线打击桂系军队。

粟裕遵照中共中央的指示，结合华中地区新的形势，研究决定：为了坚决消灭拒绝向我军投降的日伪军，拔除残存于华中解放区内的"钉子"，确保解放区的完整，阻止顽军从扬州、泰州一线北犯解放区，决心组织高邮战役。

高邮城南临扬州，北近淮阴、淮安，西靠里运河、高邮湖，东面与河网水荡衔接，仅有一条运河大堤公路贯通南北，战略地位十分重要。这里城高墙厚，碉堡林立，工事坚固，易守难攻，是国民党军向我华中解放区发动进攻的重要通道。

因此，国民党军自鸣得意地声称："运河是 3 道门，高邮是门上的锁，有这把锁，就可以把粟裕的部队关在笼子里。只要开锁进门，国军就可长驱直入，直捣两淮！"反共气焰十分嚣张。

而驻守高邮的日伪军，仗着有国民党撑腰，也狂妄无比。他们的司令官岩奇四处扬言："我们只听国民党政府的，共产党没有资格受降。"还说："听说粟裕是支那有名的将军，我倒要和他较量较量！"

面对国民党和日伪军的狂妄，华中野战军的广大官兵无比激愤，求战情绪日甚一日，这也坚定了粟裕进行高邮战役的决心。

12 月 19 日夜，华中军区各部队在南北长 40 千米、东西宽 20 千米的地域内，分批多路向高邮外围的日伪军展开猛烈攻击。

至 20 日中午，8 纵 66 团和 64 团已经迅速扫清了高邮东北外围诸据点，直逼北门，68团也插到南门外。3个团并肩苦战，一直打到高邮城下，构成了对高邮城的严密包围。

高邮守敌已经变成笼中鸟、瓮中鳖。

12月22日晨，粟裕司令员和8纵司令陶勇一起率领营以上干部，察看了高邮东门外的地形，并对总攻高邮作了具体部署。

粟裕对陶勇说："这是我华中战场对日军最后一战，务必做好充分准备，不打则已，打即必胜！"

粟裕瞟了陶勇一眼，用试探的口气问："还有3天准备时间，能如期攻占高邮城吗？"

"没问题！"陶勇一仰头，斩钉截铁地回答，"请首长放心，26日高邮城内见！"

粟裕满意地笑了，又叮嘱说："高邮的日伪军，已经是外强中干，你们可多作心理攻势，敦促其投降，以减少我军的损失。"

陶勇听了，连连点头。

很快，大量的传单被投掷到城内。有的传单上写道："天寒地冻破衣裳，你为谁人守城墙。赶快走下城头来，弃暗投明获解放。"

在华中野战军强大的军事压力和政治攻势下，日伪军惊恐万状，士气大降，有的偷偷在晚上爬出城外，缴枪投降。

12月25日晚，雨夜漆黑，伸手不见五指。

淅沥的小雨，仿佛给大地抹上一层油，地滑，梯滑，脚板底更滑。恶劣的天气，给部队行动带来了诸多不便，但却是攻城突袭的良机。

在粟裕的命令下，8纵队各部在强大的炮火支援下，按预定方案，冒着刺骨的寒风冷雨向高邮的日伪军发起总攻。

68团率先突破敌军防线，以云梯迅速登上南门城头，直插敌纵深，进入巷战。64团也同时从西北两侧实施强攻。

战斗进展十分顺利，日伪军猝不及防，次日凌晨，便被包围在城中一角了。粟裕命令暂缓攻击，派人传话迫降。高邮日寇驻军独立混成第90旅团被我军神出鬼没的战术打懵了，斗志已经低落到了极点。很快，在其司令官岩奇大佐的率领下，数千日伪军交出了武器。

12月29日，粟裕在高邮城接见了投降的日军岩奇大佐。

见到了粟裕这位常胜将军，岩奇大佐特地将自己祖传的佩刀高高举过头顶，走到粟裕面前。他深鞠一躬，郑重地说："谨将这柄远祖相传的紫

云宝刀，敬献给久仰大名的中国名将！"从狂妄叫嚣到主动献刀，粟裕已经彻底将他们征服了。

高邮战役的胜利，把华中和山东的解放区连成了一片，进一步完成了迎击蒋军的准备。

驻守宣家堡的蒋军"天下第一团"四处吹嘘："如果共军能打下宣家堡，那么他们就可以倒扛着枪，一弹不发地进南京了。"结果仅仅打了一夜，就被粟裕的部队全部消灭。蒋介石闻讯大骂："堂堂黄埔高材生连粟裕这个'兵油子'都打不过，混蛋！"

转眼便到了1946年6月下旬。这天，粟裕收到新四军军部来电，命华中野战军主力西进，集中到六合、天长之间整训，然后待机向南出击。

粟裕接到这一电报后，觉得这种部署与实际情况有些出入。他考虑再三，决定发报给中央和新四军军部，力陈自己的见解，建议部队先留在苏中，打一仗再西移。

"军部这个指示就是根据中央关于向南出击的计划制订的。"作战参谋戴宏提醒粟裕，"这种情况下，您再提别的意见，会不会起作用呢？"

粟裕背转身去，凝神细思了半个多小时，忽然转过身来，坚定地对戴宏说："不管怎么样，我们有不同的看法，应该让上级了解。哪怕我们的想法不正确，起码也让上级知道我们在想什么！准备好，我说，你记！"

戴宏跟随粟裕已经多年，知道粟裕的禀性。一件事，只要他决定了，便会坚定不移地做下去。他赶紧拿出纸笔记录。

粟裕一字一顿地说道："我之所以建议暂缓西进，主要从以下3个因素出发：第一，苏中部队西进后，仍需以苏中地区作为后方保障，消耗更大，补给也更困难。第二，苏中地富人稠，极具战略价值，若不战而弃，政治影响不利。第三，淮南之敌较强，苏中之敌较弱，胜利的把握大。"

毛泽东对粟裕的建议极其重视，第二天就复电粟裕暂缓西进，听候安排。

到7月初，毛泽东已经基本同意粟裕的意见。事实证明，这是解放战争初期粟裕在战略决策上的一次突出贡献。

不久，毛泽东完全同意了粟裕的建议，电示说："先在内线打几个胜仗。"

看到电文，作战参谋戴宏兴奋地说："粟司令，还是你有先见之明啊！"

粟裕摇头道："仗还没打呢，哪里谈得上先见！"

戴宏问："下面这一仗该怎么打呢？这是我们自己争取来的任务，要打不好，我们中野的面子可很不好看。"

粟裕被他逗笑了，道："面子算什么，没法向党和人民交代，这才是大事！这一仗怎么打嘛，我现在也不知道，总之是从实际情况出发，灵活用兵。我有一条指导原则，你可以去告诉司令部的同志们。这就是，哪里好消灭敌人就在哪里打，什么时候好消灭敌人就在什么时候打，什么敌人好消灭就打什么敌人。"

1946 年 7 月中旬，国民党第一绥靖区司令李默庵命国民党军疯狂向苏中解放区进攻，进攻军队一时达 12 万之众，而我华中野战军只有 3 万多人，敌我兵力对比悬殊，然而，粟裕却对于击退敌人进攻信心百倍。他跟国民党是老对手了。他深知丧失人心和骄傲狂妄是敌人的致命弱点，而这正是我军战胜敌人的重要依据。

粟裕对敌情了如指掌：敌军在三四天内分 4 路向如皋、海安大举进攻。敌军的具体部署是：整编第 83 师第 19 旅从泰兴、宣家堡，整编第 66 师第 99 旅从靖江两路合击黄桥地区；整编第 25 师第 148 旅从泰州东犯姜堰；整编第 49 师自南通、白蒲北犯如皋。占领上述地区后，顽敌将继续会攻海安。

根据地形、敌人兵力部署和形势变化，粟裕经过周密思考，决定不打对我威胁较大的泰州之敌，不打南通、白蒲一路之敌，而选择了打宣家堡、泰兴之敌。

粟裕认为：宣家堡是停战令生效后蒋军违反停战协议侵占的，泰兴城是停战协议即将签署时被敌人强占的，反击这两点在政治上对我有利。而且这两处敌人占据不久，民心不顺，情况不熟，虽临时赶修了些工事，但远非南通、泰州可比。打掉了这一路，我军就可以转用兵力，连续作战，打开局面。而且这一路是敌整编第 83 师前出的两个团，比较孤立分散，利于我同时分别歼灭。

当然，战争也不是一厢情愿的事。敌人也会根据迹象进行分析。日军高级顾问提醒李默庵说："种种情况表明，粟裕可能要奔袭宣家堡。"

"哦。"李默庵不屑地瞅了他一眼，问，"根据是什么？"

"是多年挨打的经验告诉我的。"

"嘿嘿！"李默庵冷笑一声道，"豆腐嘴要啃铁月饼，那倒好办了！我的 83 师是百战百胜的铁军。共军一贯的伎俩是先打弱敌，怎么敢去动我

的王牌？况且根据侦察报告，粟裕部正积极准备攻我泰州城，你不要疑神疑鬼了！"日军顾问碰了个钉子，不冷不热地说："高见，高见！"说不清是称赞还是讽刺。

整编第83师原番号是第100军，是蒋介石的嫡系，第二绥靖区司令王耀武的基本部队之一。该师为美械装备，由美国教官训练，曾到缅甸作过战，战斗力较强。但该军官兵都十分骄傲，其驻守泰兴的第57团，自称"天下第一团"，还四处吹嘘说："如果共军能打下宣家堡，那么他们就可以倒扛着枪，一弹不发地进南京了。"

针对敌人的这种情况，粟裕在动员会上说："他们做梦也不会想到我们会去主动打他们，他们还以为老子天下第一呢！我们肯定可以收到出其不意、攻其不备的奇效。"

7月10日，粟裕下定决心，以两个主力师各打敌军一个团，在战术上形成6比1的优势，其余部队负责阻击和监视敌人。为了保证主力啃掉这两块硬骨头，粟裕还亲自安排了一分区地方武装担负保障侧翼的任务，他对一分区司令员段焕竞说："如果不能完成任务，那可要提头来见哟！"

他还对主攻部队的负责同志说："敌人分4路而来，拉开架子要和我们拼消耗。我们恕不奉陪，专打它一路。敌人用12万打我们3万，是4打1；我们这么一来，还它个6打1！这是与国民党军的第一战，必须要打好！打好了，我请大家吃狗肉！"

是日，粟裕亲临一线指挥。

战斗进展得十分顺利。

15日晨，陶勇率第1师经一夜激战，全歼了宣家堡的一个团加一个山炮营。王必成的第6师也基本歼灭了泰兴之敌。

粟裕鉴于我军已获得转移兵力的主动权，于是命令主力军队撤出休整，仅留下第6师少数部队继续围攻泰兴城内少数要敌，给敌人以为我军主力仍在泰兴的假象，已作为下一次战斗的钓饵。

第6师师长王必成是粟裕手下有名的虎将，个性极强。粟裕担心他会大举进攻，扫清残敌，破坏了他的预定计划，急忙亲自到泰兴前线，当面向王必成交代"火力要猛，但动作要慢。如果必要，消灭敌人有生力量之后主动撤离，让敌人以为我们实在攻不下来，才被迫撤走，则更好。"

王必成也是位优秀的战将，马上明白了粟裕的意图，欣然从命。粟裕这才放心地赶回了司令部。

首战宣泰，歼敌整编第83师第19旅的两个团和旅属山炮营，第63旅的1个营，共3000余人。这是我军在华中的解放战争中对蒋军的第一次大胜。在此之前，曾有人担心以我军目前的装备和战斗力能否与蒋军的王牌部队交战，毛泽东对此也极为关注，战后亲自来电询问："打的是否即整编的第83师？该师被消灭了多少？尚有多少？"

粟裕部署清查战果，一一作了汇报。毛主席十分高兴，要求粟裕"泰兴战斗后立即整理部队，准备再打四五个大仗"。

南京的蒋介石得知宣泰战斗失败后，大骂："默庵无能，默庵无能，堂堂黄埔高材生连粟裕这个'兵油子'都打不过，混蛋！"发了一通脾气后，蒋介石吩咐侍从参谋："马上给李默庵发电。要他重整旗鼓，多路包抄，一定要全歼粟裕顽匪。"

得到蒋介石的严令，李默庵一面由靖江向泰兴增援，一面以第49师由白蒲向北猛进，企图乘虚占领如皋。

粟裕根据敌我态势，正确估计了敌人意图，衡量了优劣利弊，放弃攻打前来增援宣泰之敌，毅然把主力作远距离机动，攻击进犯如皋的敌49师。

粟裕认为打增援宣泰之敌，固然对我军有就近转用兵力的便利和时间充裕等好处，但来敌警惕，不易歼灭，可能造成与敌相持对我不利的局面。攻击如皋之敌，虽然有部队要强行军100多里、减弱战斗力的缺点，但出敌不意，必然陷敌于被动混乱，造成全歼敌人的良机。

粟裕决定昼夜转兵，于18日晚对如皋东南的敌49师发起突然攻击。

7月15日晚，他即令第1师全部和第6师大部转兵东进，并用汽艇急运第7纵队一个团先期赶回如皋，协助第一分区地方部队扼守该城。

为了迷惑敌人，粟裕命令第6师一部继续围歼泰兴城内的残敌，给敌人以我军主力确实还在西边激战的错觉，引诱敌军放胆向如皋进犯。

粟裕率主力在连续两昼夜激战之后，又行军一百几十里，表现了高度英勇顽强的气概，一路上受到人民群众的热情支援。夜过黄桥，群众以烧饼和西瓜争相慰劳。在群众的封锁、掩护下，敌人被蒙在鼓里。

16日上午，敌第49师分左右两路北犯我解放区。17日，敌右路到达如皋以东之鬼头街、田肚里；左路到达如皋以南之宋家桥、杨花桥，准备次日会攻如皋。此时，我主力则已抵达黄桥、如皋之间的交界处，而敌人却全然不知。

粟裕迅速下达了歼敌命令：以第1师主力抢占鬼头街东南公路上之林梓，

断敌退路，尔后从右路之敌第26旅的侧后向北攻击；以第6师主力抢占杨花桥西南的贺家坝，尔后从左路之敌79旅的侧后向东北攻击；第7纵队主力则由如皋城及其东北地区向东南出击；三路协力，歼敌于如皋东南地区。另以第1师、第7纵队各1团阻击向姜堰进犯之敌，以第6师之两个团阻击向黄桥进犯之敌。

18日天刚拂晓，我1师1旅3团插到通如公路上的三里楼。不久，公路上烟尘滚滚，过来了敌人的炮车队。他们大摇大摆地向北开进，准备着袭击我如皋城哩！不料想，我军从天而降，突然出现在他们面前，敌军个个慌乱了。

这一下，我军轻取敌一个野炮连，挺威风的3门野炮乖乖地做了俘虏。此时，敌49师师长王铁汉正做着"乘虚而入"抢占我如皋城的美梦，对我华中部队的推进一无所知。

18日下午1时，在我两个团的猛烈攻击下，敌76团大部被歼，鬼头街被我占领。战斗中，我军缴获了一台报话机。这回，我军可以随时收听敌人通话了。波长刚对上，就听见王铁汉在叫嚷要"就地抵抗"。结果，他调动东面的部队，我军就打东面；他调动西面的部队，我军就打西面。18日晚，我军从三面同时向敌发起了总攻，敌军仓皇失措，乱成一团。当时，人们形容敌人像一根甘蔗横卧在如皋东南20余里的鬼头街一带。我1师3旅9团和1旅3团，就顺着鬼头街一段一段啃过去。

19日上午，我军全部占领了敌49师师部外围村庄。我1师原拟在7纵队配合下，黄昏直捣敌师部驻地田肚里。但敌人拼死挣扎，连续向我7团阵地反扑。

7团，也是驰名苏中的新四军主力团。不管敌人如何疯狂攻击，7团的指战员个个奋勇作战，子弹打光了，就和敌人拼刺刀，拼手榴弹，近战歼敌。

王铁汉见反击不得手，就拼命呼叫左路的79旅向他靠拢。可是，79旅已被我6师围困于宋家桥、杨花桥地区，已经自身难保了。

下午，田肚里的敌人企图向南逃窜。狡猾的敌人使了一计，在突围部队前面，先是向我阵地赶出一群骡马。他们满以为我军一见骡马，就会纷纷去抓，他们也就可以趁机突围。谁知道这一着并不灵，我军不上当。刚刚放过骡马，我7团和3团便马上向敌发起攻击。

危急之时，第49师师长王铁汉四处呼救，并电告李默庵："你他妈见死不救，等老子打完这一仗，咱们一块儿面见总座。"

王铁汉亲自督战至 19 日，结果援军未到。晚上，他把部队交给参谋长，言称亲自上第一线作战。结果他带着几个亲信逃到宋家桥去了，其部被华野全歼。

19 日、20 日，我 6 师主力又与第 7 纵队密切配合，歼灭杨花桥、宋家桥之敌第 79 旅大部。

粟裕正欲率部继续追歼顽敌，陈毅来电：我军连续作战 10 天，相当疲劳。而由靖江、泰兴来援之敌趁机向我如皋和海安进攻，继续与敌正面作战，对我不利。

7 月 21 日，毛泽东从延安发来电报表示祝贺，电文说："庆祝你们打了大胜仗。"电文又指示，"敌情尚严重，望将参战主力集中休息，补充缺额，恢复疲劳，以利再战"。

海安防御战，以伤亡仅 200 余人的代价，换得了敌军伤亡 3000 余人的战果，创造了敌我伤亡 15 比 1 的新纪录。李堡歼敌 9000 人，打破了蒋介石迅速解决苏中问题的美梦，战场形势已经开始向着我方倾斜

宣泰、如南两役，华中野战军共伤亡 5000 余人，部队连续行军作战，疲劳至极。粟裕遵照毛泽东的指示，遂令各部隐蔽休整，撤出了如皋县城。

得知我军已退，蒋军乘隙占领如皋。自恃强大的蒋军旋即集中 6 个旅的兵力，从如皋、姜堰合击我海安。

海安是苏中战略要地和交通枢纽，蒋军判断我军势在必争，妄图依仗其优势兵力在海安同粟裕部主力展开决战。

这就迫使粟裕面临两种选择：与敌决战或放弃海安。无论选择哪种都会造成严重的局面。如决战，敌众我寡，将付出极大代价，后果难料。放弃呢，前面已两战皆胜，这时作出此举，很难被各方面理解，对苏中军民的情绪也将产生消极影响。

从粟裕思想上讲，是打算"先以小部队实施运动防御，杀伤和消耗敌人，赢得时间，以保证主力部队休整，然后撤出海安，给敌人我军被迫放弃战略要地的错觉，使敌人重新骄傲起来，造成有利于我的战机。"

但这种思想不是轻易地能够为人所接受的。

当时战争还处在初期，毛泽东关于以歼灭敌人有生力量为主要目标的战略方针，还没有为大多数干部所掌握。为慎重起见，粟裕决定亲赴华中

局所在地请示汇报。

　　他从海安出发，先是骑摩托车，油尽之后坐了一段人力车，后来又骑自行车、乘船，把当时能搞到的交通工具全用上了。一天一夜，兼程150余千米，风尘仆仆地赶到了淮安。

　　华中局立即召开了常委会，基本同意了粟裕的意见。决定在海安实施运动防御，尔后主动撤离，创造新的战机。

　　得到了华中局的支持后，粟裕马上命令主力部队后撤休整，仅以第7纵队一部在海安地区进行运动防御战。

　　第7纵队刚由苏中地方武装上升为主力，刚补入大量的解放战士，所属4个团只有一个团打过大仗。

　　接受命令后，从7月30日到8月3日，7纵以3000多人的兵力抗击了5万多敌人的轮番猛攻。蒋军兵力集中，炮火猛烈。7纵队指战员英勇顽强，指挥灵活，以伤亡仅200余人的代价，换得了杀伤敌军3000余人的战果，创造了敌我伤亡15比1的新纪录。

　　7纵不但熟悉当地各种情况，而且对游击队袭击敌军的一套战术也十分精通，他们每天晚上都要巧妙地袭扰敌人，令敌人通宵不得安宁，还要浪费大量的弹药。

　　仅7月31日夜对敌人巧妙的袭扰，就消耗了蒋军炮弹万余发。

　　8月3日，粟裕命7纵队撤出海安。海安运动防御战至此胜利结束。

　　华中部队撤出海安后，蒋军65师和第105旅、新7旅一起拥进海安。蒋军大肆吹嘘其战果，认为"共军大势已去"。于是派出65师和105旅由海安继续北犯。

　　"敌骄兵轻进，必有机可乘，出现我歼敌良机。我主力已集结于海安东北，伺机出击。"粟裕又一次作出了正确的判断。

　　8月6日，蒋军65师和105旅在东进未遇任何阻力的情况下，继续深入。粟裕在第二天早晨立即电告华中局、军部和军委：歼敌良机即将成熟。

　　7日，蒋军进一步暴露出骄兵的弱点，竟然在前沿一线声势浩大地频频调换防地，造成了趁敌运动或立足未稳加以歼灭的大好时机。

　　粟裕立即作出部署：集中兵力，首先歼灭李堡之敌于运动中。以第1师攻歼李堡、角斜之敌第105旅主力，以第6师的第16旅攻坚丁家所守敌第105旅另一部，7纵及新由淮南调来苏中的第5旅和华中军区特务团，协助主力攻击。

当我军发起攻击时，李堡镇的敌人正忙着哩！一边是敌第105旅314团，一边是新7旅19团，双方交换防务。天黑下来了，19团刚接替防务完毕，警戒还没有派好，工事没有驻好，部队位置也没有分布好。

这时，我第1师部队抓紧时机突然发起攻击。敌人猝不及防，顿时乱作一团，一夜之间全部被歼。

率领19团前来李堡接防的敌新7旅少将副旅长田从云，成了我1师部队俘虏到的第一个国民党将军。

李堡被我军攻克的第二天，由海安东进的敌新7旅旅长黄伯光仍然蒙在鼓里，率领21团向李堡进发。结果，一步一步往我6师在7纵配合下设置的口袋里钻。

这又一次显示了我军在内线作战，有着解放区人民群众作依靠的优势。敌人越是深入我解放区，我军行动越能得到群众掩护。民兵、群众个个严守封锁消息，缉查敌探，弄得敌人耳不聪，目不明。

我第1师、第6师部队以及华中野战军机关3万人集结休整两个星期，驻地距离海安最近的只有一二十里，敌人却毫无所闻。

李堡战斗中被我俘虏后冒充伤病员获释的敌19团团长介景和，逃回如皋后，对我解放区人民群众威力犹心存余悸。他无可奈何地承认，新四军对敌行动"完全洞悉"，其"情报之敏，为我所不解"，"最惊人者，即周围50里内，所有民军全部动员，致我突围官兵处处受击，人人被俘，除极少数外无一漏网"。

正是依靠解放区翻了身的人民群众的帮助，不仅敌人得不到我大部队设伏的情报，而我军对敌人什么时候出发，行军队形是什么，中途经过哪些地点都能随时掌握，一清二楚。

中午，排着三路纵队行进的敌军进入我伏击阵地。我16旅第54团当即迎头痛击，7纵队第57团迅速断敌退路。敌遭我突然打击，混乱不堪。

这时，隐蔽在距公路七八百米处的52团1营，在营长袁捷带领下率先从中间出击，兄弟部队也从两侧一起冲杀上去。一颗颗发出巨响的手榴弹，一把把银光闪闪的刺刀，一下子就把敌人队伍冲乱了。许多敌人还没有来得及拉开枪栓，就成了俘虏。

下午5时，我军发起最后攻击，不到30分钟，就把包围并分割成数块的敌人消灭干净了。这一仗，52团1营自己一个伤亡没有，抓来的俘虏有300多，战士手中的"汉阳造""大盖子"换上了汤姆式、卡宾枪。

李堡一战，前后不过 20 个小时，歼敌一个半旅共 9000 余人，打得大快人心。

此战打破了蒋介石妄图迅速解决苏中问题的美梦，而且战场形势已经开始向着我方倾斜。蒋军经连续四次打击，被歼 3 万余人。在援兵未到之前，已无力组织全面进攻，因而被迫调整部署。而我军却在战斗中不断得到加强，不但用缴获来的武器改善了装备，而且补充了大量的解放军战士。

毛泽东命令整编后的第 5 旅和军区特务团都划归粟裕指挥，并指示粟裕："望再布置几次作战……彻底粉碎苏中蒋军之进攻，对全局将有极大影响。"

粟裕善行险棋，出奇兵，"钻到敌人肚子里去打"。如黄桥战役，打得敌军不敢单独行动。苏中七战七捷，粟裕由一名优秀的高级指挥员、出色的将领，成长为威震敌酋的战略家和军事家

就在苏中人民欢欣鼓舞、庆祝胜利的时候，淮南解放区已被蒋军突破，陈毅从执行外线出击的方针考虑，认为淮南在全局上比苏中更为重要，因而向中央建议调粟裕部西去，执行切断津浦、陇海路、夺取徐州的战略任务。中央对此极为慎重，来电征求粟裕意见。

自李堡战役后，粟裕对当时局势就有所思考。他认为：

蒋介石在美帝支持下向我发动全面进攻，力量对比上具有大的优势，这场战争势必是长期的，根本问题在于消灭敌人有生力量。所以，推迟外线出击时间较为有利，可以充分利用内线作战的有利条件，多打些胜仗，以大量歼灭敌人。

在战争初期，各主要作战方向，都应充分利用歼敌的有利条件，哪里好消灭敌人，就在哪里打仗。各战区之间要有战略配合，但不宜过早作战役配合。随着战争的发展与深入，敌我力量消长之后，逐步集中兵力，扩大战役规模更有利。

事实上，要推翻蒋家王朝，没有几次带决战性质的巨大战役是不可能的。作为高级军事指挥员，当然希望能在这种大决战中发挥作用，为党、为人民、为国家作出应有的贡献。但从当前实际情况来看，不但距离决战甚远，而且即使从局部作战而言，在苏中打歼灭战的条件较淮南有利。

因苏中之敌，已遭 3 次重大打击，与淮南之敌比较是弱军，便于我继续歼击；而淮南解放区已被敌突破，苏中主力西行，要经过大片敌占区之后，

才能两军会合，开辟战场，打大仗之前就要付出相当代价；而且苏中主力走后，后方空虚，亦不安全；另外，淮南正值雨季，大雨滂沱，平地积水甚深，部队运动及粮弹运输供应皆比苏中困难得多……

粟裕认真学习研究了开战以来中央军委和新四军军部的有关指示，从战争全局出发，结合当时实际，作了反复地考虑，认为在近期内还是以在苏中作战为宜。他把自己的看法上报了军委和毛泽东。

毛泽东回电说："所见很对。望利用苏中各种有利条件，继续在那里作战，如你们今后一个月内再打二三个胜仗，继续歼敌二三个旅，则对整个战局助益极大。"陈毅听了粟裕的分析后，也来电表示同意。

有了中央和毛主席的支持，粟裕决心集中主力，在较短时间内完成军委交给的任务。

通过对敌情的研究，粟裕发现，南通、如皋一线是蒋军阵势中暴露的侧翼，兵力比较薄弱。驻守这一线的是从上海新调来的整编第21师和交警总队。

21师是川军部队，战斗力不强，交警总队虽全部是配备美械自动火器，但基本没有重武器，而且缺乏正规作战经验。粟裕设想由这里打开缺口，"要像孙悟空智取芭蕉扇那样，钻到敌人肚子里去打"。

具体做法是：以黄桥为进攻方向，缩小进攻正面，从丁堰、林梓打开缺口，钻入敌纵深地带，寻机歼敌。

8月20日夜，粟裕和谭震林率苏中主力全部人马16个团3万余人，插入蒋军侧后。

21日夜11时，丁、林战斗开始。这又是一次出敌不意的攻击，战斗进展很快。第二天上午，就攻克了丁、林，全歼守敌。消灭5个交警大队、第26旅一个营，共3000余人。

战争不是军事演习，是对垒双方集力量和智慧等多方面因素于一身的生死搏斗。

正当我军在丁堰、林梓歼敌，打开西进门户之时，由宿县地区东进的敌人也趁机占领了我睢宁，正准备向我淮阴进犯。等粟裕率部攻占丁、林后，扬州蒋军第25师也于25日开始沿运河北上，进攻苏中解放区的江都县（今江都市）邵伯镇，从而使形势变得复杂而微妙了。

敌人要从我侧后方插上一刀，如何应对呢？粟裕陷入了沉思。

他想：我们的目的是歼灭敌人的有生力量。蒋军已经多次大败，士气

传奇粟裕

已失，只要能巧妙运用，攻敌必救，是不足为惧的。

他决心走险棋，出奇兵。除以第10纵队3个团和地方武装两个团在邵伯防御，其余的3万主力部队插进东西南北皆设有众多据点的敌包围圈内，来一个"围魏救赵"之计。以攻黄（桥）救邵（伯）的战法，来调动敌人，歼敌于运动中，并解邵伯之围。为此，除了7纵在姜堰、海安之间发动钳制性进攻外，主力于23日夜间由丁堰、林梓向黄桥挺进。

8月23日夜，我第1师、第6师、第5旅、特务团，由丁堰、林梓挺进如（皋）黄（桥）线。这个地区，东西仅百余里，南北仅数十里，南、北、西三面都有敌人许多据点连成的封锁线。我军插入敌封锁线圈内，本来是着险棋，但由于解放区组织严密，敌人得不到情报，因此，当我军大踏步西向黄桥的时候，敌人却根据丁、林战斗的态势判断我将攻击如皋，急令守黄桥的第99旅增援如皋。

确如粟裕所想，敌军连遭我沉重打击以后，"不可一世"的气焰被打掉了，行动彷徨、畏缩不前。

奉命东调的敌99旅害怕中伏，迟滞不前。如皋之敌则出动了187旅全部加70旅一个团，99旅一个营接应。就这样，如黄线上出现了敌两个半旅的"武装大游行"，这是歼敌于运动之中的最好时机。粟裕当即命令秘密集结在如黄线的各部队，迅速切断敌人退路，并不使东西两面敌人靠拢，集中优势兵力首先歼灭其较弱的一路，然后调转兵力歼灭另一路。

25日，敌99旅进至黄桥东北之分界，与我第6师遭遇，当即被我6师包围；敌187旅等部，在分界、如皋之间的加力、谢家甸，被我1师截住。

当夜，我军各部队对敌展开攻势，分界、加力两地之敌集团固守，激战一夜，未见分晓。原来，敌人实有兵力远比我原先侦察的要多。如果战斗处于相持状况，战局将变得不利于我军，甚至处于极其被动的局面。

首先，粟裕兵力不足，更没有预备队，1师、6师、7纵、10纵各在4个战场激战。西面运河的邵伯、丁沟、乔墅一线，承受压力最大，乔墅阵地已被敌突破。其他战场若不迅速解决，邵伯一旦失守，战局将起剧变，甚至不可收拾。

在这样的紧急情况下，粟裕在指挥室里，彻夜未眠，综合各战场情况，立即调整部署。为了保证全歼和速决，粟裕决定还是要集中4倍、5倍、6倍于敌的绝对优势兵力。当时，粟裕手头兵力不多，更没有预备队，就从战场上及时转用兵力。

　　26日晨，粟裕通知1师1旅旅长张震东前去接受任务。张震东策马飞奔赶到野战军司令部后，正在盯着地图沉思的粟裕当即向他交代："老张，敌人已被我包围在加力、分界地区，如果我们两个地区同时打，兵力不足，不能迅速解决战斗，现在采取'雷公打豆腐'的办法，先集中兵力打分界较弱的第99旅，因为先打加力的一个半旅，时间要延长，如皋还有两个团可能出援。这样会成为僵局。你们旅立即奔赴分界，协同第6师先歼敌第99旅。"

　　很快，1旅撤出加力战斗，急行军向分界开进。已经两天两夜未合眼的粟裕，每隔一小时要亲自打电话与1师联系一次，询问1旅到何处，何时能到达作战地点，并要求1师在1旅未到达预定地点之前，要派出小部队，不停袭扰敌军，实行局部攻击。

　　就在第1师1旅快速奔袭的同时，第6师重新调整了攻击分界部署，决定集中第16旅、第18旅共4个团的兵力，并肩由北向南实施主要突击；另以两个团的兵力，从东、西、南三面实施围攻。

　　敌人经我一夜攻击，伤亡惨重，士气低落，建制混乱，正盼着敌机和援兵来救命哩！可是，中午时分，突然下起滂沱大雨。敌机来不了，帮不了敌人的忙。而有老天相助，我军士气更旺。

　　下午1时，随着粟裕一声令下，我参战部队按时冒雨发起总攻，一举突破敌人的防御阵地，直插敌人的心脏。敌人立即乱作一团，失去指挥，分头突围，我军大胆楔入敌群，猛打猛冲，敌军大部被歼。

　　残敌兵1000多仓皇南逃，正好闯入我1旅在分界东南开阔地布下的大网袋。1旅迎头一顿痛打，敌人完全被打蒙了，东边枪响向南跑，南边枪响向东跑，结果全部被消灭在芦家庄地区。

　　在华中部队优势兵力的攻击下，这两股敌人都先后被歼。粟裕乘胜挥军，攻克黄桥，迫使黄桥守敌5个连缴械投降。

　　如黄战役，是苏中自卫战争开始以来歼敌最多的一次。我军共击毙、打伤国民党军5000余人，俘虏1.2万人。这次战斗还是解放战争以来苏中部队缴获最多的一次，计有各种炮50余门，轻重机枪600挺，长短枪3500支。从此以后，蒋军再不敢一个旅单独行动。

　　就在如黄战斗进行的同时，邵伯和乔墅保卫战也正在紧张地进行，这是粟裕"攻黄救邵"战术中的一部分。

　　邵伯位于扬州以北，形势险要，是通往两淮的门户。为了集中主力歼

1946 年，指挥苏中七战七捷时的粟裕

灭敌有生力量，粟裕用来坚守邵伯的只有第 10 纵队和地方武装的两个团。经 4 日艰苦恶战，挡住了蒋军一个师的进攻。毙伤蒋军 2000 人以上，与如黄胜利交相辉映。

苏中战役，七战七捷，成为当时一件震撼全国的大事。

延安总部发言人称："这 3 个胜利（这次胜利加上中原突围、定陶战役），对于整个解放区的南方战线起了扭转局面的重要作用。蒋军必败，我军必胜的局面是定下来了。"并称赞："粟裕将军的历史，就是一部为民族与人民解放艰苦奋斗的历史。今天，粟裕将军成了苏皖军民胜利的旗帜。"

毛泽东将其作为典型战例，除论述战役部署方面应该如何集中优势兵力之外，又于 8 月 28 日亲自以中央军委的名义，拟写了电报稿，发给各战略区首长，介绍苏中作战"造成辉煌战果"的经验。

他明确指出："每战集中绝对优势兵力打敌一部，故战无不胜；士气甚高，缴获甚多，故装备优良；凭借解放区作战，故补充便利；加上粟裕指挥正确，既灵活又勇敢，故能取得伟大胜利。"并"希望各区仿照办理"。

后来的军史家对苏中战役也都非常重视，认为这次战役不仅是粟裕灵活用兵、不拘一格的集中表现，也标志了解放战争初期我军高级指挥员高

第七章　初战苏中

超的战术指挥水平。认为在敌我兵力为 4 比 1 的情况下，歼敌数字占敌军总兵力的近二分之一，相当于我军总兵力的两倍，这在中外战史上都是罕见的。其用兵之妙，战法之活，达到了炉火纯青的程度。

7 次战斗，各有特色。如宣泰战斗，是敌处于进攻前夕，疏于戒备，我军则乘机主动出击，打掉敌人中路，扩大了我军的回旋余地，为转用兵力、连续作战打开了局面；如南战斗，是舍近就远，长途奔袭，击其侧翼，攻其不备，在运动中歼敌；海安战斗是避敌锋芒，运动防御，为主力部队争得了休整时间，创造了敌我伤亡 15 比 1 的纪录；李堡战斗，是乘敌鼓噪胜利、得意扬扬之际予以奇袭；丁林战斗，是选敌弱点，打开缺口，深入敌后；如黄战斗，是"围魏救赵"与"攻城打援"的结合。

还有的军史家认为这是在当时历史条件下难得的军事艺术杰作之一。苏中战役以阵地守备与野战围歼互相协同配合为主线，包括了游击战、运动战、伏击战、遭遇战和运动防御战，战术上有长途奔袭、声东击西、围点打援，攻黄救邵，尤其突出地表现了粟裕一兵多用、连续作战的特长。

他们因此把粟裕成为世界公认的杰出军事家的过程分为两个阶段：在七战七捷之前，粟裕只能称得上战术家、优秀的高级指挥员、出色的将领，而七战七捷之后，粟裕便成了战略家和军事家了。一句话，苏中战役是粟裕军事指挥艺术成熟的表现。

粟裕自己是怎样评价苏中战役的呢？他在晚年曾这样说："苏中战役，是我华中野战军部分主力为执行解放战争初期作战任务，在苏中解放区局部地区进行的一次重要战役……初步完成了探索解放战争一些带规律性的东西，完成了战略侦察任务。作为研究，对苏中战役过程中一系列重大问题，仍可以探讨和争议，但苏中战役提供的一些具体经验，有的将失去它的作用。"

粟裕严肃地、客观地、正确地评价了苏中战役和他自己。

第八章　三战连捷

宿北诱歼戴之奇，敌整编 69 师全军覆没，宿北一役，歼敌 2.1 万余人

　　七战七捷后，在粟裕的要求下，华中和山东两大野战军会合起来，集中作战。自此，大的方针由陈毅和粟裕等人共同决定，战役指挥交由粟裕负责。

　　陈毅对粟裕说："我们一如既往，军事上主要由你考虑。我出题目，你做文章。"

　　粟裕笑道："我还像过去那样，尽力当好你的助手。"

　　当年在华野干部中流传一句话："陈不离粟，粟不离陈。"

　　陈毅听说了，笑道："好嘛，当年在中央苏区，朱不离毛，毛不离朱，红军无往不胜。今天我们也可以学学毛主席和朱老总的样子嘛！"

　　在与陈粟多年的合作中，陈毅高瞻远瞩，掌握全局；粟裕多谋善断，敢打必胜。陈毅对粟裕十分倚重，决心下定后，战役指挥就放手交给粟裕。粟裕对陈毅也十分尊敬，遇到重大问题总是先向陈毅请示。在华东野战军组成后，还亲切地称呼陈毅为"军长"。纵队首长报告战况和请示问题，粟裕答复后，问军长有什么指示，陈毅总是接过电话说："粟司令的意见，就是我的意见，你们要坚决照办。"

9月28日，毛泽东来电指示："两军会合的第一仗必须打胜。"

"毛主席可是下了死命令啊！"看完电报，粟裕对陈毅说，"看来这一仗十分要紧。"

"用不着紧张，"陈毅从容地说，"毛主席是想用重锤来敲你这面响鼓。放心，我口袋里有5套作战方案，随你这前军大将挑选。"

说着，陈毅像变戏法似的从口袋里摸出一叠纸，果然是拟就了的5套作战方案。

粟裕又惊又喜，接过来连忙一页页看下去。看一页，想一阵，对着地图比画一番。最后，他抽出其中的一页，对陈毅说："我觉得，'集中兵力歼灭进攻沭阳之敌'这个方案比较可行。"

陈毅点头道："既然你说好，那就是它了！"

"我觉得兵力可以这样分配，"粟裕走到那幅巨大的地图跟前，接着说，"第一，华中9纵置于宿迁以北地区，监视宿迁敌人；第二，6师、华中10纵6旅、7师19旅，置涟水地区，监视淮阴之敌；第三，华中7纵31旅，置盐城地区，监视台儿庄、峄县、枣庄之敌；第四，1纵、8师于郯城西南地区集结；第五，2纵、7师5旅于沭阳南北地区集结，以待机动；第六，1师由盐城向涟水机动……"

这次是陈毅感到惊喜了。他瞪大眼睛，一动不动地看着粟裕。

粟裕一口气报出了几十支部队的配置和任务。这都是他早已烂熟于心的。按习惯，每次战役发起前他都会酝酿好几套方案，再根据实际情况，选择其中的一个。所以每次战役发起前他几乎都是终日凝固在地图前，有时一站一整天，差不多到了不吃不喝的程度。

早在黄桥决战之时，陈毅就曾给机关人员作过规定："粟司令在看地图的时候，一定要保证他集中精力，任何人都不准去打扰，包括我在内。"

粟裕用兵一向慎重，从不打无把握之仗。这次是华中野战军和山东野战军会合后的第一个战役，是毛泽东指定要打胜的仗，而且又是解放战争以来第一次协助陈毅指挥两支大军。他深感责任重大，不能不慎之又慎。这一方案，他已是酝酿多日了。

陈毅问："原来你也早就想好了？"粟裕笑道："所谓英雄所见略同嘛！"方案以陈毅的名义报给了中央。毛泽东立即回电，很关切地询问粟裕的意见，又问这一方案是否与粟裕一起研究过。陈毅如实报告了情况后，毛泽东回电说："决心与部署甚好。"

传奇粟裕

粟裕看到毛泽东这样信任自己，心情十分激动。他暗暗告诉自己，凡事都要格外慎重小心，一定要打好这一仗。

12月14日，根据敌情的发展，粟裕一口气派出了24个团的兵力，决定首先围歼在宿迁、沭阳、新安镇三角地带立足未稳的蒋军整编第69师。并打算在有可能的情况下，再转移兵力会同北上的8个团歼灭整编第11师。为策应宿、沭、新方向的作战，另以28个团的兵力分别监视和阻击其他三路敌人。

粟裕认为，敌整编第69师过于冒进，说明敌人对我军主力的行动尚未发觉。这正是我军割裂其战斗队形、予以各个歼灭的大好时机。

14日早上8点，整编69师预备第3旅向五花顶进犯至前沿阵地之前。

粟裕道："先不要打，让敌人往里进，然后我们给他来一个饿狗扑食，让戴之奇这条疯狗扑进来之后，我们再卡住他的脖子，狠狠地打。"

国民党军整编第69师第3旅进攻至五花顶没有受阻。急于求功的戴之奇立刻命令部队发动更凶猛的进攻。他命第60旅进攻罗庄、傅家湖，92旅一部进攻人和圩。

与此同时，胡琏11师118旅也向小牌坊、来龙庵阵地进犯。

战报传来，粟裕冷静地看着地图，沉默不语。他没有让部队还击敌人，决心继续诱敌深入。

"撤！让敌人进攻。"粟裕果断地下令。

69师果然中计，很快就陷入了重重包围。69师师长戴之奇得知被围，顿时脸色苍白。他向胡琏和吴奇伟呼救："我陷入共军的包围，请赶快派兵解围，救兄弟于重围中。"

胡链和吴奇伟的回答几乎是一样的："请戴师长先坚持着，我们这就派兵增援。"但他们说归说，就是按兵不动。

戴之奇从16日晚呼至次日凌晨，连一个援军的影子都没有见到。戴之奇绝望了，给蒋介石发去电报："我已陷入共军包围，昨晚已向吴奇伟和11师胡链呼救，二人空说不动，至今不见一兵一卒援我……"

蒋介石收到这份电报后大发雷霆，忙抓起电话对陈诚骂道："娘希匹，你给我命胡琏派兵解围，救不出戴之奇，拿他的脑袋见我！"

蒋介石的话果然有效得多。很快，敌整编第11师之第11旅、18旅，在飞机、炮兵的掩护下，向1纵阵地猛攻，企图解整编69师之危。1纵顽强阻击，激战一日，敌在阵地前留下无数尸体，终未能得手。

次日，敌军继续向我阵地猛扑，但为时已晚。

当晚，我第1纵、第7师、第9纵和第8师全线出击，仅几个小时便将敌整编69师残部控制在人和圩、罗庄、苗庄一带。

戴之奇见增援无望，给蒋介石写了一封成仁书，自毙其命。19日上午，残敌分两股向南北突围，除300余人逃跑外，全被我军歼灭。至此，敌整编69师全军覆没，宿北一役，歼敌2.1万余人。

马励武仔细地打量着眼前这个斯斯文文、貌似书生的对手，不禁摇了摇头："你真是用兵出奇制胜啊！"

宿北战役刚刚结束，粟裕等就接到中央军委"宜集中主力歼灭鲁南之敌"的第二步作战指示。

从当时总的态势来说，宿北战役只是实施中间突破，刚刚把敌人南、西、北方的环形包围圈打开了一个缺口，敌人只要稍事调整，仍可恢复对我之半包围。特别是深入鲁南腹地的敌整编第26师及刚从印缅归来的远征军——蒋介石之子蒋纬国苦心经营的第1快速纵队，自恃拥有几十辆坦克，依然耀武扬威，长驱直进，丝毫没有改变进攻计划的迹象。

敌整编26师马励武身为蒋介石的爱将，根本就没有把华东野战军放在眼里，他在出发前对他的副官说："告诉弟兄们，加快脚步，谁先抓住了陈毅、粟裕，赏金10万，官升三级！"

就在马励武骄狂急进的同时，粟裕正站在地图前苦思下一步作战方案。

地图上，3个成掎角之势排列的蓝色大圈赫然在目，东边代表敌整编第26师；西边代表敌整编第51师；南面的是敌整编第33军的59师和77师。按照我军常用的作战原则选弱敌打，吃掉冯治安的59师，那还不是易如反掌的事！但是这对扭转战局、迅速改变鲁南敌我态势能产生多大的影响呢？

粟裕凝视着军用地图半天没有作声，他心中不断翻腾着一个又一个的作战方案，冷静地思索着，比较着……

东方发白时，参谋人员起来，惊喜地发现在地图的东面，多了一个用红笔画的叉，这一位置正是敌26师师部和第1快速纵队所在地——粟裕决心先打强敌。

粟裕认为：我军战役开始阶段即可集中27个主力团，打敌26师及快

速纵队6个团，4倍于敌，能以多胜少。敌人虽强，但孤军突出，且与非嫡系的杂牌军之间矛盾很深，因此在它受攻击时，其他部队很可能不会来援。这样，我军就可以放心大胆地一举歼灭该部。

粟裕下达了作战命令：第1纵队、第8师、第1师秘密兼程北上，会同已由鲁中到达鲁南的第9师、第4师一个团，及原在鲁南方向第10师、滨海警备旅和鲁南军区特务团，准备首歼敌整编第26师及第1快速纵队。

1月2日22时，粟裕一声令下，华东野战军各部全线出击。

整编26师与第1快速纵队如无头苍蝇，到处乱撞。他们对突如其来的袭击毫无防备，纷纷仓皇应战，因主帅马励武外出看戏，队伍无人指挥，一经接战，便溃不成军。

经过一夜激战，华野左、右两路纵队已歼灭整编26师及所辖两个旅大部。敌第1快速纵队亦被包围在陈家桥、贾头、作字沟的狭小地域中。

次日上午8时，粟裕召开军事会议，决定歼灭敌第1快速纵队。

此时，室外的天气阴转雨，且雨中夹带着盐粒般大小的雪花。雨雪交加，寒风刺骨。华野左右两路纵队指战员踏着雨水泥沼，英勇杀敌。而敌第1快速纵队的坦克、汽车则陷在了泥沼之中。

粟裕高兴地说："天助我也！快速纵队末日来了。"

随着粟裕的一声令下，我野战军发动了最后的攻击，敌人见情势不妙，纷纷夺路而逃。战士们勇猛地冲上前去，用手榴弹炸敌坦克，有些战士甚至爬上敌坦克，用铁锹、镐等砸敌电台天线、外壳、链条，使陷在泥沼之中的坦克成为聋子、瞎子、瘫子。

5个小时，仅仅用了5个小时，这支由蒋纬国苦心经营的美式王牌机械化部队，就成了一堆"瘫子"。

一些被俘的坦克兵哀叹："我们在印缅战场作战3年，一直是向前冲，美国兵对我们也看得起。想不到今天向后跑都没有路跑，你们的指挥太厉害了。"

然而这时，粟裕却又考虑起下阶段的作战任务来了，他决定攻打枣庄。为了在敌援兵到达之前拿下枣庄，粟裕决定调8师一个团，冒着大雨赶来协助1师。

19日下午，各部队用连续爆破的方法，打开5个突破口，突入市区，与敌人展开了逐屋逐堡的争夺。战至下午，枣庄守敌整编第51师师部及两个旅又被我军全歼。敌第51师的周毓英和敌26师的马励武两个中将师长都在峄枣之战中被俘。

在野战军指挥部里，他俩见到了粟裕。马励武仔细地打量着眼前这个斯斯文文、貌似书生的对手，不禁摇了摇头："你真是用兵出奇制胜啊！"

粟裕风趣地说："自从接管了26师，我总有一点遗憾。"

"遗憾？"

"你这个司令长官，我还没有见到，这下子你总算归队喽。"

"当本师配属快速纵队东进时，可谓声势浩大，未料4日一战，即四面楚歌。"马励武懊恼地说，"现在那大量的坦克、车辆都被你们缴获了，真是天不助我也！"

粟裕轻轻一笑，并没有反驳，而是高昂着头走了出去。

陈毅高兴地说："粟裕将军的战役指挥一贯保持常胜纪录，愈战愈奇，愈打愈妙，是真正的常胜将军！"

苏北、鲁南连遭惨败，蒋介石认为薛岳指挥不力，遂派参谋总长陈诚前往。陈诚煞费苦心地制定了一个"南北两大兵团对进夹击临沂，歼灭陈毅、粟裕主力于沂蒙山区"的作战方案。

南线以8个整编师组成主力突击兵团，整编第19军军长欧震指挥，从徐州地区向北推进，直取山东解放区首府临沂。北线以7个师组成辅助突击兵团，由第二绥靖区副司令李仙洲指挥，从济南以东地区向南推进，直扑莱芜、新泰、蒙阴。

陈诚严令各部："党国成败，全看鲁南一役，只许成功，不许失败。"并要求各部严格遵守他亲自制定的16字方针："集中兵力，稳扎稳打，齐头并进，避免突出。"从而"使共军无隙可乘，将共军挤死在夹缝里"。

面对来势凶猛的敌人，粟裕又陷入了沉思。他想：临沂是我山东首府，敌人必认定我会固守临沂。若我军弃临沂突然北上，定可出敌不意。这样，我既可置南线之敌强大兵团于无用武之地，避免不利决战，又可歼灭北线之敌一部，粉碎敌军南北夹击的企图。不过，打北线之敌的最大顾虑，是恐敌发现我军主力北上，往回收缩，使我军扑空。因此，最重要的是准确掌握敌情和战机，隐蔽我军意图，制造敌人的错觉，迅速抓住李仙洲集团。看来，要给敌人来一个瞒天过海才行啊！

传奇粟裕

粟裕定下了计划，马上给 2 纵韦国清部布置任务："你们要协同地方，大量征集门板、木料，在临沂及其以南采取宽大正面防御，构筑三线阵地，摆出一副决战的架势，节节阻击，与敌纠缠，造成我军主力就在临沂附近的假象。"

粟裕还令兖州附近的地方武装，积极进逼兖州，并在运河上架设浮桥，在黄河边筹集船只，声言要与刘邓中原部队会合，造成我军主力西渡运河、黄河的假象，使敌人难以判断我军北上意图。

2 月 10 日，粟裕与陈毅、谭震林一起，率叶飞、陶勇、王必成、成钧 4 个纵队隐蔽北上。北线王建安、许世友、宋时轮 3 个纵队也按照粟裕的计划，秘密向指定地域集结。

留在临沂的韦国清、何以祥两个纵队，打着全军各纵队的番号，在临沂外围节节阻击敌人，颇有一番"决战"的精彩表演。

两个纵队与敌人在临沂整整相持了 5 个昼夜后，主动撤离了临沂。

敌欧震部"顺利"占领临沂后，大肆鼓吹"胜利"，宣称："在临沂外围歼灭了共军 16 个旅"，"其军伤亡惨重，已不堪再战"，"陈毅、粟裕顽匪开始总退却，企图西渡黄河，与中原刘邓匪部会合。"

蒋介石更是得意扬扬，说："在关内的 5 部共军中，以陈毅、粟裕一部最为顽强，训练最精，诡计最多，肃清最为困难。现在该部已失其老巢，难以发挥作用了。"但蒋介石高兴得太不实际了，岂不知又有一场灾难快要降临到蒋军的头上。

就在这天晚上，王耀武看出欧震轻取临沂，必是粟裕主动放弃之故，而北线的李仙洲，兵力较弱，很可能是粟裕将要打击的目标，遂电令李仙洲全线后缩。

敌情发生变化，粟裕马上召集纵队司令员研究对策。有的纵队司令员建议，在李仙洲部没有后退很远之时，我军立即将其咬住，即使打不掉他的全部，也可以把他的尾巴吃掉。

但粟裕认为：我军主力尚未全部到达指定位置，仓促发起战役，无取胜把握。原决心应坚持不变，督促各部队加速隐蔽前进，尽快完成对敌人的合围。

王耀武让李仙洲部后缩，引起陈诚的极大不满，就在蒋介石面前告了王耀武一状。蒋介石马上给王耀武写了一封亲笔信，责令王耀武继续进攻。

接到蒋介石的信，王耀武十分懊恼，但又不能不执行蒋介石的命令。

于是，17日，他转令李仙洲重新南进。

敌情又发生变化，这说明敌人并未发现我军之真正意图，我军坚持原决心的意见是正确的。

19日，王耀武确信我军主力要围歼李仙洲集团，乃要求薛岳令南线主力加速北上莱芜，以解李仙洲之围。薛岳认为说陈毅围歼李仙洲根据不足。王耀武发誓说："要不是如此，你把我的脑袋割了去。"

王耀武顾不得有违蒋介石和陈诚的命令，急令46军从新泰撤回颜庄，193师撤回莱芜，并令73军之77师迅速从张店南下莱芜。

当日，王建安和许世友见敌军77师即将撤出我设伏地域，不得不提前两小时向敌人发起攻击。21日晨，77师被我军全歼。我1、6、8、9、10各纵队已全部展开，基本形成了对敌两个军的合围和兵力上的绝对优势。王耀武部后撤不及，有两个军被我团团围住。王耀武焦急不堪，进退两难。固守待援还是冒险突围？他举棋不定。他越想越觉得固守莱芜城极为不利。据过去的经验，增援部队总是被共军阻击，无法解围。固守的部队被共军包围，到时部队弹尽粮绝，也只有死路一条。

王耀武思前想后，只有突围才有一线生的希望。莱芜城与吐丝口镇相距只有13千米，以现有城中两个军的强大兵力，又有空军掩护，突围出去是有可能的。于是，他一边命令李仙洲"全军经吐丝口向明水突围"，一边派人乘专机到南京向蒋介石告急。

接到王耀武的亲笔信，蒋介石阅后叹息道："敌前撤退不利，既已下令北撤，应特别注意后尾及两翼的安全。"蒋介石也给王耀武写了一封亲笔信，信上写着："祈求上帝保佑我北撤部队的安全和胜利。"

然而，上帝谁也保佑不了，更保不了李仙洲。当李仙洲派出的突围先头部队刚走出莱芜城门时，就遭到我军迎头堵击。一场突围与反突围的血战展开了。

2月21日晚，李仙洲在莱芜城召开紧急会议，研究确定了撤退的部署。

23日清晨6点，李仙洲正要下令开始行动，突然发现46军军长韩练成不见了。李仙洲派人四处寻找，整整找了两小时，始终不见韩练成的影子。原来，韩练成与我党地下工作者早有联系，已在我党地下工作人员引导下，到达安全地带。他的这一行动，迟滞了敌人突围的时间，增加了敌人内部的混乱。

上午8时，李仙洲终于下达突围命令。我军边打边"放"，敌人且战且走。

至中午12时，敌人已全部进入东西只有六七里，南北不过10里左右的狭长地区内，完全钻进粟裕预先设置好的大"口袋"里。

下午1时，我军对被围之敌发起总攻。包围圈越来越小，五六万敌军拥挤在一起，指挥失灵，建制混乱，溃不成军，李仙洲成了阶下囚。

战后，陈毅对前线记者畅谈莱芜大捷："这说明了我军副司令员粟裕将军的战役指挥一贯保持常胜纪录，愈战愈奇，愈打愈妙，是真正的常胜将军！"

粟裕就莱芜战役也作了总结报告，他说："这一次战役中，仅63个小时就俘虏了4万多敌人，加上被我毙伤的，共歼敌6万人左右，我军仅伤亡6000多人，这在中国战史上是空前的。"

第九章　鏖战孟良崮

　　国民党第一王牌师、蒋介石的"御林军"——整编74师师长张灵甫为人骄狂，但唯独忌讳粟裕，大战当前，几次请求避战去打林彪或彭德怀，但蒋介石始终不同意

　　在粟裕的军事生涯中，指挥过的大小战斗无数，但没有一次像孟良崮战役那样牵动他的感情。

　　直到垂暮之年，他仍萦怀着那里的一切，时常想再看看那高高的山岗和险峻的山峰，看看当年的战场和牺牲在那里的战友。

　　在1947年6月进行的那次孟良崮战役，粟裕率华野歼灭了国民党军队的精锐之精锐、王牌之王牌——整编74师（即74军），击毙敌中将师长张灵甫，令蒋介石洒泪，国民党军队胆寒。这场战役结束后，蒋介石命令部队停止进攻，彻底反思。因此，这一仗，被称为第三次国内革命战争在中原战场上的转折点。

　　而粟裕那年仅40岁，正是一位意气风发、才气横溢的青年将领。

　　8年抗战中，国民党74军几乎参加了所有正面战场上的重大战役，尤

其是在德安、上高、常德3次战役中，该部表现最为突出，以其英勇顽强的战斗意志，被誉为抗日铁军，连美军顾问团都曾有过"中国军队只有74军能打仗"的赞誉。

1945年8月，日本宣布投降，74军被空运至南京受降，并担任南京守备，因此被称为"御林军"。

然而，抗日战争胜利，并没有使饱受苦难的中国人民走出黑暗的尽头。早有准备的蒋介石将刚刚从日军手中接收的枪炮对准了自己的同胞。

1946年6月蒋介石任命张灵甫为74军军长，并兼任南京警备司令。不久，74军整编为74师，还换上了清一色的美械装备，时称为国民党部队5大主力之首。

张灵甫是个很骄狂的人，他的整编74师与美国王牌军第7骑兵师的装备是一样的。两军曾搞过两次对抗演习，74师均获得了胜利。美军将领不服气，两军又进行了第三次对抗演习，结果74师以更明显的优势取胜。张灵甫对美军军官说："你们是很出色的，但和我军相比，还远远不行。"整编74师在蒋介石眼里分量尤重，宋美龄经常代表蒋介石到该部视察、抚慰官兵，俨如蒋家卫队。

1946年蒋介石挑起全面内战。张灵甫由徐州绥靖公署副主任李延年指挥，率整编74师向苏北新四军进攻，连占宿迁、泗阳、淮阳、淮安等城。李延年因此吹嘘说："有10个74师，就可以统一中国。"74师老长官王耀武也夸口："中国军队只有74师能战，是我亲手培养起来的。"

但74师主帅张灵甫却并不这看。骄狂的张灵甫唯一惧怕的中共将领就是粟裕。

国共内战刚刚爆发不久，有一次，张灵甫和74师副师长蔡仁杰席中闲谈，蔡仁杰问他："师座，当今军界中，谁人可与您相比？"

也许是酒后吐真言，张灵甫脱口而出："粟裕。"

蔡仁杰大为不解："师座，不会吧！一个士兵出身的角色，有什么了不起？"

张灵甫摇了摇头说："你看走眼了！此人用兵，狡猾异常，不拘常理，常常在你想不到的地方、想不到的时候狠狠地咬你一口。可以说是一个天生的将才，不可不防啊！"

情况的发展也正如张灵甫所言。

蒋介石发动内战8个月以来，虽然侵占了解放区100多座城市，国民党军却被歼灭了70余万人。特别是粟裕，指挥华中野战军在山东战场连战连捷，名震海内。张灵甫仔细研究了粟裕的战法，觉得他妙手迭出，浑然天成，自己实在不是敌手，打下去难逃覆灭的下场，故请求调整，但没有获得蒋介石的允许。

不久，张灵甫又以"本师装备不适合山地作战"为由，请求调到东北或西北战场。他想：虽然东北有大名鼎鼎的林彪，西北有猛将彭德怀，不过总比粟裕要好对付一些吧！可蒋介石的心腹之患正是山东粟裕，怎肯让自己的王牌离开这个主战场呢？因而还是没有同意张灵甫的请求。其实，东北和西北的山地比山东还要多得多呢，林彪和彭德怀也是足智多谋的大将，不见得比粟裕好对付，张灵甫此言，正是他惧怕与粟裕交战的内心反映。张灵甫避战不得，只得听候蒋介石的派遣，硬着头皮上了。

一年之内，粟裕指挥部队打掉了蒋介石30多万精锐部队，几乎占了我军歼敌总数的一半，逼得蒋介石派出五大主力中的三个来夹攻粟裕。进攻顺利的张灵甫完全忘记了对粟裕的戒备，口出狂言："我74师不需要保护，有我74师就有国民党，就有国民政府的存在。"

由于战线过长，兵力不足，国民党士气低落，在各个战场上失去了主动。蒋介石冥思苦想，一年损失70多万部队，其中30多万精锐之师就丢在山东这块弹丸之地。拿下山东，就去掉了心腹之患。你粟裕能打仗，我5大主力派出3支来围攻你，难道还吃不掉你？主意已定，蒋介石又神气起来了。

他决定实施重点进攻，妄图以重兵将粟裕的部队消灭，然后再转移主力部队到华北、东北战场。

蒋介石在南京国民党政府国防部军事会议上说："陕北和山东是共军的两翼，把两翼作为进攻重点，从军事上看，我军既集中兵力，又可从东西两面对共军彭德怀和陈、粟两部形成钳制攻势。力求在未来3个月内将西北共军歼灭或压到黄河以东，又华东共军歼灭或压到黄河以北，迫使共军大部处于华北，从而再集中兵力，聚而歼之。"

陈诚在蒋介石的训导下也拿出了新的作战方案：

一、进行黄河归故，即使黄河回归故道，以限制晋冀鲁豫野战军南北机动，切断华东与晋冀鲁豫的联系；

二、将王敬久兵团调到山东战场；

三、撤销徐州、郑州两绥靖公署，组成徐州指挥所，统一指挥所属部队。另外，整编第9师由武汉调往山东参战。

陈诚得意扬扬地说："在兵力上，我军用于山东方向的为24个师，60个旅，45.5万人，占进攻共军总兵力的百分之二十七，占重点进攻兵力的百分之六十六。国军5大主力师有3大主力师均参加此战役，它们是整编74师、11师和第5军。以3大主力为骨干，分别编成3个机动兵团，共25.5万人，密集靠拢，加强联系，稳扎稳打，逐步推进。另外7个师、17个旅，20万人配置在徐州、济南为中心的交通干线及鲁西南等地担任守备和策应。"

"为了确保此役之胜利，陆军顾祝同总司令进驻徐州统一指挥。委座则坐镇南京统筹决策。总之，望大家精诚团结，共同对敌，各个击破，彻底而干净地将共军粟裕部歼灭在山东境内……"

敌情十分严重。面对敌人大军压境的形势，粟裕在屋内的地图前思考着对敌的决策。他决定：以积极主动的作战行动吸引、调动和迷惑敌人，审慎地观察战场形势的微妙变化，分析掌握敌人行动规律，能动地创造与捕捉战机。条件具备就坚决歼灭之，条件不具备，就改变和放弃原计划，绝不轻率作战。

3月底，蒋介石命东线国民党军队第一集团汤恩伯部、第二集团王敬久部、第二集团欧震部，以稳扎稳打、集团滚进的战术向粟裕的华野解放军进攻。

到4月中旬，敌军打通了津浦铁路徐州至济南段和兖州至临沂的公路，占领了鲁西南大部地区。

此时，蒋介石又命汤恩伯兵团以6个师的兵力，从临沂向蒙阴、沂水进攻，王敬久兵团在占领泰安后再向莱芜进犯。欧震兵团从泗水向新泰方向挺进。

三路敌军呈弧形包围圈向我进攻，我军广寻战机，但多次战斗调动敌人未果。

4月20日，从汶上、宁阳地区北进占领泰安之敌整编72师位于我军之左翼，因过于冒进，形成孤立的"鸡探头"状，粟裕命西翼3、10两纵队攻占泰安城，1纵攻占宁阳城，歼敌72师，生俘敌72师师长杨文泉。9纵奉命至白马关、九女山一线阻击整编11师，策应泰安作战，歼敌2.4万余人。

4月28日，顾祝同命汤恩伯进占河阳、青驼寺、蒙阴等地。

29 日，粟裕又以 4 个纵队向桃墟、青驼寺地段之敌出击，拟分割汤恩伯兵团，但一经接触，汤恩伯便命兵团主力后缩，退据蒙阴至临沂公路的山区，诱歼未获成功。

5 月 3 日，进占新泰的整编 11 师给粟裕提供了一次战机。粟裕速令 4 个纵队包围新泰。包围之势还未定型，王敬久兵团主力又增援赶到，并对我军进行包围。

粟裕冥思苦想后道："这样的情况，对我们是极为不利的，不能速战取胜，反而有被王敬久包围的危险。我看还是主动撤吧。"

陈毅点点头："只好如此了。不过，还是要和他们捉捉迷藏。"

毛泽东也察觉到形势的严峻，来电告诫粟裕："不要轻敌，不要分散兵力，对于密集之敌，要有极大的耐心，要掌握最大兵力，不要过早惊动敌人后方，让敌人大胆前进，总有歼敌机会……当然，希望华野能再打两三个战役后才转入外线。"

一个多月时间，华野 9 个纵队有 4 次作战行动，均因敌人抱成一团，难以调动，加之自己耐心不够和歼敌胃口过大，未能实现歼敌计划。不过收获仍然很大，除歼敌逾万，还充分利用在解放区腹地作战的有利条件，时南时北，忽东忽西，有进有退，或聚或散，以自己的多变行动同敌人"耍龙灯""舞彩球"，逗引敌人像长蛇一样左右摆动，疲于奔命。

粟裕对这一段时间的行动还是充分肯定的。

他认为：通过这些积极行动，我军已经削弱、调动、迷惑了敌人。尤其是进一步摸清了敌人的心理、动向。尽管蒋介石的战略意图是要与我决战，但从其战区指挥员的行动来看，实际是尽量避免与我决战。他们想依恃其强大的兵力优势，压逼我军撤向黄河以北或退到胶东一隅，至少等到我军疲惫之际再同我决战，以为这样可以捡到便宜，既可以保存实力，又可以邀功请赏。所以一经与我接触，立即龟缩和靠拢，但求自保，甚至对非嫡系见死不救。这就暴露了敌人指挥上的一大矛盾，即战略上速决的要求和战役指挥上迟疑、犹豫的矛盾。至于蒋军内部嫡系与非嫡系、主力与非主力、中央军与地方军、上级与下级之间的矛盾更是不可克服。敌人的这些矛盾必然能为我所利用。

此间，华野各纵队没有打一个痛快战，特别是有几次围而不攻，到嘴的肉没吃上，不少指战员沉不住气了。有一次，9 纵许世友部刚刚走了几十里路，接到了华野司令部的电话：命令部队原地返回。许世友一听就火了，

夺过参谋手中的话筒，顾不得对方是谁，大吼道："你们只晓得在地图上一卡一卡的，当兵是两条腿。"吼完后，话筒也摔了。

这个电话是许世友的顶头上司粟裕打的。粟裕并没有因此发脾气，而是愣了好一会儿，慢慢把电话放下了。粟裕心中明白，干部和战士们的牢骚里，蕴含着渴望战斗、以自己勇敢作战换取战争胜利的愿望，本来就是自己的工作没有到位啊！粟裕这样想。

粟裕与陈毅等华野领导经过仔细研究，立即发布命令：主力再后退一步，各纵集结于莱芜、新泰以东待机，1纵和7纵停止南下鲁南，6纵南下至平邑以南地区，不再牵制敌人，不采取积极行动，隐伏鲁南敌后待命。这个地区群众基础好，民兵组织强，能严密封锁消息，且地形复杂，不利于敌笨重装备的运动，但便于我部队隐藏集结，寻隙穿插。

粟裕随即宣布："创造一个战机，放弃出击郯城、马头、新安镇，放弃打击进犯临蒙公路之敌，撤去对进占新泰之敌的包围以及回师鲁中等一系列行动，消耗敌人、迷惑敌人，促成敌人的错误判断。"

果然，蒋介石及参谋长陈诚均判断失误。

蒋介石下令道："共军现已疲惫，已向淄川、博山、南麻、坦埠、沂水、莒县之线退却，命74师张灵甫、汤恩伯兵团的第7军、整编第48师向孟良崮进攻。"张灵甫虽心有疑虑，还是领命向孟良崮进军了。

由此，国共两党新一轮较量拉开了帷幕。

5月10日，汤恩伯兵团第7军和整编48师从河阳出动，先占领苗家区、界湖，形成继续进攻沂水的模样。

陈毅得知后，对粟裕说："汤恩伯的部队太狡猾，像泥鳅一样不好抓，我们要与他们作战，很可能要拼掉实力，很难有俘获，不是我们打击的对象，放弃算了。"

粟裕说："我看不如这样，一面给部队调配充足的弹药，保障我攻击部队以强大的火力将汤恩伯歼灭；一面注意敌情变化，寻合适战机消灭敌人。"

面对粟裕，张灵甫格外小心。在进攻坦埠之前，不但关心两翼的情况，还亲自打电话询问垛庄的情况，得知防守该处的旅长声称退路无忧后才大胆进攻。

11日，张灵甫率整编74师由垛庄经孟良崮西麓，向坦埠南之杨家寨、孤山一带的第9纵许世友部展开了猛烈进攻。由于74师火力猛烈，我军被迫后撤。

张灵甫取得了些许小胜，兼且见自己后路无忧，骄狂之气又起，一边命令部队猛烈追击，一边向蒋介石夸下海口："委座，有我们74师，就无敌军立身之地。"

汤恩伯见74师急进，忙驱车追上74师尾部，问跑在后面的士兵："谁让你们跑这么快的？"

士兵们说："我们师长张灵甫说了，谁跑在最前面，谁活捉了陈毅、粟裕，第一个把我们的军旗插上孟良崮，士兵升排长，排长升营长，营长升团长。"

汤恩伯生气地大骂："胡来，当心你们的命丢了。传我的令，部队减速前进。"

一个叫邱万才的士兵上下打量了他几眼，说："你是谁？是我们师长的副官吗？"

汤恩伯大怒，痛斥道："放屁！我，我是你们的司令！"

邱万才白了他一眼，不屑地说："你是我们的司令？你咋不说我们大家是你的祖宗呢？去去去，没有师长的命令，你说的等于零！"

汤恩伯气得脸发紫，但又不好朝士兵发脾气，他忙跳上车，对司机说："妈的，往回走，让张灵甫去给共产党当炮灰吧！"

5月11日晚，粟裕得到确切情报：汤恩伯以张灵甫之74师为骨干，即将发动一场新的进攻，矛头直指华野指挥部所在地坦埠。粟裕以敏锐的眼光发现，歼灭敌人一部的战机即将来临。司令部的其他同志都吃过晚饭了，但谁也不敢来劝粟裕副司令去吃饭。因陈老总有一明确规定："粟总在地图前构思歼敌方案时，任何人不准打扰！"

粟裕深思熟虑后，顾不上吃饭，马上向陈毅汇报。他胸有成竹地说："军长，敌整编74师已经形成孤军深入之势，我想以猛虎掏心的办法，从敌战斗队形中央楔入，切断74师与其友邻的联系，并将其全部消灭掉！"

"要得，说说看。"陈毅显得很兴奋。

粟裕接着说："对于这个设想，我主要有以下考虑：第一，歼灭敌74师，可立即挫败敌人的这次作战行动，迅速改变战场态势，获得有利的战役效果，若仍打敌第7军和第48师，敌人可能置该部于不顾，继续对我实施中央突破，反使我方陷于两面作战之困境。整编第74师是老蒋手中的王牌，全部美械装备，且经过美国军官训练，具有相当的指挥、战术、技术水平，是蒋介石嫡系中的精锐之师，曾被誉为'荣誉军''御林军'，是蒋介石的王牌，也是我军的死敌。打掉它，既给敌当头一棒，又使我军受到极大鼓舞。第二，我军经过 8 个月的艰苦作战，特别是转入内线纵深作战后，连续打了宿北、鲁南、莱芜等战役，战术、技术水平均有很大的提高。各级指挥员，特别是高级指挥员，积累了大兵团作战，尤其是运动战的作战经验，我军针锋相对以中央突破，打最强之敌 74 师，必出其不意攻其不备，定会大奏奇效。第三，从兵力上看，敌军在其进攻山东解放区的总兵力 24 个整编师（军）中，集中 17 个整编师（军）进攻鲁中山区。第一线从莱芜到河阳，只有 120 多千米，密密麻麻一字长蛇阵摆了 8 个整编师（军）。位于左翼的敌军是第 5 军、第 11 师、第 65 师，右翼的是第 7 军、第 48 师，多数与第 74 师相距仅一至二日的路程，第 25、83 师则相距更近。我军只有 9 个主力纵队和一个特种兵部队。敌军在兵力上占有很大的优势。但目前敌第 74 师担负中央突破任务，现已进入我主力集结的正面。我军不需要作大的调整，即可在局部形成五比一的绝对优势，我们可以利用山区地形采取正面反击，分割两翼，断敌退路，坚决阻击各路援敌的战法对该师加以围歼。第四，

1947 年，华东野战军领导同志合影

整 74 师是猛敌，但也有弱点，该师是重装备部队，进入山区，地形对其极为不利。机动受到限制，重装备部队不能发挥威力，甚至会成为拖累。同时，该师对其他敌军十分骄横，矛盾很深，在我围歼该敌，又坚决阻援的情况下，其他敌军虽不会见死不救，但不会奋力援救……"

陈毅听后十分高兴，大声说："好！这个决定好！我们就是要有从百万军中取上将首级的气概！"

又经过进一步仔细研究，粟裕定下了作战方案。

具体布置是：陶勇 4 纵和许世友 9 纵正面出击；叶飞 1 纵和王建安 8 纵分别从整编 74 师左右两翼迂回穿插；王必成 6 纵从鲁南飞兵北上，断敌退路；宋时轮 10 纵阻击莱芜南援之敌；何以祥 3 纵阻击新泰南援之敌；成钧 7 纵阻击河阳北援之敌；韦国清 2 纵配合 7 纵和 8 纵作战。

方案还未向中央军委报告之时，华野收到了毛泽东、周恩来、刘少奇、朱德的联名电报："敌人已进犯，可选择好打的打，歼灭其一两个军。究竟打何路好，由你们当机决策立付实施，我们不遥控。"

5 月 12 日上午，陈毅、粟裕、谭震林、陈士榘复电毛泽东并中央军委，报告了华野围歼 74 军的决心和计划："一、74 师 11 日开始向坦埠方向进攻。二、我们今晚集结 1 纵、4 纵和 8 纵、9 纵向敌 74 师出击，于明晨完成包围。三、战斗约需两三天，待歼灭 74 师后再视机扩张战果。"

报告军委后，粟裕立即发布命令："华野各个东进纵队火速会师，迎歼第 74 师于坦埠以南、孟良崮以北地区。"

9 纵是在夜行军途中得到华野命令的。许世友从摩托通信员手中接过命令一看，毫不犹豫地命令部队回撤。

气急败坏的汤恩伯回到指挥部以后，重新对战场状况进行了部署。尽管他非常怨恨张灵甫，但他还得保护张灵甫。因为 74 师是蒋介石的王牌，汤恩伯必须以自己全部力量来保护它。

汤恩伯重新调整的部署是：以 74 师为中心，第 25 师、第 83 师分列左、右翼。又令第 65 师保障第 25 师翼侧，第 7 军和第 48 师保障 83 师翼侧，限于 12 日攻占坦埠。

但进攻顺利的张灵甫已经完全忘记了对粟裕的戒备和担忧，一心只想依靠 74 师强大的火力，毕其功于一役。

他得知汤恩伯的部署后竟口出狂言："我 74 师不需要保护，有我 74 师就有国民党，就有国民政府的存在。"

骄兵必败，这是战争的铁律。

华野6纵与74师不共戴天，6纵司令王必成率部利用两个晚上急行117千米山路，死死堵住了张灵甫的最后退路。张灵甫被困孟良崮，还妄想中间开花，与粟裕决战

5月12日早晨，白色的雾像一缕缕飘带，飘荡在鲁中大地，给战前的阵地蒙上一层厚重的神秘面纱。

早晨5点，74师师长张灵甫率部由重山、艾山间渡过汶河，占领了黄鹿寨、佛山、三角山、马牧池等地，并随即进攻我华野坦埠以南9纵阵地。

在9纵的顽强抵抗下，74师虽火力强盛，依然无功而返，被迫于黄昏时分缩回了杨家寨、马牧池一线。

晚8点10分，粟裕打电话给许世友："坦埠以西防务交4纵陶勇部，其余防御地仍由9纵74团、81团扼守。"

敌军又展开新的进攻。敌74师师长张灵甫命51旅1团为先导，分3路向马山进逼。我9纵81团顽强阻击，但因寡不敌众，74师58旅1团于12时10分占领9纵大箭阵地。

许世友得知后，恼怒地一拍大腿，骂道："妈的，谁丢的，谁给我夺回来！"

黄昏时分，1团团长梁实重新组织力量，发动反突击，当晚8时35分，1团终于夺回了大箭阵地。

就在9纵和74师进行拉锯战之时，1纵利用敌74师的孤高自傲的心理和25师的自保心理向敌实施穿插。

穿插途中，暮色浓重，天空与大地之间，云雾缭绕，能见度很低。

74师在山岗上，1纵在山坡下穿行。

74师副师长蔡仁杰站在山岗上望着山坡下行走的队伍，以为是他们友邻整编25师，感慨地说："黄百韬如今行军也神秘了，也玩起战术了。不错，有长进。"

张灵甫说："再长进也长不到哪儿去，大不了是一匹黑熊学爬树罢了！"

大意的张灵甫根本就没想到，我1纵趁此机会，先期赶到了攻击地点。

5月13日，各部队已经就位，随着粟裕一声令下，我各纵队均按照粟

裕的具体布置，同时全线出击。

一夜间，在徐州顾祝同处，电话、电报源源不断，各路敌军纷纷上报告急，都说受到华东共军的攻击，攻势极其猛烈。

顾祝同顿时慌了手脚，不敢擅自处理，只得打电话请示蒋介石。

蒋介石刚刚睡着，被顾祝同的电话吵醒，火就不打一处来，训问道："华东共军有多少兵力？能同时进攻我45万精锐之师？"

顾祝同顿时语塞。

蒋介石又问："共军何时何地多少兵力？向我哪些部队发动攻击？"顾祝同支支吾吾说不清楚，被蒋介石狠狠训斥了一顿。

最后蒋介石说："让各部坚守阵地，弄清共军的具体情况再说。"于是，当敌人最后判明我们的目的是围歼74师时，已经丧失了一昼夜时间了。

兵驻孟良崮的张灵甫，听到四周隐隐约约炮声骤起，副师长蔡仁杰回来报告："左、右友邻部队均受到共军攻击，本师、25师、65师接合部也受到攻击。"

张灵甫思考着，共军意图何在呢？包围我74师？不可能，共军尚不具备这样实力。但为慎重起见，他又要通了垛庄的电话，问："情况如何？"

负责守备垛庄的旅长回答："一切正常，没有发现敌情。"

张灵甫放心了，叮嘱了一句："加强守备。"便挂了电话。

他心想，看来共军用的是围魏救赵之计，以进攻我周围的这些草包，迫使我分兵援救，而无力攻占他们的司令部驻地坦埠。张灵甫冷笑一声，对蔡仁杰说："向徐州顾祝同发报，明日我师将攻占华东共军指挥所驻地坦埠。"然后，安然地吸了一支美国香烟，睡觉去了。

14日拂晓时分，张灵甫被激烈的枪炮声惊醒。

张灵甫慢步走出帐篷，细听两翼传来的动静。他发现副师长蔡仁杰和参谋长也在听动静，便故意自言自语地说："共军狡猾如是，恐我占领坦埠。坦埠一旦为我所有，共军野指将全部暴露在我火力之下，到那时，粟裕啊粟裕，且看你如何收场。"

参谋长急忙凑过来说："师座，你听，四周的枪声愈来愈近啊！"

"自古兵不厌诈，我岂能惮于共军如此雕虫小技。去，传我的命令，立即进攻坦埠！"张灵甫对参谋的担心不屑一顾，亲自指挥部队强攻坦埠。但此次攻击之后，他突然发现苗头不对了。

守卫坦埠的共军，不再像前两天那样只是固守阵地，而是以突击对突击，甚至像潮水般压过来，其兵力整整比昨天多了一倍有余。

原来，已经不仅仅是9纵，而且还有陶勇的4纵，都在向74师正面发动攻击。更令张灵甫担心的是，自己左右翼的联系已被切断，而且侧后也听到了枪声。

张灵甫找来地图，仔细研究了一会儿，这才如梦初醒，发现粟裕的真正意图是围攻自己的74师。

张灵甫也算是位能征善战的将领，他立即放弃了北进坦埠的计划，向后收缩，转攻为退。在几十架飞机掩护下，杀回垛庄。张灵甫心中暗暗高兴，幸亏发现及时，若迟了一步，被粟裕包围了就麻烦了。再说共军刚刚攻到我的侧后，不可能来得及在这些光秃秃的石头上构筑工事，凭我王牌74师的火力，还不知谁歼灭谁呢？

不料，张灵甫部刚到垛庄附近，就遭到我6纵王必成部的迎头痛击。

原来，隐伏在鲁南平邑东南山区的6纵，12日便已经接到粟裕的命令：要求他们在14日早晨以前赶到垛庄，并会同1纵，拿下垛庄后坚决堵住74师的退路。而且要求保密，只许夜间行军，两个晚上要走117千米山路。

粟裕最后对王必成说："你不是一直嚷嚷要我让你打74师吗？我是守信用的人，现在机会来了。人家说你王必成是'江南王老虎'，到底是虎是虫，这一仗就见个分晓吧！"

王必成一听，声若震雷地说："粟司令，太感谢了！您放心，我6纵一定会报仇雪恨，把74师打趴下！"

粟裕和王必成为什么这么说呢？原来，苏中战役时，王必成在粟裕指挥下，参加了著名的七战七捷，仗仗打得都很漂亮，歼敌万余。后因敌情变化，王必成离开了粟部，西调涟水，参加二淮保卫战去了。

当时，王必成的6纵奉命坚守涟水，进犯涟水的正是敌74师。第一次涟水保卫战，6纵在兄弟部队的配合下打了12天，十分艰苦。但守住了城池，争取了时间，不仅掩护了华东领导机关北撤山东，还重创了进攻之敌，歼敌8000余众。

接着就是第二次涟水保卫战。当时，别的兄弟部队于涟水城西部阻击牵制敌人，打得极其英勇。直到十分危急之时，上级才用电话急调6纵从涟水南面的防线赴援。王必成率部疾行而至，可张灵甫已占领了西城区。王必成遂率6纵立即反击，杀得昏天黑地，数次夺城，均被打了回来，损失5000余人，后来不得不撤出战斗。

第九章 鏖战孟良崮

牺牲了这么多人，而涟水城又没有夺回来，6纵从来没有打过这样的仗。当时有位高级领导十分不冷静地骂了王必成，并说要"撤职查办"。粟裕对此表示自己的意见："此战涟水失利原因很多，不能只怪王必成一个人。当然，作为打了败仗的主要指挥员，无疑有许多问题值得反思，应该好好检查。"

在得知粟裕的态度后，王必成就多次找粟裕，要求打74师。他对粟裕说："粟司令，给我什么处分都行，我只说一句话。打74师，绝对不能忘了6纵啊！"粟裕见王必成那副激动的样子，百般劝慰，最后还让参谋记录：以后，凡我华东部队，组织歼敌74师的战役，一定让6纵参加，一定让王必成同志参加。王必成这才放心地走了。

后来在莱芜战役中，王必成全力封锁敌军退路。6纵创造了一个纵队在一次战役中歼敌2.4万余的辉煌战绩。粟裕也非常高兴，亲自到6纵进行总结。他在简单讲评各部队战绩之后说："只有经过了败仗考验的部队，才是真正的拖不垮、打不烂的过硬部队；只有经得起失败考验的部队，才是真正的攻无不克，战无不胜的英雄部队……"

6纵的干部听了，一个个泣不成声，有的把嗓子都哭哑了。

随后，粟裕设便宴款待王必成。当王必成来到粟裕的住处，看到了桌上放着两瓶法兰西红葡萄酒时，惊讶不已。因粟裕从不饮酒，是全军将士所共知的，今天竟如此破例。

然而王必成却说："粟老总，你的情我领了，但这酒现在还不能喝。"

王必成不等粟裕回答，就把两瓶酒装进了他的小挎包里。然后他接着说："等我打败了74师后，我来请您喝。到时候，请粟老总无论如何，要给我这个面子。"是的，王必成的双眼，始终盯着敌74师，他坚信终有一天会在战场上与之一决胜负！现在机会终于来了！

王必成欣喜若狂地收拢部队，当晚开拔，并于14日黎明赶到垛庄附近，会同刚刚迂回到此的1纵，对垛庄守敌发起突然袭击，全歼守敌，拿下了垛庄。

王必成立刻下令，构筑工事。直到工事修毕，部队才开饭。这时候，张灵甫的先头部队到了！仇人相见分外眼红。王必成和政委江渭清亲自到前线指挥，打得敌74师晕头转向。

张灵甫毕竟不是等闲之辈，部队与6纵接触，便知对手是训练有素的

共军主力，自己的 74 师是被包围了，但他无法理解的是，这些共军是哪里来的天兵天将，昨天深夜还与李旅长通过电话，说垛庄安然无恙，仅仅半天时间，垛庄竟落敌手，这究竟是怎么一回事呢？时间不允许他多想，还是先保住部队要紧，遂下令撤回孟良崮。

15 日晨，从另一侧迂回包抄的 8 纵先头部队，也已赶到垛庄。1 纵、6 纵、8 纵的会合，标志着对 74 师的包围已经完成，敌 74 师被围困在蒙阴地区的孟良崮上。

初战告捷，粟裕还是放不下心，他觉得完成了包围任务，仅仅是歼敌的开始，而敌 74 师不是一般对手，鹿死谁手尚待决战。

毛泽东得知已经完成了对敌 74 师的包围，笑着对周恩来说："恩来，陈毅同志说这是百万军中取首级，粟裕同志说是猛虎掏心，谭震林同志说是虎口拔牙，我看这个粟裕还真有点常山赵子龙的气概哟！"

"这说明中央决定把华东战场军事指挥交给粟裕负责的决定是很正确的。"周恩来赞同地说。

整编 74 师被围困在孟良崮的消息，也令徐州的顾祝同顿时慌了手脚。他立即向蒋介石报告。

蒋介石听后心里不禁咯噔一阵撕痛，眼前顿时出现一片黑暗。他身子歪了一下，正好被蒋经国扶住。

蒋经国把他父亲扶至椅子上坐下说："您没事吧？"

蒋介石闭着眼睛，摆摆手，示意其离开。

蒋经国看了他父亲一眼，倒了一杯白开水，放在父亲面前，然后转身离开。

"经国，"蒋介石在儿子走到门口时，叫道，"给顾祝同发报。"

蒋经国说道："父亲，您说吧，我记录。"

顾司令祝同兄并恩伯、灵甫兄勋鉴：

今已得知灵甫之 74 师被围孟良崮，甚惊，又堪喜。

其惊之因是灵甫被困，随时都有危险发生。其喜之因是灵甫给我国军寻找了一个歼共军陈、粟部于孟良崮的大好机会。因为我 74 师战斗力强，装备精良，且处在有利地形；再之，有恩伯、敬久、欧震三元兄兵团大军云集，正是我国军同陈、粟决战的好机会，现令 74 师灵甫部坚守阵地，吸引共军主力，再调 10 个师之兵力增援74师，以图里应外合，中心开花，夹击共军，决战一场，歼陈、粟大部或一部之兵力，一举改变华东战局。

　　总之，一切均仰仗于诸位精诚团结，协同作战，为党国之大业献身出力，乃千秋之荣也。

　　顺颂

戎祉

中正

　　张灵甫也在回复蒋介石的电报中口出狂言："我74师坚守孟良崮固若金汤。望校长放心，灵甫决心固守孟良崮，吸引共军……迅速向我增援，以构成内外夹击，与共军决战，我师建制完整，又处于战役中心……此时歼陈、粟大部可成定局，我国军必胜！"

1947年，孟良崮战役打响，粟裕与陈毅视察华野炮兵射击

传奇粟裕

断水断粮少弹药，强悍不可一世的74师最终被粟裕全歼。张灵甫毙命孟良崮，蒋介石痛不欲生，毛泽东欣喜地为粟裕和华野将士举杯庆祝

艾山脚下的一条山沟里，有一个岩洞，号称"千人洞"。

13日夜晚，粟裕带领前线指挥部进驻这里，指挥了围歼张灵甫的第74师的战斗。

15日清晨，粟裕收听到国民党和张灵甫的宣传口号后，轻蔑地一笑，说："牛皮吹得越大，爆炸得越响。"

"轰隆""轰隆隆"……随着粟裕副司令一声命令，解放军华东野战军的无数门山炮、野炮、迫击炮、60炮一起向被围困在孟良崮山地的张灵甫的国民党第74师进行了猛烈而有效的打击。

炮弹张开火红的翅膀飞上高空，又从高空扑向国民党74师部队据守的各个山头、谷洼、崖畔的据点。炮弹首先发出战马嘶鸣般的、深山虎啸般的啸叫，然后炸裂开来，再迸发出山摇地动般的巨响，山谷的回响，更结成轰隆不绝的雷阵声。烟柱腾空，火焰通红，遮天蔽日。早晨，原本是朝雾笼罩着山头的时候，只见炮弹爆炸后冒出的缕缕浓密白烟从雾里钻出来。一会儿，密集炮弹的烟火，便完全代替了朝雾，在山头浮荡。国民党74师虽然占有山炮多的优势，但被解放军的猛烈炮火压制着，只还击了稀稀落落的几炮后，便哑口不言。而解放军的炮兵，却尽情让一批批炮弹飞向敌阵。

在解放军炮火的猛烈轰击下，国民党军74师的地堡群"跳舞"了，毁灭了。石块、泥土、铁丝网、鹿寨被炸得粉碎，满天狂飞。

孟良崮、芦山山头尽是光秃秃的黑色大石头，解放军的炮弹落地爆炸，弹片夹着炸起的石头四处飞溅，一弹变成多弹，国民党军就要倒下一大片。

一位参加了此战役的解放军炮兵连长战后回忆说："轰炸孟良崮，我们连共发炮293发，没有命中的只有12发。特别是莱芜战役解放过来的赵雁基同志，发炮73发，便有72发打上了山头。"

在解放军炮兵的猛烈轰击下，在国民党军队号称训练有素、作战有方的74师官兵乱作一团，只顾在弥漫的硝烟中、熊熊的炮弹爆炸的火光里狼奔豕突，寻找避难所。但是他们却逃不脱悲惨的被歼命运。

"妈的，这老天爷分明是在跟我们作对呀，这几天老是把一个大毒日送给我们，难道它就不会下雨吗？日头再这么晒，尸体都要发臭了。"张灵甫恨恨地说。

张灵甫站在战壕内，望着山峰陡峭、怪石耸立、草木稀疏、方圆不过5里的孟良崮，望着处境狼狈的74师近4万人马云集在山上，饥无食，渴无饮，工事也无法构筑，人马无处隐蔽。所有的汽车、大炮、坦克在上山时已丢弃在了山下。经过多日激战，那些暴晒在太阳下的士兵，敞胸露怀，歪戴帽子，趿拉着鞋，一个个满脸土垢。

最令张灵甫揪心的，是缺水！这成了张灵甫最大的心病。

很快，被派出找水的3连连长魏武能报告："报告师座，我们找遍了后山，一个泉眼都没有，搞不到水……"

张灵甫默然了，他沉默了一会儿，突然厉声说："传我的命令，全师官兵凡口渴者一律饮马尿、人尿，马死之后饮马血。"

张灵甫叹了口气，转身对参谋说："马上给委座发电，让他再空投一些水，以解燃眉之急。蒋介石收到张灵甫的求救电报之后，速命空军设法投水。"

这个情况很快被4纵陶勇发现。他命令侦察人员，按敌人设置什么信号，我们也设什么信号的方法，使飞机驾驶员无法辨清真伪，致使大量弹药和食物落入我军阵地中。

当发现敌机空投下的橡皮水袋向敌军阵地降落时，我部队的战士便立即开枪，将其击穿。结果，水袋还未落地，袋中的水已流失殆尽。

此时，得到蒋介石空投而来的馒头、大饼、牛肉等食物和弹药的华野战士欢欣鼓舞。趁着对方混乱之际，迅速将得到的敌空军投下的迫击炮弹填进炮膛，倾泻在敌人的阵地上，瞬时，火光熊熊……炮火过后，孟良崮呈现出一片死寂。

15日拂晓，1纵独立师方升普部第1团攻占330高地，2师刘飞部第6团攻占25、18高地，占领了围攻孟良崮的有利阵地，第9纵26师则攻占了敌主力扼守要点雕窝峰。

战斗中，张灵甫命令其守军51旅疯狂反扑。我26师师长亲率指战员勇猛突击，与敌人在山头展开激烈的争夺战，几经反复，最终将敌打退。

张灵甫感到自己处在危险的"瓦罐"之中，紧急呼救。

蒋介石得到其门生的求救电报之后，一改平日里的神态，发电训示顾祝同、汤恩伯、王敬久、欧震，命其各部速派援军，在3小时内到达指定地点，解74师之围，否则，格杀勿论。

顾祝同接到电报后，顿出一身冷汗，迅即抓起电话，命令汤恩伯、王

敬久和欧震："74师已陷入共军包围之中，处境十分危险，各增援部队必须迅速挺进，不惜一切代价，与共军作战，解74师之围，助58旅向西突围。"

58旅突围刚刚开始，便被叶飞识破，他命1纵第1师第1团进抵北庄，第2师第4团进抵石王河，以截敌突围。

58旅突围未果。张灵甫见状骂道："妈的，断了老子的后路了，老子不冲了，看你能把老子怎么着？"

张灵甫改变作战方案，命所部固守孟良崮及以西600、540、520一带高地，坚守待援。粟裕立刻向各纵队发布命令：

华野各纵：

　　从阻击部队中抽兵，每纵都尽最大力量，具体不限量，集中力量向孟良崮攻击。总之，一面要挡住'百万大军'，一面要取中将首级，我们一定要做到。

粟裕与叶飞、王必成、陶勇合影

第九章　鏖战孟良崮

晚上 10 点，粟裕打电话给叶飞，严肃地说："敌整编 9 师、11 师已靠近蒙阴，第 5 军已到新泰，整编 64 师已到青驼寺。如你部在明天（16 日）不能全歼整编 74 师，则我军将陷入敌人包围。"

叶飞坚定地回答："请放心，我 1 纵将竭尽全力，赴汤蹈火，坚决完成任务，争取拿下张灵甫首级。"

粟裕沉吟了一下，又对着话筒说："叶飞啊，无论如何要在 16 日拂晓前攻上孟良崮，消灭 74 师，这样我们就全盘皆活了。现在我授权你统一指挥第 1、第 4、第 6、第 8、第 9 纵队总攻孟良崮，不论付出多大的代价，哪怕拼掉两个纵队，也要完成任务。"

叶飞说："是！"

粟裕问："什么时候可组织好总攻？"

叶飞说："需要两个钟头，下半夜一点可以实施总攻。我已规定了总攻信号，并同 4、6、8 纵接通了电话，但第 9 纵还没同我联系上，请总部通知他们作好总攻准备。"

粟裕挂断了电话，又要通了许世友的电话……

6 月 16 日 1 时整，我军对整编 74 师的总攻开始。

各纵队均以凶猛的火力向敌阵地展开轰击。顿时，枪声大作，火光冲天，整个山地硝烟弥漫。

74 师阵地兵力过于拥挤，一颗炮弹落地开花，敌人死伤一片。

一批倒下来，接着再上来一批，张灵甫举着手枪令扼守阵地的士兵向前冲，他要突围出去。

双方已经搅和在一起了。

张灵甫让蔡仁杰亲自督战，他自己则给蒋介石、顾祝同、汤恩伯及其友邻部队 83 师李天霞、25 师黄百韬发电报、打电话求救。

其中，他给 83 师师长李天霞的电话尤为发自肺腑。张灵甫在电话中说："李师长，看在你我弟兄一场，在兄弟危难之际，请拉兄弟一把吧！"

李天霞在电话中附和道："张师长，这话你就见外了，我李天霞怎么能见你老兄受难而不救呢？请你务必再坚持 3 小时，我的部队会给你解围的。"

李天霞的部队确实是在途中，但速度缓慢无比。

张灵甫此时已哭天无门，但他怨谁呢？怨人不如怨自己。谁让自己骄横自恃，目中无人呢？不然不会这样的。

张灵甫放下电话后，又想起了黄百韬，他又给黄百韬去了个电话，黄的回答同李的一样。

蒋介石收到张灵甫的电报后，深知事态的严重性。他立即给李天霞、黄百韬去电严令："25师黄百韬、83师李天霞，速救张灵甫于重围之中，不得有误！"

李天霞、黄百韬接电报后，知道了事态的严重性，随即命部队以死相救。

敌增援部队接到了蒋介石的命令，这才开始动作。我军各阻援部队奋力战斗，阻住了敌援。第10纵队宋时轮部利用设野战工事进行阻击，钳制住了敌第5军的增援；第3纵队何以祥部在蒙阴以北阻住了敌第11师；韦国清、张震部，第7纵成均、江渭清部阻住了敌第7军第48师于留田以东；鲁南军区地方武装牵制住了敌第20师、第64师，使其未能赶到青驼寺。

唯有敌第25师、第83师逼近我军包围圈，并与74师相距仅5千米。此时，敌我已构成交叉火力。

此刻，粟裕打电话给1、4、6、8、9纵指挥员。他在电话中说："聚歼74师，成败在此一举，望各纵同心协力，浴血参战，拿下孟良崮。"

1、4、6、8、9纵指挥员叶飞、陶勇、王必成、王建安、许世友表示坚决完成任务，号召战士争当战斗英雄。

许世友对25师师长肖镜海说："你们师长当团长，团长当营长，营长当连长，带头冲。"

粟裕首先集中强大炮火，向敌军密集的地区猛烈轰击，敌军死伤惨重。陷入混乱。华野部队再次发起攻击。战士们高喊着"打上孟良崮，活捉张灵甫"的口号，向着74师阵地猛烈冲锋。

在战役的最后关头，王必成使出了"杀手锏"。

他大吼一声："特务团，给我像刺刀一样刺进去，像猛虎一样扑上去！"

原来，王必成把特务团作了6纵的预备队。特务团光看着别人打仗，自己没捞到冲锋，早就憋了一股子劲。特务团战斗力较强，个个是身强力壮的棒小伙、经验丰富的战士。

一接到命令，特务团在副团长何凤山的率领下，像一条条出海的蛟龙猛扑孟良崮山顶。他们立刻遭到山顶1000多个敌人的拼死反扑。这股敌人是由74师参谋长魏振钺率领的，他们的目的是把我军赶下山去。

何凤山指挥部队集中所有的轻重机枪向敌人猛烈扫射，冲入敌阵与敌人展开了白刃格斗，很快把敌人消灭了。在俘虏群中的魏振钺，主动向我军战士表白他的身份说："我是74师少将参谋长！"

特务团继续前进，在74师指挥部——大崮顶北侧山洞，遇到了张灵甫的最后一次拼死挣扎。

张灵甫眼看我军逼近山洞，迫使所有龟缩到崮顶的残兵败将，还有他的配有崭新快慢机机枪的卫队，向我军进行绝望地反扑。

我特务团3连在轻重机枪火力掩护下，很快冲杀到洞口，张灵甫的卫队长带着人刚从洞内探出头来，就被我军杀伤20多人。在向洞中冲杀的一瞬间，我特务团3连指导员邵志汉英勇牺牲。

指导员邵志汉的牺牲，更加激怒了3连的战士。复仇的机枪立即从抢占的洞口向洞里猛烈扫射。就在这时，张灵甫被我军战士的汤姆枪子弹击中后脑，肥硕、高大的身躯像木桩似地倒在了地上。

与张灵甫同时被击毙的还有敌74师副师长蔡仁杰、58旅旅长卢醒等高级将领。

战至下午，所有高地均被我军攻占。华野担负突击任务的5个纵队的英勇健儿会师于孟良崮，一时孟良崮上欢声雷动。6纵司令王必成怀揣着那两瓶法兰西红葡萄酒来到了华野指挥所，与粟裕痛饮了3杯。

兴奋的粟裕大踏步地走出指挥所，他望着眼前这经过4昼夜浴血苦战才最后攻克的山峰，心中又想起战斗进行中那一幅幅英勇壮丽的图景，那一个个生龙活虎但却永远倒在山坡上的可爱战士，眼角不由得湿润了。

阻援部队的战斗也同样艰苦卓绝，30多万敌军被阻援部队挡在孟良崮战场之外，最近的距孟良崮才3至5千米。但不管蒋介石怎样训示严令，也不管汤恩伯怎样动员乞求，就前进不了一步。

孟良崮战役是以一个十分精彩的尾声结束的。攻克孟良崮顶峰后，战斗随即结束。参谋拿出向党中央报捷的电报文稿，请粟裕签字，不料粟裕连连摆手，说："命令各部队重新报战果，对歼俘敌人的数字，要力求准确无误。命令各部队必须继续搜查，不可放松警惕，特别是一些比较隐蔽的山沟里，要仔细搜查，没有命令，不许停止。"

粟裕看出大家的不解，就解释说："我把歼俘敌人的数字作了反复统计核对，发现还差7000人左右。7000不是个小数目，不可掉以轻心！"

果然不错，在一条云雾很浓的山沟里发现了这批敌人。这时敌人已集结完毕，正准备突围。我军当即予以全歼。

在场的人无不钦佩粟裕料事如神。特别是陈毅，得知消息后立即打电话来说："老伙计，这个仗，你硬是越打越神了！我先在电话里向全体将士们祝酒致贺！"

孟良崮战役共歼敌3.2万余人，击毙悍将张灵甫，彻底粉碎了蒋介石的"鲁中决战"计划，使蒋军对山东的重点进攻遭到了严重的挫折。

消息传到南京，犹如霹雳，震撼了南京城，震撼了整个国民党反动统治中心。蒋介石气急败坏，暴跳如雷，惊呼："以我绝对优势之革命武力，竟为劣势乌合之匪众所陷害。""孟良崮的失败，是我军剿匪以来最可痛心最可惋惜的一件事，真是空前大损失，不能不令人哀痛。""必须等到我们全军一番起死回生的改造之后，方能作进一步的打算。"

胜利的喜讯传到延安。毛泽东欣喜异常，哼着家乡小调在窑洞里来回走着。这时，他看见周恩来站在门口，忙说："恩来，快请进来。"

"主席，你下令嘉奖孟良崮战役全体参战将士的电报已经发出。粟裕同志回电，这次缴获了大量武器装备，他们打算通过休整，进一步扩大部队。"

"很好，非常好！"毛泽东又异常兴奋地指着桌上说，"恩来，你看看这份材料。蒋介石一怒之下，撤了汤恩伯的职。不过，这有什么用呢？不管他换哪一个所谓的'国军名将'来，还不是会被我们的粟大将军打败？"

周恩来也笑了，点头表示同意。他正准备离开，毛泽东说："恩来，慢走，为庆祝孟良崮大捷，预祝更大的胜利，我们干一杯如何？"

周恩来知道，毛泽东平时极少饮酒。尽管前线常有缴获的好酒送来，毛泽东也多转送他人。今天，毛泽东有这样好的兴致，可见他有多么高兴。

警卫员拿出一瓶法国葡萄酒，斟了满满两杯，毛泽东高举酒杯，朗声道："好，为我们的粟大将军，为我们的华东将士，干杯！"说完一饮而尽。

1947年5月22日，新华社就孟良崮战役发表述评，这代表了党中央和毛泽东对这次战役的最终看法："华东人民解放军和华东解放区的人民，在全国人民的爱国自卫战争中，担负的任务最严重，得到的成就也最荣耀……"

第十章　浴血豫东

毛泽东自担任党的领袖以来，从未出门迎送党内同志。仅有否定其渡江作战计划的粟裕前来，他才出门迎接。毛泽东乐呵呵地说："现在我们的粟大将军已经青出于蓝胜于蓝啦！"毛泽东想让粟裕代替陈毅担任华野司令，粟裕力辞不就，再让司令

1947 年 7 月，华东野战军在粟裕的领导下，跨过津浦路，挺进到鲁西南平原上。华东野战军打到这里，说明它已从内线打到外线，参加到大反攻的行列中来了。

我军开始大反攻后，蒋介石慌了手脚，到处调兵遣将，先是调来了85师、84师、57师，蒋介石还不放心，最后连"五大主力"之一的第5军也调到鲁西南战场，妄图"围剿"粟裕。

面对敌人的咄咄攻势，为了把战争进一步引向敌人的深远后方，以配合正面战场战略进攻，毛泽东和中央军委考虑多日，准备派粟裕率领华东野战军 3 个纵队，由宜昌、沙市一带渡江南下，深入敌后，进行机动作战，调动吸引中原敌人20 至 30 个旅回江南，从而减轻大别山和中原地区的负担，

为中原部队创造大量歼敌的战机。这一重要战略意图，于 1948 年 1 月 27 日电告华野，并要求粟裕"熟筹见复"。

粟裕拿着中央军委的来电，仔细阅读，陷入了沉思。他一个人站在地图前面，用铅笔和手指在地图上比画着，一站就是半天。

当时，战争形势发展很快，我军在各个战场的战略攻势不断取得胜利，特别是挺进中原的 3 路大军犹如 3 把钢刀插入敌人的腹部，并乘胜完成了战略展开，建立了大片根据地。而敌人中原防御体系已出现了裂痕，我军在黄淮地区大量歼敌的可能性大大增加。

在这样的形势下，是分兵渡江作战，争取将敌主力一部牵到江南去有利呢？还是先集中兵力，歼敌于长江以北，然后再渡江更为有利？

粟裕脑海里一次次浮现出 1934 年红军北上抗日先遣队长途跋涉，向敌统治区挺进的情景。

1948 年春，粟裕赴城南庄向中央书记处汇报 3 个纵队暂不过江的建议时，在西柏坡合影

这次从中原出发向闽浙赣边挺进，虽与当年情况不大一样，但是转战数省，行程要比抗日先遣队的行程远一倍，在无后方依托条件下，连续作战的困难是可想而知的。即使如此，调动敌人中原战场力量，实现预定战

略意图，仍没有多么大的把握。倒不如把 1 兵团 3 个纵队留在中原，协同中原野战军，两大主力背靠解放区的有力支援，在黄淮之间打几个大歼灭战。中原黄淮地区敌方虽集结重兵，但防守任务亦多，相对机动兵力则较少，且地形有利于我军实施广泛机动作战，尤其是在铁路、公路被我军破坏的情况下，敌人重装备将受到很大限制，我军则可以充分发挥徒步行军能力强的长处，迅速集中兵力，分进合击，实现战役上的速战速决。

粟裕不以单纯地执行上级指示为满足，他从更好地贯彻中央关于转入战略进攻、展开外线作战的总意图出发，从全局出发，对敌我情况进行了认真的调查研究，经过一个月的反复思考、周密筹划，于 4 月 18 日把自己的看法和建议报告了中央军委。

毛泽东看到电报，极为重视，立即回电要粟裕到中央当面汇报。

5 月初的一天，粟裕骑着马驰进了河北阜平县城南庄的晋察冀军区司令部大院。一个多月前，毛泽东和中央机关刚从陕北迁到这里办公。

听说粟裕将军已到，毛泽东马上站起身，亲自走出房间来迎接。毛泽东的这一举动，不但使毛泽东的卫士们惊呆了，就连一旁的朱德、周恩来这样的老同志也颇感意外。因为毛泽东自担任党的领袖以来，从未出门迎送党内同志。周恩来、刘少奇等同志来商量工作，毛泽东从座位上站起来，就算是欢迎了。工作研究完毕，毛泽东送到门口，偶尔也挥手致意，但从未迈出房门半步。

粟裕一见到毛泽东那高大的身躯，就迎上前去，紧紧握住毛泽东的大手，他的眼眶湿润了。

毛泽东爽朗地说："点子多的粟裕呀，进屋坐，进屋坐！"

自 1934 年 7 月第五次反"围剿"失利，粟裕到红军北上抗日先遣队任参谋长，直到 1948 年 5 月，粟裕已有 14 年没见到毛泽东和朱德等中央领导同志了。

在十几年前，粟裕正是跟随他们，学习掌握中国革命战争的战略战术，他没进过军校，却胜过国民党军中那些自命不凡的所谓黄埔高材生。

十几年过去，粟裕已经成长为一名杰出的军事将领了。久别重逢，而且是在中国革命即将取得最后胜利的前夕，给双方都带来了无限的欢喜。毛泽东、朱德、周恩来等领导同志，都把粟裕请到自己家去吃饭。

当毛泽东以红烧肉招待粟裕时，粟裕和毛泽东一起回忆了在井冈山的风风雨雨；当粟裕谈及给毛泽东当警卫员，天天向毛泽东学习带兵打仗的

1948年5月，粟裕与朱德、陈毅于河南濮阳合影

时候，毛泽东乐呵呵地说："现在我们的粟大将军可不用学咯！你已经青出于蓝胜于蓝啦！"

不久，毛泽东召集中央领导同志开会，以极其郑重的态度听了粟裕关于3个纵队暂不过江，在中原黄淮地区打大仗的汇报。

在会上，粟裕侃侃而谈："为了改变中原战局，进而协同全国其他战场彻底打败蒋介石，中原与华东部队势必还要同蒋军进行几次大的较量，打几个大歼灭战，尽可能多地把蒋军主力消灭在长江以北。从当前情况看，要打大歼灭战，3个纵队渡江南进是做不到的。在山东战场，由于蒋军坚固设防，解放军作战地区比较狭窄，暂时难以打大的歼灭战。而中原黄淮地区，打大歼灭战的条件却正在成熟，这是因为：一、中原地区开阔，有3条铁路干线和许多大中城市，蒋军都需要防守，兵力分散，机动兵力少。我军在这一地区活动，必能调动敌人，发现和创造战机。二、中原地区交通发达，固然便于蒋军相互支援，但也利于我军实施广泛的机动作战。尤其是蒋军的交通线可以被我军破坏，我军的行进蒋军却无法左右。三、中原地区虽属外线，但背靠山东和晋冀鲁豫老解放区，可以及时得到大批人力物力支援，保障伤病员的安置和治疗。同时我军至中原作战已数月，最困难的时期已过去，外线作战的规律正在逐渐适应和掌握。"粟裕每讲一条，毛泽东就仔细地记一条，还不停地点头。

粟裕顿了顿，接着说："3个纵队渡江南进，这无疑会给敌人以相当的震惊、威胁和牵制，但也存在一些难以克服的不利因素。主要是：一、3个纵队加上地方干部，约近10万人，渡江后要在敌占区转战数省，行程几千里甚至上万里，敌人必然会利用其后方的有利条件，对我军实施围追堵截。而我军则远离解放区，在无后方依托的条件下连续作战，兵员的补充，粮弹和其他物资的供应，伤病员的安置和治疗，都将碰到很大的困难，而且还不得不在沿途留下一些部队，建立小游击区，碰到有利的战机，有时也不敢下决心打。估计转战数省后，减员不会少于二分之一。剩下的部队就难以对敌形成大的威胁。二、3个纵队渡江南进后，估计调动不了中原战场蒋军的4个主力军与整编师。特别是整编第5军和整编第11师，都是蒋介石的嫡系主力，半机械化部队，蒋军是不会把它调到江南跟我军打游击的。另外中原战场上战斗力强的桂系第7军、整编第48师，由于担心放虎归山，蒋介石也不会把它调往江南，这样实际上就达不到吸引调动中原敌军的目的。三、渡江南进的部队将面临一次大的思想转弯，这需要一定的过程。由于存在这些不利因素，三个纵队渡江南进，难以实现预定的战略意图。"

"从战略的角度考虑兵力的分派动用问题，要在广阔的中原战场打大规模的歼灭战，必须要有足够的兵力分别执行突击、牵制和打援的任务。中原战场上华东野战军6个、中原野战军4个共10个主力纵队，如抽走3个，而又调不走蒋军的4个主力军（整编师），则实际上是分散了兵力，增加了中原战场打大歼灭战的困难。而3个纵队在渡江后的转战中，估计要有5万人以上的伤亡。以同样的代价在中原作战，可以歼敌3到5个整编师，而且部队还可以发展。"

粟裕最后建议："一、3个纵队暂不过江，集中兵力在中原黄淮地区打几场大仗。二、向淮河以南和向长江以北派出几个以旅或团为单位的游击部队，配合正面战场作战。三、向长江以南敌深远后方派出多路游击队，每路五六百人，消灭敌人地方武装，摧毁其基层反动政权，破坏敌人兵源、粮源和其他战争资源，宣传发动群众。"

粟裕在一个多小时的时间里，详细地讲述了自己的思考结果和根据，对敌我双方的各种数字、特点、态势如数家珍般地娓娓道来，毛泽东和中央领导同志听得津津有味，一个个连连点头。粟裕讲完后，毛泽东等人又就有关事宜提出了一些问题，粟裕一一作了圆满的回答。

毛泽东点燃了一支烟，想了想，说："粟裕副司令从前线来，比我们更了解情况啊！他提出的意见很好，很有价值，有很多地方是我们都没有想到、没有预计到的。这样吧，你们几个再谈谈，我已经是完全被他折服了！"

朱德等中央领导当即进行研究，完全同意了粟裕的方案，并立即把这个战略思考通知到了各个战区。

毛泽东和党中央这种一切从实际出发、实事求是和虚心听取不同意见的工作作风，使粟裕深受教育和感动。他也从中感受到了党中央和毛泽东对自己的高度信任，觉得肩上的担子更重了。

快要返回时，毛泽东找粟裕谈话。毛泽东笑着对粟裕说："我们的粟裕将军，军令状既然立下了，我可等着你的喜报哟！"

粟裕羞涩地一笑，没有回答。他在心中已经暗下决心，一定要再打几个大仗，方不辜负毛主席的信任啊！

谈了一会儿，毛泽东突然以勉励的口气说："这次陈毅同志就不回华野去了。中央研究了，今后华野就由你来搞，由你任司令员兼政委。"粟

任华中野战军司令员时的粟裕

裕感到十分突然，马上脱口而出："华野不能没有陈毅同志。"他反复请求毛泽东让陈毅继续担任华野的司令员兼政委。

毛泽东被他的诚恳态度打动了，口气松动了下来："陈毅去中原军区工作的决定，已经通知下去了，怎么能朝令夕改？"

粟裕想了想，说："这样吧，陈毅同志可以去中原军区工作，但请仍保留他在华野的职务。具体的工作我代为分担一下。"

毛泽东被粟裕的机敏逗乐了，说："那好吧。就照你说的办，从现在起，你就是华野的代司令员兼代政委！"

寻歼第 5 军未果，粟裕当机立断，决定执行第二套方案：先打开封，后歼援敌。毛泽东给粟裕发去电报："独立处置，不必请示。"开封守敌浑然不知，还认为我军是吸引国民党军队主力至鲁西南决战

中央军委在作出华野 3 个纵队留在中原作战的决策后，5 月 5 日下达了中原战场部队近期的作战任务，要求华野第 1、第 3、第 6 和第 8 纵队及中原野战军第 11 纵队共 6 个纵队，全部集结在中原黄淮地区打大仗，在陇海路开封至徐州段及其南北地区，以寻歼敌整编第 5 军等部为作战的主要目标，力争在 4 至 8 个月内歼敌 5 至 12 个旅。

歼灭整编第 5 军，正是当时华野全体指战员的强烈愿望，因为自蒋介石发动内战以来，该军在进攻华东解放区和在中原战场中打头阵，既骄横又狡猾，与华野多次交手，未赚到便宜，也未受过严重打击，气焰十分嚣张，华野指战员们对它恨得咬牙切齿。因此，当提出要打整编第 5 军时，部队群情振奋，摩拳擦掌，大有"灭此朝食"之气概。

的确，在当时的情况下，如果把敌人这个"王牌"军消灭了，就等于砍掉蒋介石伸向中原和华东战场的一只臂膀，形势对我军无疑将更加有利。

但粟裕反复考虑，寻歼敌整编第 5 军虽具有一定的条件，但不利因素也较多，主要是我军主力尚未集中，打援兵力不足，地形对我军不利。

整编第 5 军是蒋介石在关内剩下的两大主力之一，下辖两个整编师 4 个旅，还辖有一个快速纵队和一个骑兵旅，其战斗素质虽不如整编第 74 师，但装备并不差，且人数是 74 师的 3 倍，炮兵火力的运用和步炮协同动作较好，又经常猥集一团，不贸然行动。我如打它，蒋介石必极力救援。

那时，华野在外线作战的 6 个主力纵队，3 个远在河南的许昌、南阳、

确山之间，短时间内难以集中。即使把其中的第3和第8纵队调过来，再加上中野第11纵队和华野的两个纵队，我们手中掌握的全部兵力也不足6个纵队（因当时有些部队不满员）。而要歼灭整编第5军，突击集团至少需要用4至5个纵队。这样，就只剩下一两个纵队担任阻援。在平原地区无险可守的情况下，用一两个纵队是难以阻止敌人兵力最大量增援的。如果我突击集团三五天内解决不了战斗，敌人援兵赶到，我军就可能陷于被动。

同时，鲁西南地区的主要点线在敌人控制之下，我军作战地域比较狭窄，不便于大兵团机动作战，而且战场距黄河较近，我军处于背水作战的不利态势。基于上述考虑，我军在当时情况下寻歼整编第5军，并不是很有把握，搞不好还会给我军自己造成不利局面。

当时，粟裕还想到，中央军委作出3个纵队暂不渡江、集中力量在中原黄淮地区大量歼敌的决策，第一个战役必须旗开得胜，只能打好，不能打坏。既然寻歼整编第5军不能稳操胜券，作为战役指挥员，就应当在部署寻歼整编第5军的同时，根据战场的实际情况，考虑其他更有把握取胜的作战方案。为此，他设想了一个"先打开封，后歼援敌"的作战方案。

设想"先打开封，后歼援敌"这个方案的主要依据是：

第一，开封是当时国民党的河南省省会，是中原重镇，在政治上和军事上都占有重要地位。我军如攻克开封，对中原和全国都将产生重大影响。蒋介石绝不会置开封于不顾，势必调兵增援。这样，就能打乱敌人在鲁西南与我决战的部署，又为我军在运动中歼灭援敌创造战机。

第二，开封守敌处境孤立，敌可能用于增援开封的主力集团当时都在100千米以外，而我外线部队与中野一部相对靠拢，有强大的兵力和充裕的时间阻击援敌。

第三，开封守敌虽有3万余人，但战斗部队中只有一个被歼后重建的正规旅，其余都是地方部队和特种兵部队，指挥不统一，互有矛盾，总的说来战斗力不强。我使用两个主力纵队近6万人攻城，在兵力数量上虽然优势不大，但论战斗力则占很大优势。

第四，攻打开封这样一个有40万人口，并经过日伪军和蒋军曾长期设防的城市，对华野来说虽是首次，但我军在两年来的解放战争中，曾先后攻克过敌重兵守备的枣庄、泰安、洛阳等城市，积累了较丰富的中小城市攻坚战的经验，攻坚能力已有了很大提高，部队熟练地掌握了炸药爆破技术，炮兵建设也有了相当规模。同时，第3和第8纵队长于城市攻坚战。因此，攻克开封还是有把握的。

当时粟裕虽未将这一作战方案上传下达，但在作战部署上却是有准备的，即力求能适用于打整编第 5 军和打开封两个作战方案，而且侧重于后一个方案。

这样做的好处是：

第一，可以用寻歼整编第 5 军来激励我军士气，一旦寻歼整编第 5 军不成，就用打整编第 5 军的精神准备和物质准备去打比整编第 5 军弱的敌人，把握就更大。

第二，能够造成敌人以为我军要在鲁西南地区同它决战的错觉，把敌人的注意力吸引到鲁西南，这样，我军就能给开封守敌以出其不意的打击。

第三，如果打整编第 5 军的条件成熟了，由于我们已经作好了打它的准备，也不会因此丧失战机。

5 月 24 日，我第 3 和第 8 纵队按野战军计划向淮河方向前进，敌邱清泉兵团果然被我军吸引南下。5 月 30 日、31 日，黄河以北我各纵队南渡黄河。我军的这一突然行动，使敌人大为震惊，敌急令邱兵团主力和整编第 75 师北返，迎击我渡河部队。同时，又向鲁西南增调整编第 83 师、第 25 师、第 72 师和第 63 师一个旅，企图与我渡河部队决战。

这样，敌集结在鲁西南战场的兵力将达到 9 至 11 个整编师，且队形密集、不易分割，我军已难以达到各个歼敌的目的。这时，我第 3 和第 8 纵队已到达睢县、杞县之间，距开封只有一日行程，如就势转用于突然攻取开封，可打敌措手不及。

战场情况的变化表明，打整编第 5 军的条件尚未具备，而实现先攻开封、后歼援敌方案的条件却已成熟。

于是，粟裕当机立断，改变在鲁西南作战的计划，并于 6 月 15 日定下了转向豫东作战的决心，即首先以主力一部从敌侧后开刀，夺取敌守备兵力比较薄弱而又处于敌人防御要害部位的开封，待围歼开封守敌后，再集中兵力于运动中寻歼来援之敌的其中一路。

由于对这一作战方案预先有准备，所以在下定决心的当天就能上报中央军委并报中原军区和中原野战军，同时给部队下达了作战命令，区分了战役第一阶段各部队的任务。以第 3 和第 8 纵队组成攻城集团，由陈士榘、唐亮指挥，先采取奔袭手段夺占城关，尔后依托城关迅速攻城。

为确保攻城作战的胜利，另用近 3 倍于攻城部队的兵力，由野战军直接指挥，担任阻援和牵制敌人的任务，其中以中野第9纵队插入郑州、开封之间，阻击郑州可能来援之敌；以中野第11纵队并指挥冀鲁豫军区独立第1旅位于巨野地区，由北向南从侧后牵制防御兵团；以华野第1、第4和第6纵队迅速楔入定陶、曹县、民权、考城地区，用运动防御坚决阻击邱兵团西援开封；以冀鲁豫军区和豫皖军区一部兵力相机攻占东明、兰封（今兰考县），并破袭陇海路兰封至原鸡岗段铁路。

野战军政治部向攻城部队发出指示信，号召全体指战员认清形势，消除顾虑，防止轻敌，英勇战斗，一定要打下开封，并严格遵守战场纪律，执行城市政策。在后勤支前工作方面，由豫皖苏和冀鲁豫两大区全力予以保障。

6月17日晨，毛泽东复电完全同意粟裕部署，并指出"这是目前情况下的正确方针"，"情况紧张时独立处置，不必请示"。

为了在战略上配合这次作战，粟裕令华野第2兵团继续在津浦路徐济段扩张攻势，包围兖州，调动敌整编第25师或整编第83师北援，令华野第4兵团在陇海路新安镇（今新沂市）至海州段发动攻势，以牵制敌人。

我军攻打开封的这一着棋，完全出乎敌人意料。当我军的兵力部署已经就绪，即将发起战役时，敌人还蒙在鼓里。

开封守敌认为我军是吸引国民党主力至鲁西南决战，"在开封无真正战斗"。

国民党国防部和徐州"剿总"虽觉察到我第3和第8纵队有围攻开封的迹象，但见我军两大集团南北对进，即认定我军企图夹击邱兵团，因而十万火急地向鲁西南调集兵力，要与我军进行决战，尤其可笑的是敌华中"剿总"还坚持说我第3和第8纵队尚在方城以东地区。然而，我军却在敌人重兵集团紧紧跟踪和严密监视的情况下，创造了歼敌的条件，捕捉到有利的战机，乘敌把注意力集中在鲁西南之际，突然对开封守敌发起了攻击。

粟裕一声令下，华野将士5天便打下了省会城市开封。蒋介石命令空军疯狂地狂轰滥炸，结果使开封普通平民的死伤达六七万之众

1948年初，华野整军后，通过地方党和自己的侦察，对开封守敌的部署和工事构筑的情形有了大体了解。在此之后，又利用作战间隙，继续收集了开封守敌的情报。开封市的地下党员，在白色恐怖下，一面作各阶层的群众工作，一面冒着生命危险，大量搜集有关敌城防工事、兵力部署等

情报，迅速送到我军手中。华野对这些情报作了分析，并与敌人在洛阳守备工事等作了相应的对比和研究。

当时华野率第1、第4、第6纵队、特种、两广纵队已渡江黄河，可以靠近开封，直接配合攻城，地方党委也迅速组织了支前大军，因此，夺取开封的条件越来越成熟了。

6月15日前后，陈士榘率部队行军经过黄泛区，进到了围镇地区。

中午休息时间，陈士榘接到中央军委和粟裕同志的命令，要他立即布置攻打开封。陈士榘立即下令部队停止前进，就地宿营待命。随后召集各纵司令员和政委到兵团指挥部驻地开会，传达上述命令，同时研究作战部署和打法，并草拟安定布告，宣布城市政策、入城纪律和注意事项。

根据华野指挥部批准的开封战役部署，他们以暂归兵团指挥的中原野战军第9纵队进至中牟张庄街地区，并指挥豫皖苏五分区71团破袭陇海路汴郑段，阻击可能由郑州东援之敌；8纵从赤仓、陈留地区，以两天行程，于16日晚完成对开封以西以南的包围；3纵从杞县、高阳地区，以两天行程，于16日晚完成对开封以东、以北的包围；兵团指挥部于6月15日晚自围镇出发，用两天时间行进至开封附近指挥。此外，中原野战军1、3纵和华野10纵在上蔡、西平地区阻击敌18军。北线兵团主力第1、第4、第6、第11纵队、两广、特种纵队直插曹县、民权、兰封地区，正面阻击敌5军、75师、83师。豫皖苏独立旅附一分区地方武装，负责破袭内黄、民权至商丘段陇海路，并相机袭击兰封。

万事俱备，夺取中原战略要地——开封城的战斗即将打响。攻城部队决心以实际行动来响应华野首长的号召，在夏季"打几个好仗，打开中原战局，改变中原形势，便利以后作战行动"。17日晚，战斗开始了，3纵一部配合8纵，首先肃清了南关车站的农林试验场、东闸口、16营房范围以东及曹门关，准备由东面实施攻城。而8纵首先肃清了南关车站之飞机场、17营房、7营房等以西区域及西门之敌，准备由南面、西面实施攻击。总攻前后，各关大部守敌均已被肃清。

18日夜晚11时，总攻开始了。夜幕笼罩着的开封城，弹雨横飞，炮火轰鸣，这座古老而宁静的城市，在接受着战斗的洗礼。

在粟裕指挥下，陈、唐为了抢时间，趁守敌惊慌失措，不给守敌以进一步加强城关防御的机会，采取了突然袭击。

8纵69团3营乘我军炮火压制敌人之时，绕过城门外侧的火力点，进行

传奇粟裕

了连续爆破，结合突击，用 5 分钟时间突破了小南门，抢占了城门楼，控制了小南门的阵地。当时敌人在小南门城楼上筑有环形防御工事，这对我军攻占城楼后利用原有工事打击城内敌人反扑，巩固突破口扩大战果，是十分有利的。但由于城门外两侧敌人的火力点尚未被扫清，打开的通道被敌内外火力封锁，截断了我城内外部队的联系，但在城头上可以相互喊话。

小南门的丢失，使敌人像输红了眼的赌徒一样发起疯来，刘恩茂、李仲辛即派保安 7 旅旅长率部配合 66 师工兵营、辎重营疯狂反扑，敌人以密集炮火，封锁了小南门我后续部队的进城道路，切断了突入城中我军 5 个排与城外大部队的联系，然后全力反冲锋，企图拔出这颗楔入城中的"钉子"，使我入城部队陷入孤立。后续部队不能进入城内，情况异常危急。

陈、唐命令入城部队必须不惜一切代价坚守到下午 4 时，以保证突破点的巩固，同时指挥 8 纵迅速组织后梯队重作突破。登上城楼的部队冒着敌人的枪林弹雨，在瓦砾硝烟中一次又一次打退了敌人的进攻，部队尽管伤亡惨重，但还是死顶不退，绝不让敌人夺去阵地。城外部队则加紧扫清城门外两侧敌人的外围火力点，为腹背受敌的城里的我军解围。

与此同时，粟裕又命令正在攻击小东门（宋门）的 3 纵，利用敌人炮火集中向南门轰击和组织反扑时，加强对宋门的攻击。

6 月 16 日，第 3 纵队 9 师接到攻占开封宋门的命令后，由睢县一带向开封急进。经过一夜的急行军，6 月 17 日晨，部队抵达开封宋门关东南红草湾、古堆坟等地，与敌前哨部队稍有接触，敌仓皇逃入宋门关内，部队逼近了宋门关。为迅速攻占宋门关，部队立即组织营、连干部分散隐蔽察看宋门关外地形。部队的战斗准备也同时抓紧进行。

18 日正准备攻击宋门关时，敌于当天下午放火烧关，撤入城内。

205 团迅速抢占了宋门关，控制了攻城阵地。

该团一面组织部队进行灭火，一面作攻城的准备工作。

根据上级统一战斗部署，6 月 19 日晨 1 时左右，我各种炮火向宋门进行猛烈轰击，宋门前沿顿时烟雾弥漫，成了一片火海，为爆破队创造了有利的爆破条件。此时 1 营 2 连爆破队即对宋门外的铁丝网和三角地堡连续送了 3 包炸药，已将铁丝网破坏，三角堡内的敌人被炸药震昏，而当时精力集中于爆破宋门，疏忽了对三角堡内敌人的彻底肃清，因而给后续梯队入城留下了不应有的障碍。

当我军正向宋门爆破时，爆破队（2 连 2 排）突然被一发流弹击中，当时伤亡6人。

在这紧急关头，爆破队的战士不怕牺牲，奋力争先，毫不犹豫地扛起炸药包，前赴后继地向宋门连续送了8包炸药，7包奏效。

当宋门被我突破后，城内守敌在装甲车和炮火掩护下，对我进行反击，企图乘我立足未稳，将我消灭或驱逐到城外，夺回宋门。但1营冒着敌人的炮火，于2时40分全部突入城内，以压倒一切敌人的英雄气概，用手榴弹、刺刀与敌人展开激战，消灭了敌人，坚守着宋门突破口。

19日上午，我军顺利突破了宋门，当敌人指挥部发现宋门被我突破时，马上又调集炮火对宋门进行猛轰，企图消灭我突击部队于城门口，阻止我前进。我军则利用敌人炮火间隙一下突进两个团，随后3纵队将攻曹门（大东门）的两个团迅速转到宋门突入城内，在站稳脚跟后，即兵分两路，向纵深发展。向小南门方向突击的部队接受任务后，立即不惜一切代价，涉水过河，逐屋打通墙壁，迅速与小南门被围的8纵战友会合。

这样，开封城内从小南门到宋门的东南角以及城墙均被我控制，形势对我军向纵深发展十分有利。

8纵乘3纵突破宋门敌火力转向宋门之际，组织力量迅速扫清小南门外侧敌地堡群，再度控制突破口，主力部队随即打入城内与城楼坚守部队会合，随后又相继突破大南门和西门。

这样3纵、8纵主力部队全部突进城内。

纵队指挥部也进城亲临指挥，各部队多路向敌人纵深穿插进行激烈巷战。

20日晨，兵团前线指挥部搬进城内天主教堂指挥。

敌人的反冲锋被打退了，率部反冲击的保安7旅旅长见势不妙，就在上午11时向上司谎报"俘敌百余人"的战况后，逃之夭夭。当晚，敌60师把所有的部队撤至龙亭、传染病院、天主教堂和城西北角，保安队撤至省政府，收缩防线固守待援。

正当开封之敌被我围歼之际，敌人为挽救其被歼命运，急令18军星夜兼程北援。

6月16日，该敌已进至上蔡城及东洪桥西南地区。

位于舞阳、叶县地区休整的华野第10纵队立即北上，会同中原野战军第1、3纵队向上蔡地区开进，阻击敌人18军的增援。全体指战员不怕疲劳，一昼夜急行军180里，17日拂晓到达上蔡城近郊，当天与敌展开激烈战斗。

传奇粟裕

指战员们顽强地坚守阵地，打退敌人多次攻击，杀伤敌人 5000 多名，迫使敌人不能前进一步，协同担任阻援任务的其他兄弟纵队，保证了夺取开封的胜利。

敌军原来估计我军即使攻打开封，也是由北面进攻，故在城北配置了较多炮火，但我军后来由南面发起攻击，与敌估计相反，这样敌炮火只好隔着龙亭向南发炮，威力大减。等我军迅速突破城门，敌炮兵只顾转移阵地，不能压制我军。

同时，敌军指挥官贪生怕死，只躲在碉堡里瞎指挥，不明外面战况。

在开封守敌节节败退、处境危殆的情况下，蒋介石只好借助飞机轰炸来威胁我军，提高士气。他命令空军司令王叔铭不惜一切代价轰炸开封。仅 6 月 20 日一天，就在开封投弹 20 吨左右。开封女师 700 名学生中，就有 400 人惨遭敌机投弹杀害。美国合众社报道说："飞机轰炸开封的结果，已使和平居民的死伤达六七万之众。"

为了保护平民安全，3 纵、8 纵突进城内后，立即命令部队打开城门，组织和协助群众向城外安全地带疏散。

蒋军不仅昼夜进行野蛮轰炸，而且在城内外商业繁华街区及文化机关区域到处纵火焚烧，肆意抢掠，甚至枪杀救火群众。当我军入城时，到处火光冲天，尸臭难闻。

尽管这样，也挽救不了敌军败局和国民党反动统治灭亡的命运。

国民党河南省省政府阵地很快被我军拿下了。

这颗"钉子"一拔，守敌顿时乱了阵脚，有的逃命，有的投降，有的居然溜入监狱，想化装成犯人逃跑，结果全部被我军就地监禁。

堂堂的河南省主席刘茂恩更是逃命心切，独出心裁。他用鸭血涂抹全身，装成一个受伤老教授，由他卫士的老婆扮做女儿，然后爬上一辆独轮车，混在疏散的群众之中溜出了开封。

至 22 日晨，开封之敌已经全部肃清。颇有讽刺意味的是，开封解放之时，蒋介石正亲自坐着飞机在开封上空督战，可惜，他的督战成了吊丧。

此次开封战役，华野消灭蒋军 3.9 万多人，在击毙了敌 66 师少将参谋长游凌云、13 旅少将旅长张洁后，恶贯满盈的 66 师中将师长李仲辛也被我追击部队击毙在城墙下。

打下了开封后，我军缴获了敌人大量粮款弹药。

美联社 6 月 26 日上海发电称："共军在开封所获武器与军火，使其能把华中作战支持到夏季结束。"

尽管这有些夸大，但华野确实缴获了6000多支库存步枪，3000多桶汽油，32门炮和高射炮，以及其他大批军用物资。

为了能将这些战利品运走，陈、唐还请示华野首长专门向军委、中原局、华东局报告，命令4纵、特纵在兰封以西构筑阻击阵地，争取能多控制一天，以组织大批民工进行抢运。

开封，是粟裕指挥华野在关内夺取的第一个省会城市，为今后继续解放大城市积累了经验。

开封战役前，中央军委就颁发了入城纪律守则，华东野战军政治部向攻城部队宣布了城市政策纪律的规定，号召大家做执行我党我军城市政策和革命纪律的模范，各攻城部队都成立了各级纪律检查组织。进入开封后，广大指战员都以遵纪守法、爱民的实际行动，来执行党中央制定的城市政策纪律，做好群众工作，给开封人民留下了极为深刻的印象。

6月23日，党中央专门发来了祝贺开封大捷的电报："庆祝你们解放开封省城及歼敌3万余人的伟大胜利。尚望继续努力，为消灭蒋敌、解放全中国人民而战。"

党中央的贺电极大鼓舞了粟裕和华野广大指战员的斗志，他们决心再接再厉，再打一个大战役。

粟裕以开封为诱饵，引诱邱清泉兵团这条大鱼上钩，结果谨慎的邱清泉没有上当，只钓到了区寿年这条小鱼，还顺带着把黄百韬敲了一记。蒋介石用杀头来威逼邱清泉救援区寿年，可邱清泉却被粟裕打得连反击都不敢了

6月26日，粟裕率华野主动撤离了开封，朝睢县、杞县方向转移。

粟裕从历次参加的战役中认识到，每个战役都有一个转折点。

这个转折点，就是在对战役有决定影响的环节上，我们掌握了主动，打赢了敌人，从而使我军确有把握取得战役的全胜。因此，战役指挥员不仅要对整个战役有通盘的考虑，预见情况可能的发展变化，在打第一仗时就要想到打第二仗和打第三仗的问题；而且要把自己注意的重心放在战役的转折点上，充分发挥主观能动作用，全力以赴，采取一切手段促使战役转折的实现。在敌人有强大兵力增援的情况下，转折出现得越早越好，要

力争在全战役预计时间的二分之一以前，最好在三分之一甚至四分之一以前到来，这样就不会因时间紧迫而仓促作战，使部队伤亡增大，疲劳加重，士气受到影响。否则，就会陷于被动，不得不撤出战斗。

豫东战役，包括攻城和打援两个作战阶段，整个战役有个转折点，两个阶段也有各自的转折点。粟裕是把注意的重点放在实现全战役的转折上，就是尽快夺取开封和及时掌握用于歼击救援的兵力。

战役一开始，他就督促部队迅速突破敌城垣主阵地，尽快攻占开封，争取整个战役的转折及早到来。

战役从 17 日开始，至 20 日夜，攻城部队就突破了敌城垣主阵地，继而将城区之敌基本肃清。这时，虽然敌核心阵地龙亭尚未被我攻下，但战役第一阶段已胜利在望，粟裕就立即到开封南郊第 3 兵团指挥所，督促第 3 和第 8 纵不要留恋开封战场，除留足够的兵力攻击龙亭外，迅速从城内撤出其余部队，把兵力集中起来，准备再歼援敌。

对于攻歼龙亭之敌，他对部队说，龙亭是要打下来的，但不要急，迟一点不要紧，有点残敌可以作为钓邱兵团这条"鱼"的大钩子，你马上打下龙亭，他来援就不积极了；主要是作好充分准备，确有把握后再打。

豫东战役第一阶段的作战，从战役开始到第 3 和第 8 纵队主力撤出开封，历时 5 昼夜就完成了全战役的转折，掌握了战场的主动权。这时粟裕的心才踏实下来，因为手中已经控制了足够的机动兵力，为下一步歼击援敌创造了有利条件，可以随时投入第二阶段的作战了。

华野实施开封战役的目的，除攻占城市全歼守敌外，更重要的是引诱敌人来援，以便在运动中各个歼灭敌人。现在敌军分两路向开封扑来，正好中了粟裕的"诱敌"之计。但华野已连续行军作战一个月，特别是负责攻城的第 3、第 8 纵队伤亡近万人，其他各纵队虽然伤亡不大，但也相当疲劳。尤其是粟裕本人因长时间紧张工作、指挥战役而病倒了，高烧不退。一天，他在骑马行进途中，因发烧昏迷，从马背上摔了下来，十分危险。于是，粟裕不再骑马，叫参谋找来一辆马车，他坐在马车上奔赴战场，指挥其后的恶战。

在这种情况下，是连续作战，还是稍事休整，必须迅速地作出决断。

粟裕鉴于战役关系全局，不怕疲劳，不怕牺牲，决心抓住有利战机连续作战，再歼援敌。

于是，在攻占开封后的第三天，粟裕便毅然决定主动放弃该城，来一个新版的"空城计"。敌人既然要开封，便将计就计，把开封暂时让给他。

这样既能使敌人背上包袱，分散兵力，又能使我军集中力量寻歼援敌于运动之中。

根据当时敌我情况，在两路援敌中，以围歼较弱的一路即区寿年兵团更有把握。但这时两路援敌相距较近，粟裕想必须先引诱其拉开距离，将援敌隔开，以创造攻歼区兵团的战机。为实现这一决心，于是以4个纵队，即第1、第4、第6纵队和中野第11纵队，组成突击集团，由叶飞指挥，隐蔽集结于睢县、杞县、太康之间的民权地区，实施南北夹击，围歼区兵团。其余部队由华野司令部直接指挥。以5个纵队担任阻援，即第3、第8纵队先由开封向通许方向行动，待邱兵团进入开封，与区兵团拉开距离后，立即掉头向东，会同由上蔡地区北上的第10纵队和位于杞县的两广纵队，组成阻援集团，在杞县以西构筑阻援阵地，隔离邱、区两兵团，阻止邱兵团东援；中野第9纵队进至郑州东南地区，阻击郑州东援之敌，并从侧后牵制邱兵团。另以冀鲁豫军区和豫皖苏军区一部兵力袭击陇海路徐州至民权段，直接配合野战军作战。

根据敌情的可能变化，粟裕对突击集中兵力歼灭区兵团提出了两个作战方案。

第一个方案是：如敌继续由睢县、杞县间向河阳镇、长岗集攻击前进，就将其合围歼灭于马头集为中心的地区。

第二个方案是：如敌徘徊于睢县、杞县地区，我各纵队则分别跃进，将其分割包围于民权、睢县、杞县之间地区，予以歼灭。这样，不论区兵团是前进还是徘徊，都将难逃被歼的命运。

上述战役决心和部署，于24日、25日两次上报中央军委，并报中原军区和中原野战军，同时下达给各纵队预作准备。

中央军委于25日10时和26日3时两次复电，指示："部署甚好。在睢县、杞县、通许之线（或此线以南），歼敌一路是很适当的。如能歼灭第75、第72两个师当然更好，否则能歼灭第75师也是很好的。"

据此，粟裕在26日中午再次给部队下达命令，进一步区分了各纵队的任务，并规定了待机的位置和进入的时间。为配合这次作战，华野第2兵团继续包围兖州，吸引敌整编第25师，第4兵团以主力向淮海地区展开攻势。

参战部队为了贯彻战役决心，积极创造和捕捉战机，歼灭援敌，高度发扬了不怕疲劳、连续作战的光荣传统，在撤出开封后只休整3天，即迅速南下，投入豫东战役第二阶段战斗。

传奇粟裕

6月26日清晨，第3、第8纵队按预定计划，由开封城郊向通许方向转移，诱邱兵团西进开封；第1、第4和第6纵队向杞县以南隐蔽集结。这时，敌国防部又低估了我军连续作战的能力，误认为我军经过开封战役后，"似无积极企图"，"必向津浦路前进"，遂令邱、区两兵团全力追堵我军。骄狂的邱清泉，除先头部队一个旅配合刘汝明部占领开封外，主力直扑通许，妄图尾击第3和第8纵队。

多疑的区寿年却认为我军"有向平汉路进攻模样"，但也摸不清我军行动的企图，因而在进抵睢县、杞县地区后举棋不定。结果，两路援敌在我挥师南下的引诱和迷惑下，一路向西南疾进，一路踌躇不前，从而很快拉开了距离，形成了40千米的间隙。

为了抓住这一有利战机歼灭敌人，粟裕不待查明区兵团的具体部署情况，即于6月27日下达了围歼区兵团的作战命令。当晚，突击集团各纵队即按预定的第二作战方案，乘敌犹豫徘徊、立足未稳之际，从四面八方向敌发起猛烈进攻，边打边查明敌情。

在对敌进行大包围的同时，华野迅猛楔入敌人纵深，割裂敌人部署。至6月29日晨，已将区兵团部和整编第75师、新21旅包围于龙王店及其附近地区，并完成了对第75师各旅团的分割。同时，将敌整编第72师包围于铁佛寺周围地区。

我阻援集团控制了被包围之敌以西20千米之杞县，隔绝了区、邱两个兵团。29日晚，华野突击集团以一部主力继续包围整编第72师，以主力对区兵团部和整编第75师、新21旅发起攻击，经两昼夜激战，至7月1日中午，将敌整编第75师的第6旅及新21旅全部歼灭。

7月1日下午，西线敌邱兵团在华野节节阻击下，进至距区兵团约10千米的过庄、官庄、张阁一线，与我阻援部队展开激战。在东线，敌又将北援兖州的整编第25师调回，与第3快速纵队和交警第2总队组成一个兵团，以黄百韬为司令，由东向西增援区兵团，并已抵达被包围的整编第72师所在地铁佛寺以东约11千米的帝丘店地区。战场形势发生了重大变化。

当时，华野歼击区兵团的战斗正激烈地进行，一部兵力在围歼区兵团、整编第75师师部及第16旅，一部兵力正包围着整编第72师，而东西两线援敌两个兵团又一齐压来。

在这异常紧急的情况下，是坚持还是改变原来的战役决心，需要立刻作出决断。粟裕迅即对敌我情况重新进行了全面分析，认为从我突击、阻援两个集团作战能力和可以争取的时间上看，仍然具备歼灭区兵团的条件。于是，粟裕立即调整部署，增强阻击力量，同时加速攻歼被围之敌。

当晚，粟裕以3个师的绝对优势兵团围歼龙王店守敌，经1小时炮击后开始爆破突击。

部队冒着敌人的火力，前仆后继，猛打猛冲，粉碎了敌人在喷火器、坦克支援下的顽强抵抗和疯狂反扑。激战至2日凌晨3时，将区兵团部、整编第75师师部及第16旅1个团全部歼灭，活捉了敌兵团司令区寿年。

在此期间，西线阻援集团在杞县西南以东地区对敌邱兵团进行了顽强的阵地防御战。

6月30日，蒋介石携空军总司令周至柔乘飞机到杞县上空督战。他声色俱厉地命令邱清泉："迅速攻击前进，与区兵团会合。若区兵团不保，你就提着脑袋来见我吧！"

邱清泉吓得大汗淋漓，即倾其主力，在飞机、坦克和大炮的支援下，对我阻击部队疯狂进攻。敌整编第5师以优势兵力对我坚守的桃林岗、许岗每日发动三四次攻击，整编第83师也用3个团的兵力轮番攻击我宫庄阵地。阻击部队依托阵地，顽强抗击。敌人每突破一个村庄和阵地，我军立即组织反击，同敌人短兵相接，反复冲杀，夺回阵地，终于挫败邱兵团的猖狂进攻，并大量杀伤了敌人，捉了不少俘虏。

粟裕在睢杞、豫东战役指挥所指挥战斗

由突击集团抽出的中野第 11 纵队及华野第 1、第 6 纵队各一部，经过激烈战斗，也阻住了黄百韬兵团的猛烈攻击，使其无法与相距不足 5 千米的整编第 72 师会合。华野东西两线阻援部队的英勇阻击，有力地保障了歼灭区兵团作战的胜利。

粟裕在这一阶段作战指挥中，在多路援敌进逼，战场情况十分紧迫、复杂的形势下，战役指挥上特别注意造成敌人的不利局面和我军的有利态势，并关照好战役的各个方面，争取主动，歼灭敌人。

睢杞战役开始时，如何吸引和调动邱、区两个兵团拉开距离和怎样使开封战役阶段我攻城、阻援两个集团会合，用以在睢杞战役中围歼区兵团和阻击邱兵团，是当时战役指挥上必须解决好的重要问题。

粟裕首先是采取行动调动和分离敌人。增援开封之敌，原想乘我军尚未攻克开封之际，兵分两路在开封地区合击我军。但我军攻克开封后，很快由开封和兰封地区分两路南下。这一行动既利用了邱清泉急于西进开封捞取资本的心理，又造成了区寿年的错觉和犹豫。结果使邱、区两兵团在一天时间内拉开了 40 千米的距离，我军两大集团则迅速靠拢，以勇猛、突然的攻击之势，楔入敌两个兵团之间，将其隔离，阻击一路，围歼一路，再次陷敌于被动挨打的境地。

华野外线兵团的几个主力纵队均是能攻善守的部队，即使是蒋介石的王牌整编第 5 军和整编第 11 师，对他们也望而生畏。但各纵队在攻坚、野战、阻击等方面又各有所长。第 3 和第 8 纵队在开封战役中伤亡较大，但因打了胜仗，士气旺盛，粟裕利用作战间隙把机关勤杂人员和解放战士补充进去，部队的战斗力很快增强。第 10 纵队虽经长途跋涉，比较疲劳，但建制完整，实力坚强。第 1、第 4 和第 6 纵队自渡黄河以后，只打了些阻击战，齐装满员，士气正旺。

睢杞战役开始，粟裕就把第 1、第 4、第 6 纵队和中野第 11 纵队由阻援集团改为突击集团，用以围歼立足未稳的区兵团，把减员较大的第 3 和第 8 纵队以及第 10 纵队、两广纵队组成阻援集团，用以阻击邱兵团。

在围歼区兵团的过程中，粟裕又根据情况变化和作战需要，就近转用兵力，对突击和阻援两个集团的力量作了必要调整。由于及时地调整部署和转用兵力，充分发挥了各部队的长处，照顾了各部队的实际情况，所以既歼灭了区兵团部和整编第 75 师，又阻止并杀伤了大量敌人的援兵。

第三是组织好突击和阻援两个集团的协力作战。这次作战的情况与第一阶段不同，被围之敌和被阻之敌相距较近，我突击集团和阻援集团的任何一方如果作战不力，都将影响整个战役的顺利进行，甚至会使我军陷于困境。

因此，粟裕在战役指挥上，对我军两条战线的作战都必须予以重视。对突击集团的指挥，就是要部队不停顿地连续突击，不给敌人以收缩和组织防御的时间，在大胆分割包围敌人的同时把主要突击方向直指区兵团部和整编第75师师部所在地龙王店，以攻敌首脑，打乱其部署，松懈其斗志。对阻援集团的指挥，就是要部队顶住敌人在强大火力支援下的连续攻击。在敌增援部队战斗力较强，与被围之敌距离很近的情况下，阻击战已由第一阶段的运动防御转变为基本上是坚守防御。这就要求部队必须顽强坚守每个阵地，不经批准不允许放弃，如果丢失，应立即夺回。因此，尽管敌邱清泉兵团在飞机和炮兵的猛烈火力支持下，对我军进行连续轮番攻击，但终于被我军打退。邱清泉兵团眼看相距仅约10千米的区兵团被我围歼而无可奈何。

7月2日晨，在将区兵团部和整编第75师师部歼灭后，战场形势立刻发生了有利于华野的重大变化，华野除留少数部队继续歼灭整编第75师残部外，已可随时将主力转用于与其他敌人作战。

同时，粟裕还认为，华野攻克开封，又在睢杞地区歼灭大量援敌，已经基本上达到了预期的战役目的。这时部队经过连续作战，减员较大，十分疲劳，粟裕下一步的任务，主要是组织部队胜利撤出战斗，转入休整。

在战役指挥中，组织转移是一个值得深思熟虑的问题，它不仅关系到下一步作战任务的衔接，而且直接影响战役本身的成果。战役打得好，如果转移不当，也会转胜为败；反之，战役进行不顺利，但转移得当，就可以减少损失，改变不利态势。

为此，粟裕对当前敌情及如何组织部队顺利转移的问题再次作了分析研究：被包围的敌整编第72师是被歼后重建的部队，战斗力不强，已构筑较坚固的工事转入防御，我只用少数部队予以监视，该敌就不敢出动，对我军转移影响不大。援敌黄百韬、邱清泉两个兵团遭我阻击后不甘失败，仍由东西两面向我对攻。胡琏兵团也正由南向北攻击前进，尤其是黄百韬兵团，增援积极，已进抵帝丘店附近，对我军从战场东部撤出威胁较大，如不给该敌以有力打击，主力携带大批伤员，将难以顺利撤出战斗；即使撤出，各路敌人也会尾追而来，使我军陷入被动。

于是，粟裕决心乘黄百韬兵团经长途跋涉，尚未展开，战斗力相对减

弱之机，先声夺人，给运动中的黄百韬兵团以歼灭性打击。

7月2日，粟裕向部队下达战斗命令，分配了任务：以第3纵队和第10纵队及第8纵队继续阻击邱兵团；以第8纵队大部及第6纵一个师围歼敌整编第75师第16旅旅部及两个团；以中野第11纵队监视敌整编第72师，并作为战役预备队。

按预定的作战计划，我突击集团以一部兵力迅速全歼了敌整编第75师第16旅旅部及两个团，主力则在黄百韬兵团正向我进攻时全线出击，对黄百韬兵团实施合围。

战至4日拂晓，黄百韬兵团被我歼灭近两个团主力，并被我压缩于帝丘店及其外围18个村内。

5日，敌步兵由坦克引导，在飞机、炮兵火力的支持下，由帝丘店附近向我进攻部队实施疯狂反扑。经7个小时激战，我军给敌大量杀伤，将其打退。黄昏后，我军再次对敌发起攻击。至6日，歼敌一个多团。

这时，黄百韬感到自身难保，惊恐地把部队缩至以帝丘店为中心的狭小地区。

在我军围攻黄百韬兵团的过程中，西线援敌邱清泉兵团在得到刘汝明部的加强后，主力避开我阻击正面，由我阻击集团右侧向尹店方向迂回前进；东线敌整编第74师（重建）已进到宁陵及其以西地区。此时，我军已给黄百韬兵团以歼灭性打击。

为保持主动，华野于7月6日命令部队于当日撤出战斗，分别向睢杞以北及鲁西南转移。至此，豫东战役的第二阶段——睢杞战役胜利结束，继开封战役之后，又歼敌5万余人。

睢杞战役是豫东作战的最后一仗，我军不仅把黄百韬兵团打得焦头烂额，而且使邱清泉不寒而栗，可谓一箭双雕。在我军与敌脱离接触时，黄百韬仍惊魂未定，一动也不敢动。而我军却在多路援敌逼近的情况下一下子跳了出来，进入预定地区休整。当敌人查明我军位置时，我军已休整一周了。

睢杞战役结束后，7月11日，党中央给华东野战军和中原野战军全体指战员发来贺电："庆祝你们继开封胜利之后，在豫东又歼灭蒋军区寿年兵团、黄百韬兵团等部队5万人的伟大胜利。"

"这一辉煌胜利，正给'蒋介石肃清中原'的呓语以迎头痛击；同时，也便于我军更有利地进入了中国人民解放战争的第三年度。当此盛暑，特向同志们致慰问之意。"

第十章 浴血豫东

第十一章　济南战役

毛泽东要求粟裕组织济南战役，粟裕却怀有更宏大的战役构想——把攻下济南的战略决策变成一个完整而周密的"攻济打援"，并继而拉开了与蒋介石的江北近百万大军战略决战的序幕

1948 年 7 月 15 日午夜，山东曲阜，华东野战军总部。就在孔子及其家族的墓地——孔林不远处的一幢古式房间里，粟裕还没有入睡。昨天，他刚接到毛泽东签发的两封电报，要华东野战军组织济南战役。这犹如千钧重担直落双肩。此时，粟裕是华东野战军代司令员、代政委，集军政指挥于一身。他立即召集参谋长陈士榘、政治部主任唐亮、副参谋长张震开会，研究如何执行西柏坡的电报指令。

展开地图，一个严峻的国共两军对垒态势展现在他们眼前。

在华野的正南方向，徐州"剿总"国民党上将总司令刘峙坐镇徐州，辖李弥的第 13 兵团，策应徐埠一线。他重兵在握，似有坚不可摧之势。

在华野的西南方向，邱清泉的第 2 兵团列阵于河南东部商丘、硕山、黄口一线；孙元良的第 16 兵团镇守郑州；国民党第 4 "绥区"陈兵于开封、

兰封及山东菏泽一带。这里的数十万国民党军可在数日内向东北突进，以解济南之围。

在华野的东南方向，国民党第3"绥区"列阵于临城、枣庄、台儿庄一带；黄百韬的第7兵团位于陇海路东段的新安镇一线，这里的数十万国民党军队已经摩托化，可以在广阔的平原上向北疾驰。

此时，山东的中心革命根据地临沂也为国民党军占领，这部分国民党部队可以成为向北突击的先遣力量。

济南在华野的北方，王耀武率国民党第二"绥区"的11万守军据险死守，因而济南不可能轻而易举地拿下。

解放军的兵力态势尚被敌人阻隔在4块区域：

以曲阜为中心，华野第6纵队位于兖州、济宁一带；第3纵队、第10纵队和第11纵队分布于金乡、巨野、嘉祥一带；第9纵队、第13纵队位于莱芜、泰安一带。

渤海纵队位于济南以东的邹平一带。

华野总部率第1、第4、第8纵队和先遣纵队位于徐州的西南方涡阳、马店子一带。

苏北兵团的第2、第11、第12纵队则在苏北的涟水一带。

"图上谈兵"，从国民党军的兵力和位置上看，都不能说他们处于劣势；而此时解放军的指挥员们也都不能断言自己军力强大。

世界上的军事家们谁都懂得其中的道理：胜利，是双方都在拼死争夺的东西！

为了得到它，谁都想运用自己的智慧去制胜对方，包括使用残酷的手段。

粟裕正陷入一种庄严而长久的思考中。

前不久，毛泽东、周恩来和中央军委在召见华野将领王建安、陈锐霆等人时，提出了攻占济南的设想。随后，粟裕召开华野作战会议，认真讨论毛泽东和党中央提出的攻济战略。

在这次会议上，华野参谋长、新中国成立后被授予上将军衔并长期担任军委工程兵司令员的陈士榘率先直抒己见："如何理解中央军委的电令？我认为，如果这个部署主要是为了分散敌人，以帮助我们取得时间来休整，我的意见则不必如此。因为在这段时间我们的各路纵队，除4纵、8纵外，已大体得到一定的休整，疲劳已经恢复，只是弹药尚未得到补充。

1948 年 10 月，粟裕（左一站立者）等华野将领在华野前委扩大会议期间合影

我们正在分别给予补充，大约在半月至 20 天内即可完成。在这期间，即使黄百韬兵团和邱清泉兵团仍全力转对我们，我们亦可采用分散或犄角形势，以争取休整。只是我军连月苦战，营、连、排级干部伤亡较大，建议华东局能督促抽调大批干部补给我们。"

华野政治部主任、新中国成立后的上将唐亮讲："睢杞战役后，邱清泉兵团虽然善于投机，常常尾随我军北进，逼我与其发生战斗，但他的 5 军伤亡甚大，其战斗力大为减弱。我许谭兵团济南大捷后即屯兵休整。黄百韬兵团又转向东南对付我 4 纵和 8 纵。根据以上情况，我以为，如我军攻下济南，邱兵团目前不敢再向济南。因此，济南尽可巩固。如果万一邱兵团乘机向济南进犯，则许谭也可乘邱兵团兵力不足和疲惫之机，迎头予以打击。"

华野副参谋长张震表示同意陈、唐两位的见解，他补充说："邱清泉这个兵团虽属国民党军的支柱，但据俘虏们说，战斗减员已严重到各团普遍只剩下一个营的程度，最多者也只存两个营。不过，邱清泉是个治军有方的人物，他会寻机同我作战。我以为，许谭兵团目前暂留济南为宜。如果邱清泉敢于来犯，除许谭兵团可以迎击以外，我们尚可命令6纵和11纵两翼夹击。目前的核心问题是怎样攻下济南。"

粟裕静静地听着各位的发言，他心中实际上怀有一个宏大的战役构想。他的思路在津浦、陇海两大干线的千里大地上驰骋。他不仅在心中调动着他统率下的32万大军，也拨动着以济南、徐州为中心列阵的数十万国民党军队。以他的32万人马去打掉济南的11万国民党军并不困难，但他的深层构思是把中央军委的攻下济南的战略决策变成一个完整而周密的"攻济打援"，并进而拉开与蒋介石的江北近百万大军战略决战的序幕。

他说："目前如果令我许谭兵团的一部抢占济南机场，恐怕部队本身有困难。他们自海县、兖州战役之后，伤亡很大；他们东征西杀，驰骋于山东、河南许多战场，再也难以连续作战了。在此种情况下再去攻击济南，势必迫敌北援。这样，济南仍有被敌重占的可能。以许谭现有的兵力攻济南与打援势难兼顾。如以许谭专攻济南，兵力虽可，但时间需长，南线之敌仍可能北援。如邱清泉、刘汝明两兵团北援，则许谭专事打援会感到兵力不足。因此，我建议：许谭与我们争取时间1个月，而后协力攻打济南，并同时打援；于打援中选择有利阵地，以求歼灭邱清泉兵团的大部或全部，这都是有可能的。为了攻占济南，必须抽出几个长于攻坚的部队参战。依你们的看法，许谭兵团的哪些部队擅长攻坚？"

张震说："我华东战区的部队人人都知道，原新四军是长于野战；原山东的许多部队则长于攻坚，这些部队自抗战以来多是从小规模的攻坚战中成长起来的。据我所知，像9纵、13纵，这些从胶东拉起来的部队，在潍县战役、兖州战役中表现出了顽强的攻坚精神。"

粟裕说："拿上这样的部队，估计只要半个月时间即可攻下。我一直在想：只要济南攻下来，打援方面又能取得胜利，整个战局就可能向南推进，今年攻占徐州似有极大的可能。所以，我以为我们不能孤立地看待这个济南战役。把'攻济'和'打援'两个环节放在整个作战的棋盘上思考，这是我们华野前指指挥战役的重大策略。我们还要让南京、让徐州始终估不透我军作战的目的是意在济南，还是意在徐州，或意在打援。这就是我们全部谋略的奥妙所在。"

这次重要的华野指挥部会议结束在启明星将出的黎明时刻。会议决定将这些意见汇总起来，用电报上报西柏坡，请中央军委定夺。

粟裕等人走出会议室时，远处传来值更的梆声。他走回自己的卧室，并没有一点睡意，心情十分沉重。他的军事使命是怎样指挥华野32万人马打胜对手；他的政治使命又迫使他去思考怎样迅速地结束这场战争，结束人民的苦难。

毛泽东和中共中央电令华东野战军组织济南战役只是个战略构想，而粟裕同华野将领则必须在深刻领会毛泽东和党中央战略设想和基础上提出具体、系统的战役行动方案。

对此，粟裕与西柏坡的毛泽东、周恩来、朱德等中央军委领导人决策的共同点在于不仅仅要拿下济南，而且还要大量歼灭国民党军队。

对于即将展开的济南战役，他已经有了一个大胆而审慎的决战谋略。

在华野济南战役准备会上，粟裕摊开他的笔记本说："我华东野战军指挥部为执行中央军委电令精神，组织济南战役，准备在雨季后集中通知许谭兵团、韦吉兵团在内的30多万人，或先攻占济南，或先转到外线进行大规模歼灭战。针对当前的敌情，我们拟向中央军委提出以下几个作战方案：

一、集中全力转向豫皖苏及淮北路东地区作战，截断徐埠铁路，孤立徐州，以重点放在打援上，求得在运动中首先歼灭第5军，继而扩大战果，歼击其他兵团。此方案的有利之处是将战争完全带到陇海线以南，减轻了老解放区的负担。但请你们注意，济南没有攻下，老区人民还是要负担的。我攻歼第5军，敌人非援救不可，这就便于我们在运动中歼敌。但这个作战方案的不利之处是，一个巨大的兵团于新区作战，供应会极为困难；而各路敌人增援却较容易，敌机械化部队易于活动，迫我必须以相当数量的兵力担任阻击。同时，许谭兵团和韦吉兵团初次转到外线，雨水未干、道路泥泞的情况多少会影响他们的战斗力。而且这样打虽能歼灭敌人一批有生力量，却达不到孤立徐州的目的。"

粟裕继续说："第二个作战方案是：集中主力首先攻占济南，对可能北援之敌以必要的兵力予以阻击。此方案有利之处是使济南敌人工事及守备兵力不致继续加强，便于攻击。如济南能在短期内攻占，则对全国战局及政局均有好的影响，将造成下一步更有利的战略形势。例如，贯通津浦、

德石和华北、东北的联系，并便于华北、华东兵力的运转，也便于山东兵团全力转到外线机动。但不利之处是济南守敌兵力已有相当数量，且设防已久，恐非短期所能攻占。我们估计攻济需20天左右时间。阻援部队将非常吃力，如援兵阻止不了，有打成僵局的可能。如果那样，则对大局不利；且在重点放弃攻济的情况下，兖州、济宁有被敌重占的可能。如敌守济、兖，我须再攻，如敌不守，则敌有破坏两城的可能，对我也不利。"

"第三个作战方案是：攻济与打援同时进行，但应有重点地配备与使用兵力。这个方案分为两个阶段：第一阶段以两个纵队抢占济南机场而巩固之，并在济南敌人反夺机场中，尽量歼灭其反击力量，以削弱其守备兵力。同时以其余11个纵队打援，则兵力足够歼灭援敌一路或两路。敌增援的可能性很大，我们要首先歼灭他的第5军。只要援敌被歼，则攻济南有保障。第二阶段则于歼灭敌人援敌之主要一路后，以一部任阻击，而将主力转到攻济南。此时，守敌和援敌在遭到惨败后，均易被我歼击，攻济南也将更有保证。这一作战方案的有利之处是：将第一、第二两案配合执行，攻坚与打援有重点地进行，以达一箭双雕之目的；同时，我们在预定战场上吸引敌人来援，可取有利地形，达到运动歼敌的目的；另外，我军在有后方作战的情况下，补给容易，战力也将大增。"

粟裕说到这里站了起来。他很少这样亢奋，胸中似怀有必胜的信念。他说："此役如能取得决定性胜利，则对下一步全军转到陇海以南也较为有利。那时，敌人的机动兵力少了，雨季也过了，向前延伸的补给线也较安全了，进而对下一步实现孤立徐州的作战目的也有了较大的可能性。同时，各方援敌离济南较远，不易适时增援。但是，这个重大的战役还将给山东人民带来最后一次巨大的负担：虽然可由河北河南分担一些，但这重大负担还必须主要由山东人民来承受。山东人民太苦了！我们只有用胜利来偿还人民！"

粟裕动情了。他缓缓地坐下来，喝了一口清茶，继续说："我以为，这第三方案为最好。请大家发表你们的见解和意见。"

与会华野军政领导几乎毫无异议地同意"攻济打援"同时进行的第三作战方案。

粟裕就执行第三方案中关于打援战场的选择，发表他几经思考的意见："打援战场有两个选择。第一，引诱援敌至汶河以北、泰安以西、肥城以南地区而歼灭。这个战场为起伏地带，水多山多，敌机械化部队进展困难，对我军有利；但不利于我军之处是，敌沿铁路北进与沿鲁西南一线的运河西岸北进，这两路可以靠拢，不易分割，有打成僵局的可能。因距济南太近，又恐影响攻城。而且敌可以以兖州、济宁两城作攻守依托，对我扩大战果不利。"

"第二，打援战场选择在鲁西南的金乡、巨野、嘉祥地区或邹县、藤县之间。其有利之处是敌沿铁路北进和沿运河西岸北进不易靠拢，而易为我分割，并为我各个歼灭。我则可控制兖州为中心之地带，转移兵力均极便利。这里距济南也较远，对攻济南部队没有影响，于尔后的扩大战果也较便利。其不利之处是，在鲁西南的金、巨、嘉地区作战，水围较多。此方案战场究竟选在邹、藤间还是金、巨、嘉地区，则以敌第5军来援之路为定。总之，打援一定要以首先歼灭第5军为主要目标。"

华野前指的秘密会议将3个方案上报西柏坡之后，粟裕在无言中等待中央军委的回电。他仍在昼夜不寐地对3个方案做细部比较。渐渐地，他的思路沿着第3个方案的进程飞驰，准备一旦中央军委的电令下达，便迅速提出执行这既定方案的更为完善的运筹。

针对粟裕的3个方案，毛泽东又提出了更进一步的想法，粟裕看后连连叹服："主席才是真正的战略大家呀！"

电报发去3天之后，1948年8月12日黄昏，毛泽东签发的中央军委电报终于来了。

粟裕激动地伏案阅读电文。他仿佛觉得这是毛泽东在和他面对面地促膝谈话：

"10月4日电悉。你们所提3个方案我们正考虑中，待你们和许、王、谭会商提出更接近实际的意见以后，再正式答复你们。现我们只提出一些初步感想，作为你们会商时的参考材料：

（一）9月作战，预计结果有3种可能。第一，打一个极大的歼灭战，这即是你们所说的既攻克济南，又歼灭5军等大部分的援敌。第二，打一个大的但不是极大的歼灭战，这即是攻克济南，又歼灭一部分但不是大部分援敌。第三，济南既未攻克，援敌亦不好打，形成僵局，只好另寻战机。"

读到这里，粟裕点头。军委对华野 3 个作战方案的看法正切合他自己内心的基本预测。粟裕喝了口水，继续读了下去：

"你们第三方案之目的，是为了争取第一种结果。其弱点是只以两个纵队占领飞机场，对于济南既不真打，而集中 11 个纵队打援，则援敌势必谨慎集结缓缓推进，并不真援。邱清泉、区寿年兵团之所以真援开封，是因为我们真打开封。敌明确知道我是阻援，不是打援，故以 10 天时间，到达了开封。如果你们此次计划不是真打济南，而是置重点于打援，则在区兵团被歼，邱、黄两兵团重创之后，援敌必然会采取（不会不采取）这种谨慎集结缓缓推进方法。到了那时，我军势必中途改变计划，将重点放在真打济南。这种中途改变计划，虽然没有什么很大的不好，但丧失了一部分时间，并让敌人推进了一段路程，可能给予战局以影响。

（二）再一个条件，即是在使用许、谭全部兵力不要其余各纵参加，或者即使参加也只是个别的师，至多不超过一个纵队的条件下，我们目前倾向于攻城打援分工协作，以达既攻克济南又歼灭一部援敌之目的。既采用第二方案，你们争取的是上述第二项结果。我们觉得这样做比较稳当，比较能获结果。因为此项作战，是在区兵团主力被歼，邱、黄两兵团又受重创，25 师后撤的情况下，虽然新来了 8 师、64 师，至多只能抵上区兵团主力之被歼及 25 师之后撤。你们集中 6 至 7 个纵队，不但能阻住援敌于适当地区，而且能歼灭其一部分，至少能保障攻克济南。这就是我们所想的攻城打援分工协作计划。

（三）不管你们采取第二方案或者第三方案，在兵力部署方面，叶飞所指挥的 3 个纵队，应于本月下旬结束整训，北移嘉祥、巨野地区。已经在北面之各纵及正在移动中之第 3 纵，则应适时位于兖州、济宁或其以南地区，即是说，除韦吉之 5 个旅可以临时决定参战位置外（该部拟以担任攻击徐州、蚌埠段为宜），一切正规兵力均应位于正面，先求阻击，然后寻机歼其几部。而不要企图以叶飞 3 个纵队尾邱、黄之后，作夹击邱、黄之部署。如果你们是企图打援，则邱、黄绝不分兵两路，而让你们夹击其一路。那时敌之部署极大可能是以一部位于运河以西（例如金乡）以钳制我军一部，而以主力沿津浦路北进援济。或者相反，以一部抗击津浦路，而以主力沿运西北上救济。因此，我军必须事先夹运而阵，并构筑几道防御工事，以便随时转移兵力于运东或运西，阻击与歼灭援敌。"

读完电文，粟裕敏锐地发现，毛泽东高瞻远瞩地指出了华野的第二方案的弱点是"只以两个纵队占领飞机场，对于济南既不真打，而集中 11 个纵队打援"。这样，攻济的兵力不足，难以攻下；打援又因兵力太强，敌又不可能出援。

粟裕明白了。毛泽东认为，只要用上 6 至 7 个纵队，即能阻住援敌于适当地区。这样，原来拟用于打援的 4 至 5 个纵队便可用于攻城，而攻城力量的加强可缩短战役的时间，最终体现攻克济南的唯一目的。

来自西柏坡的这段电文集中反映了毛泽东的指挥思想。在两军对垒的棋盘上，他强调"一切正规兵力均应位于正面"，不主张"叶飞的 3 个纵队尾邱、黄之后，作夹击邱、黄之部署"，提出了"夹运而阵"的打援战场选择与设置构想。

粟裕手持电文久久思考，不由大为叹服，喃喃自语："主席才是真正的战略大家呀！"他决定坚决执行毛泽东的战略决策，但他坚持他的战役分两步进行的构想。他准备再次发电报给西柏坡，陈述己见。

粟裕认为：从一定意义上说，这次战役是解放军和国民党军战略决战阶段的序幕，必须谨慎从事。在以往攻城失败的战例中，有些是正当守敌已经再经受不住最后一击，而作为攻方的我军已精疲力竭之时，数路援敌却蜂拥而至，使我军腹背受敌，只得被迫撤围。这种"为山九仞，功亏一篑"的事情，绝不允许在战略决战即将到来的时刻重演。他的巨大压力正在这里。

西柏坡的电报推动着一个重大战役的迅速形成。华东战场上解放军 30 万大军的一切活动节奏都在加快。

就在粟裕接到这封电报的前 7 天，即 1948 年 8 月 15 日，毛泽东电令刘伯承、陈毅、邓小平："9 月的华野攻济打援是一项严重作战，需你们的有力配合。"在回顾济南战役作战方针的形成过程中，粟裕说，我军战史上运用过"攻城阻援"的方法，即以攻城为目的，大部兵力用于攻城，小部兵力用于阻援，阻援是攻城的手段。我军战史上也运用过"围城打援"

传奇粟裕

总前委会议旧址、华野指挥部驻地安徽萧县蔡洼

的战法，即以小部兵力围城，这是诱敌来援的手段，而以大部兵力用于歼灭来援之敌，这是目的。我对豫东之战的方案虽是既攻城又打援，但战役分为两个阶段，可视机行事。这次"攻济打援"则是在新条件下的崭新战法，特点是在保证有足够的兵力攻下济南的前提下，以大部分兵力用于打援，求得在攻济的同时，歼灭援军一部，这是达到攻济目的的必要手段。

这一新的战法，是中央军委、毛泽东经过反复思考才确定的。

大柏集，这个位于宁阳西北的历史上无人知晓的普通村镇，用战争记录了它的存在与光荣。粟裕与华野前指其他将领及其司令部的全体人员，在临战前夕由曲阜移驻这里。在这里，他们度过了许多紧张、劳累但又庄严、兴奋的不眠之夜。

西柏坡的毛泽东对济南战役的宏观运筹，越来越进入许多细部的考虑，并及时提醒粟裕等人注意。1949 年 8 月 26 日，毛泽东致电粟裕、谭震林、陈士榘、唐亮：

> 攻济打援战役必须预先估计 3 种可能情况：
> （一）在援敌距离尚远之时攻克济南；

（二）在援敌距离已近之时攻克济南；

（三）在援敌距离已近之时尚未攻克济南。

西柏坡的毛泽东、周恩来、朱德和任弼时等人还叮嘱粟裕等人，应首先争取第一种，其次争取第二种，再其次应有办法对付第三种。在第二种情况下，即应随机改变作战计划，由以攻城为主改为以打援为主，在打胜援敌后再攻城。

估计到这一点，希望将全军区分为攻城集团和阻援打援集团，应留出强大的预备兵力，准备在第三种情况下，手里有足够力量歼灭援敌。

为达此目的，西柏坡的伟人们要求粟裕，应着重多道坚固阻援阵地的构筑，以使一方面节省阻援兵力，避免使自己的大量兵力消耗和疲劳于阻援作战之中，另一方面使敌兵力大量消耗于我阻援阵地之前。弹药的使用及储备、粮秣的筹集，均须和上述要求相适应，即使在第三种情况（最困难的情况）出现时，要求他们不但在兵力上，而且在弹药和粮秣上均有办法战胜敌人。只有预先准备好了这一切，才能保证胜利。

1948 年 8 月 25 日，山东曲阜。华东野战军军事会议。

会议由华东野战军代司令员兼代政治委员粟裕主持。衣着整洁、神色庄严的粟裕来到时，会场顿时肃然。

在会上，粟裕站起来说："同志们，自从中央军委要求具备了条件的各野战军，应明确树立敢于夺取敌坚固设防的战略要点，敢于打大规模歼灭战的决心之后，我们连续攻克了洛阳、开封、潍县、兖州，并取得了豫东战役的胜利。中央军委又制定了我华东野战军准备在8、9两个月攻克济南，然后于今冬明春夺取徐州的重大战略决策。根据我的提议，明确改变了5月间曾要我率3个纵队，在4至8个月后渡长江南下的计划，确立了将国民党主力消灭于长江以北的战略设想。华野接到中央军委电令后，我与谭副政委、陈参谋长、张副参谋长、唐主任以及作战部的许多同志几经会商，也同各纵队的同志不断会商，迅速拟订了作战计划，及时呈报了中央军委毛泽东、周恩来、朱德等领导同志。他们对济南一战极为关注，一个月中曾数次来电，不断提醒我们注意的问题，通报敌情，改正我们的一些设想。在前天召开的解放军总部战况汇报会上，朱老总又说，'自古以来谁在中原取得胜利，最后胜利在于谁的问题就能解决'。而且提出要在今后10个月内解决傅作义，拔掉济南、太原据点。可以说，在西柏坡中央军委的领导下，

济南战役的作战计划已基本形成。这次请同志们来这里，是请你们了解全部的作战意图，并明确你们各自的任务，再请你们对作战计划作最后的研究。"

粟裕喝了一口水，指了指张贴在墙上的宽阔的军用地图，说："战局已经到了我们向敌人和我们自己的人民显示，人民解放军已经到了可以拿下国民党任何坚固设防的大城市的时候了！"

"由于我们的接连胜利，济南已经成为突出山东解放区的一个孤立据点。济南已经成为我必攻击、国民党必坚守的争夺焦点。因而，济南的国民党 11 万守军必作困兽之斗，而蒋介石也会尽其一切可能组织救援。因此，你们一定要看到，这是一场大规模的歼灭战，这就要求我全军将士，坚决执行命令，克服可能遇到的任何困难，想尽一切办法完成各自所负担的任务。"

"攻城部队，你们要很好地运用攻城经验，周密地组织火力与运动的配合，很好地使勇敢与机智结合起来。你们要从实战中培养出大批的爆破手、投弹手、神枪手、神炮手、架桥英雄、突击英雄。我们的战士要发挥进取精神，不错过机会夺取与巩固阵地，压缩敌人，并有力地打垮敌人的反扑，争取早日打下济南。

"打援部队，你们要组织部队控制有利阵地，构筑坚固工事，布置天罗地网，等来援之敌进入圈套，一举歼灭掉！你们要发挥猛冲猛打的勇猛精神。你们也要有到敌人心脏里去的胆量。你们要敢于分割敌人，并各个击破。你们的阵地要坚不可摧，你们要以你们的胜利保障攻城部队的胜利。"

粟裕的讲话给与会者以激励和振奋。

粟裕传达了 10 天前在这里召开的地委书记、专员联席会议精神。这个会议的中心议题就是济南战役的支前工作。谭震林说："兵马未动，粮草先行。我们的大军未动，全省 50 万支前大军就已开始行动。山东的解放区人民将为大军准备 1.4 亿斤粮食；在济南百里至数百里的范围内，将设立许多巨大的供应站，粮食、油盐、柴草、门板、麻袋、布匹、鱼、肉、虾皮、蔬菜……将堆积如山。"

上午的会议结束了。粟裕率华野司令部以极为丰厚的待遇款待这些来自前线的带兵人。美国人送给国民党军队的各类罐头，常常成为解放军的战利品。今天，除数不清的罐头供他们食用外，还特请专做"孔膳"的厨师为前线来人献艺。在征战中，以苦为乐的军人们少有这般口福。第 10 纵队司令员宋时轮是有酒必喝，喝了又不免要醉的。他与王建安碰杯中的亲昵和对骂，惹得大家哄然大笑。到了华野总部，将军们如同远嫁的姑娘回到娘家那般亲切。

仅仅一个星期就打下了 10 多万人据守的济南，让粟裕充满了信心，相信自己"能够攻占任何坚固设防的大城市"

9 月 16 日——农历中秋节的前夕，在"打下济南府，活捉王耀武"的怒吼声中，我军拉开了济南战役的序幕。

国民党军济南守将王耀武在济南城内精心布置兵力，搞大纵深配备的目的，就是妄图诱使我军对其星罗棋布的外围据点一个一个依次进行争夺，以此来迟滞我军的前进速度，削弱我军战斗力，使我军不能集中主力，迅速投入夺取其核心部位的战斗，进而拖延时间，等待援兵，伺机反攻。因此，如何才能既突破敌人的外围，不为敌人大量据点所牵制，把强大的攻城力量投入夺取内城的战斗，就成为攻克济南首先要解决的问题。

针对敌人这一企图和防御部署，我山东兵团所属的 7 个纵队，分东西两个攻城集团，对济南实施两翼钳形攻击。兵团首长指示担任扫清外围的部队，不要分主攻、次攻；对敌人的外围据点不要依次逐个攻击，而要选择有利部位，集中兵力、火力，突破一个口子。谁得手后，谁就要大胆地楔入，不要怕突出，不要有后顾之忧，要像一把把尖刀，直插敌人心脏，打乱敌人的部署，错乱敌人的神经，不给敌人判断的时间，把主动权牢牢地掌握在我们的手里。

9 月 16 日，当我军扫清外围的部队，刚向长清敌人发起攻击时，王耀武便认为，我军主攻方向在西，目的是夺取飞机场，切断其与空中的联系，然后攻城。因此，他急令晏子风带领总预备队 19 旅和 57 旅，向古城以西增援，策应长清守军，保证 74 师顺利空运济南。

就在 17 日晏子风急忙率领总预备队增援古城、长清的时候，我第 9 纵队猛扑向茂岭山、砚池山。茂岭山和砚池山是济南城东两个制高点。王耀武视之为济南的屏障、东守备区的核心，由曹振铎的 15 旅守备。山上工事坚固，密布明、暗地堡，并筑有夹壁围墙，囤积了充足的粮弹。但经过一夜激战，便被我军占领了。

于是，王耀武又认为我军主力在东，急调 19 旅和 57 旅回援，并命令

传奇粟裕

73 师和 19 旅，向茂岭山、砚池山猛烈反扑。

就在王耀武时而西、时而东，拉着总预备队"武装大游行"的时候，我军担负扫清外围任务的部队，像锐不可当的铁扫帚，把济南周边的多个外围据点，一个个击破了。

我军由西面进攻的第 3 纵队，接近了济南商埠，并用火力控制了飞机场，迫使正在空运的 74 师，只运了 7 个连，便急忙调转机头，飞回徐州。

蒋介石仍不甘心，命令其空军副司令王叔铭亲临济南上空侦察，继续设法空运。然而，王叔铭的座机刚进入济南上空，即遭到我茂岭山等制高点对空武器的猛烈射击。王叔铭只得从飞机上看看机场上不停爆炸的炮弹，向王耀武说了几句打气的话，慌忙离开济南上空。

与此同时，我第 9 纵队打退了敌人对茂岭山、砚池山的反扑，便直逼济南外城。

19 日，在我军的连续打击下，吴化文率 155 旅、161 旅及独立旅 2 万余人，在战场上起义。

这一下，王耀武的神经更加错乱了。他急忙派特务团和装甲汽车连，加强对其司令部的警卫，同时急电刘峙和蒋介石，请示"可否一举向北突围"。

20 日，蒋介石和刘峙的回答都是"固守待援"。于是，王耀武只好采取集中兵力，缩短阵地的办法，将一些外围据点的部队，调入市区，以内城为主，固守城垣；只留下千佛山、四里山、齐鲁大学、商埠和外城为据点，固守待援。王耀武同时命令固守内外城的部队，将城墙附近的建筑物全部拆掉或烧毁，以扫清射界，阻止我军接近城垣。

21 日，我军突入商埠，由南北两面切断了外城与商埠的交通，堵塞了商埠守敌的退路。我军担负攻城任务的部队，把这些孤立的据点甩在背后，直插外城，只等攻城令下。

22 日黄昏，总攻开始了。榴弹炮首先怒吼，一发紧接着一发的炮弹，准确地在预定目标上爆炸了。四辆美式坦克，在我军强大炮火掩护下，一字摆开，发出隆隆的吼声，扬起阵阵尘土，直向永固门外驰来。

坦克碾碎敌人的鹿寨，冲垮敌人的铁丝网，边前进边射击，一发一发炮弹，在敌人的子母堡群中，在射击掩体上爆炸着。突然，在一个大暗堡里，伸出了联络坦克的记号。一个敌人钻出暗堡，一边挥舞双手，一边扯着嗓子喊道："你他妈往哪开？我们是保安第 6 旅……"他的话音还没落，只听到"咚咚"两声炮响,那个喊叫的家伙和暗堡同时腾空了。

突入永固门的73团,经过一夜激战,歼灭了保安6旅旅部,又打垮了据守养老院敌人的反扑,直逼三官庙和牛奶公司,俘敌200余人,胜利地来到敌人最后一道防线内城面前。

与此同时,我军第10纵队、第11纵队攻入永镇门,第3纵队突进到趵突泉以南,渤海纵队也由花园庄突入,在东西仓街与敌展开了激战。商埠的各个据点也被我军攻陷,我军从四面八方压向老城。

22日18时,攻济大军东西两路向内城发起总攻,强大的炮火猛扑城垣,烟雾遮天,全城震撼。没有任何方式能够阻止我军勇猛而顽强的进攻。

16时55分,各路强攻的部队胜利会师于芙蓉街,在不到半小时的时间里攻下了王耀武的最后一个巢穴——新省政府。

24日17时15分,济南城宣告解放。

毛泽东最后修改审定的新华社社论《庆祝济南解放的伟大胜利》指出:"这证明人民解放军有强大的攻击能力,已经是国民党军队无法抵御的了,任何一个国民党城市都无法抵御人民解放军的攻击了。"

一辆美式中型吉普在泰山西麓的道路上向北疾驰。

坐在车上的粟裕无心领略泰山风光,他急于赶到攻城总指挥部去看一看那些各路纵队的指挥员们,也要亲眼看一看济南古城。

山高林密的泰山北麓小镇——仲宫。战前战后,华野攻济前线指挥部曾在这里驻扎。

司令员许世友、政治委员谭震林、副司令员王建安、参谋长李迎希、政治部主任谢有法和参战各纵队司令员、政治委员们在一古庙式祠堂外迎候粟裕。

汽车刹住,粟裕跳下车。

一个个标准的军礼,一张张兴奋的脸庞,一双双热情的大手。粟裕一般很少动情,但今天他却掩饰不住内心的激动:"同志们,我专程来看你们,来看我们的攻城部队。我们终于打胜了。这胜利是由你们和英雄的攻城部队夺取的。我们不能忘记那些牺牲在城头的战士和干部。我告诉你们,由于攻城部队迅速拿下了济南,南路援军已停止前进。"

记者们纷纷拥上,请粟裕谈济南战役。

粟裕说:"解放济南的胜利首先应当归功于毛主席和党中央的英明领

导。毛主席和党中央的战略思想和战略指导使我们粉碎了敌人对山东的重点进攻，最后造成解放济南并解放全山东的胜利形势。第二，是由于各战略地区军民与兄弟兵团的密切配合使敌人无法向济南增援。第三，是由于中共华东中央局和华东军区的正确领导，以及华东党政军组织和广大人民的支援。"

粟裕充满信心地谈道："济南解放一战集中表现了人民解放军的无比强大，特别是攻坚能力的强大。济南战役的胜利证明：蒋介石的任何防御皆挡不住人民解放军的进攻，而我们能够攻占任何坚固设防的大城市！"粟裕的讲话在山间回荡。

他缓步走上一个山坡，向北遥望苍茫中的济南。粟裕心中的"济南战役"已经画上了句号，他开始思考下一个更大的战役。

第十二章　决战淮海

攻克济南，粟裕却面无喜色，胃口变大的他已经不满足于这个规模的胜利了。善于谋略的他向毛泽东提出了日后举世震惊的淮海战役的方案

1948 年 9 月 24 日，经过 8 天血战，粟裕指挥华东野战军攻克了国民党坚固设防的济南城，全歼守敌 14.4 万余人，生擒国民党第二绥靖区中将司令兼山东保安司令王耀武等，同时攻克长清、齐河、历城 3 座县城。

大胜之后，粟裕的脸上却看不出多少胜利后的喜悦。仗越打，他的胃口越大。这时，他又把一份求战的电报发给了中共中央军委主席毛泽东："我们下一步行动，拟作以下建议：立即进行淮海战役。这场战役可分为两个阶段，第一阶段以苏北兵团加强一个纵队攻占两淮。战至第二个阶段，以 3 个纵队攻占海州、连云港。结束淮海战役后，全军再转入休整。"

谁也没想到，这封电报后来竟成了震惊中外的淮海战役的第一份建议书和请战表。

围绕这个建议，粟裕提出了 3 个方案供中央军委参考。第一个方案是，举行淮海战役，第一阶段，乘两淮敌人兵力空虚，由苏北兵团司令员韦国清、

副政治委员吉洛（姬鹏飞）指挥所部，攻占淮阴、淮安、高邮、宝应，野战军主力位于宿迁至运河车站线，准备歼击由徐州方面来援之敌。第二阶段，用3个纵队攻占海州、连云港，结束战役。尔后华东野战军全军转入休整。

第二个方案是，只进行海州作战，仅以攻占海州、新浦、连云港等地为目标，并以主力控制于新安镇、运河车站南北及峄县、枣庄线，以备战姿态进行休整。此案对部队休整有利，但亦增加今后攻占两淮的困难（敌人可能增兵）。

第三个方案是，全力向南求歼由徐州增援济南之敌一部，但济南攻克，敌人加强警惕，可能退缩，恐不易求战。

在粟裕给毛泽东发去电报的第二天，即9月25日，中原野战军司令员刘伯承、副司令员陈毅（仍兼华东野战军司令员、政治委员）、参谋长李达，致电中央军委并粟裕："济南攻克后，我们同意乘胜进行淮海战役，以第二个方案攻两淮，并吸引打援敌为最好。"

毛泽东立即与朱德、周恩来等人在几乎占了一面墙的军用地图上，研究敌人的兵力情况。蒋介石此时为确保对津浦路、陇海路、平汉路的控制，阻止华野与中野两军会合，将部队沿陇海路、平汉路、津浦路部署：

孙元良16兵团的两个军驻郑州。

邱清泉2兵团5个军驻商丘。

刘汝明8兵团两个军驻开封。

黄维12兵团4个军驻确山。

冯治安第二绥靖区4个军驻徐州。

李弥12兵团3个军驻碾庄。

黄百韬7兵团5个军驻新安镇。

李延年6兵团4个军驻海州。

蒋介石以徐州为中心，沿津浦、陇海线部署了两条长蛇阵。

对敌人的部署，毛泽东敏锐地意识到，这是极利于各个击破的阵形。尤其是东段，兵力薄弱，又均非蒋介石嫡系，粟裕建议从这里开刀，眼光不凡，确是大将风度。

毛泽东收到刘伯承等人电报的当日，立即致电饶漱石（华东军区政委）、粟裕并告刘伯承、陈毅、李达："我们认为，举行淮海战役甚为必要，目前不需要大休整，待淮海战役后再进行一次大休整。"并提出这个战役，应准备进行几个作战：

第一个作战，估计不久邱清泉兵团将返回商丘、砀山地区，黄百韬兵团回到新安镇、运河车站地区，因此，应以歼灭黄百韬兵团为目标。

第二个作战，歼灭淮阴、淮安、高邮地区之敌。

第三个作战，歼灭海州、连云港地区之敌。

毛泽东认为："进行这 3 个作战是一个大战役。打得好，你们可以歼灭敌人十几个旅，可以打通山东与苏北的联系，可以迫使敌人分散一部兵力去保卫长江，而利于你们下一步进行徐州、浦口线上之作战。"

果然不出毛泽东所料，黄百韬于 9 月 27 日命令所辖各整编师返回新安镇附近地区。李弥兵团由徐州向西退往徐州以东碾庄、曹八集地区。邱清泉兵团由成武、单县回到商丘、砀山地区。

因此，华东野战军要南进打两淮，必须首先打掉黄百韬兵团这只拦路虎，而要歼灭黄百韬兵团，又必须能够拦住徐州东援之敌。根据这种情况，毛泽东又于 9 月 28 日致电中明确指出："淮海战役第一个作战，是钳制邱（清泉）、李（弥）两兵团，歼灭黄（伯韬）兵团，最主要的作战。"

11 月 6 日晚，蒋介石特使李以（匡力）在李延年的陪同下来到黄百韬的兵团指挥部。

黄百韬没有寒暄，更没有热情的奉承之言。他把李以（匡力）、李延年带到军事地图前，愤怒地说："二位请看，顾总部署是不是扯淡，是不是在有意偏袒邱清泉。看看地图的标志就知道了。"

"二位，粟裕的部署分明是想打我 7 兵团，可邱清泉硬说共军进攻的目标是他。简直是扯淡。两位请看，我部若在新安镇与共军决战，势必会造成孤立无援。如果我部速撤徐州，但目前为止，徐州 2 兵团还没有在运河上架桥。我虽命 63 军强渡，但其余各军怎么办？堂堂中原大地，几乎成了华山一条道……"

黄百韬"啪"的一声将红木指挥棒往桌上一扔，端起一杯水一饮而尽，然后说："国防部计划朝令夕改，命令变化得就像走马灯一样。以致我军处处被动，却怪将帅无才。"

李以（匡力）安慰道："你老兄不要太紧张了。你现在下辖 5 个军，10 万部队，粟裕还能奈何你？"

黄百韬："行了，我不愿为这些鸡毛蒜皮的事儿争论。我只要两位向国防部、蒋总统面报这里的实情。这次战役性质大为不同，关系党国存亡，要么歼灭共党主力，要么同归于尽。二者只能选其一。"

粟裕生平头一次紧张，就是围歼黄百韬兵团。刘、邓奇袭宿县，断了黄百韬最后的希望，蒋介石最强悍的兵团土崩瓦解，毛泽东听到黄百韬这块硬骨头被啃下来后，终于上床美美地睡了一觉

11月6日晚，华野、中野遵照毛泽东"斩断徐蚌，歼灭刘峙主力"的方针，开始对第7兵团发起攻击。

11月7日清晨，黄百韬兵团撤离新安镇。8日上午，粟裕得到情报后，立即将各纵队进行了调整，号召全军："不怕疲劳，不怕困难，不怕饥饿，不怕伤亡，不怕打烂建制，不为河流所阻，敌人跑到哪里，坚决追到哪里，全歼黄兵团，活捉黄百韬！"并要求战士们排除万难，勇猛追击，务必日夜兼程，飞兵前进。当时担任东线追击黄百韬兵团的部队是华野第1、第6、第9纵队和鲁中南纵队及中野第11纵队，他们越过陇海线，沿铁路南侧追击；而华野第4、第8纵队则沿铁路北侧追击。

淮海战役前夕，粟裕在干部大会上进行战斗动员

以华东野战军为主力的追敌部队在"活捉黄百韬，打倒蒋家王朝"的号召下，日夜不停地推进。人民解放军指战员人不歇脚，马不停蹄，逢山过山，

遇水架桥,不怕飞机轰炸,勇往直前。许多战士的腿走肿了,脚上磨起的水泡破了一层又一层,就干脆脱掉鞋子,赤脚前进。战士们饿了,边走边啃几口干粮;渴了,边走边喝几口冷水。一天一夜的时间追击了130多里。在鲁南和苏北的广大原野上,国共展开了跑步竞赛。

国民党军逃得快,解放军追得也快。国民党军丧魂落魄,如惊弓之鸟,丢掉了新安镇、瓦窑及周围据点,拼命向运河西岸逃跑,一路上撒落无数车辆、粮食、弹药及坐等待俘的伤兵。解放军如滚滚铁流,国民党军逃到哪里,就追到哪里!

黄百韬西逃分两部,一部沿陇海线北侧过运河逃往徐州,一部沿骆马湖方向逃窜,担任大部队左侧掩护任务。11月9日,当黄百韬主力相继抵达运河东岸时,即命所属第44师(师长刘声鹤)死守桥头,妄图拦住解放军。黄百韬兵团10万人一齐抢过桥,加上桥面窄,船只少,各人只顾逃命,结果桥上一片混乱。由于解放军追击神速,国民党军等不及部队过完,就将铁桥炸毁。9日傍晚,解放军先头追击部队第8纵队所属69团,突然出现于运河畔,和国民党军展开了争夺铁桥的战斗。

在这关键时刻,解放军战士连续进行爆破,炸掉了左侧的堡垒。而桥头右侧国民党军最大最坚固的一个堡垒,是由大小炮楼及附属工事组成的地堡群。国民党军在此配备了强大的火力,解放军多次冲击未能奏效。在这危急时刻,解放军英雄连连长张希春带领全连战士,向敌人冲去,在伤亡大半的情况下,仍坚持战斗,到次日拂晓,终于歼灭守敌。国民党师长刘声鹤带残部逃到八义集,被解放军击毙。运河桥一仗,是淮海大战序幕揭开后的第一仗,也是黄百韬遭到的第一次沉重打击。

运河桥被毁后,解放军前进遇到困难。粟裕亲临前线指挥抢修大桥,架设浮桥,调整过河次序。

而担任背侧掩护任务的黄百韬兵团第63军,11月8日下午在新安镇西南50余里的堰头镇就被解放军"潍县团"跟踪追到。即刻,解放军发起攻击。激战两日,全歼敌63军。

冯治安第三绥靖区副司令官何基沣和张克侠将军系共产党发展的地下党员。在淮海大地上空战云密布的关键时刻,周恩来副主席即电告华东局,派人与张克侠、何基沣取得联系,共商该部起义事项。粟裕迅速反应,派华野13纵队的杨斯德潜入配合策动起义。张克侠、何基沣团结争取部队内的进步力量,分化瓦解了国民党部队,孤立了顽固分子。在解放军即将进入第三绥靖区防地时，1948年11月7日晚，他们率领3个半师2.3万人，在贾汪、台儿庄一线举行起义，并发表通电，接受共产党领导，决心为打倒国民党反动派而斗争。

张克侠、何基沣起义，让开了东起台儿庄，西至临城的百里防线，敞开了徐州的东北大门，使解放军山东兵团7纵、10纵、13纵顺利通过运河，直插徐州东侧，切断陇海路，挡住了黄百韬兵团西逃之路，为解放军围歼该兵团，赢得了宝贵时间，对解放军实施淮海战役第一阶段作战意图起了重大作用。

黄百韬西撤的计划是严密的，是经过深思熟虑的。

第100军掩护第44军，第25军掩护100军，依次撤离。但44军撤离时，随军有大批商人、地主和学生。这些人不仅没有战斗能力，反而阻碍了部队前进的速度。

待部队撤至运河时，顾祝同原来答应派3兵团来搭浮桥，却不见人影。黄百韬走下车，看着运河铁桥上蠕动的人流，心急如焚。

此刻粟裕命炮兵部队向运河铁桥猛轰。

黄百韬捶胸顿足大骂："何基沣、张克侠，不该在此关键时候倒戈！"

华野指挥部。

粟裕拿着红铅笔，在地图上作了一个标记后说："张克侠同志冒着危险与何基沣同志一起率59军、77军官兵起义，这下挫伤了黄百韬的锐气。命令部队，乘胜攻击。"

11月9日，华东野战军完成对黄百韬第7兵团的包围，其他地区华东、中原两大野战军协同配合，共同牵制、阻击增援之敌，使黄百韬兵团在包围圈内望援兴叹，坐以待毙。

11月11日，时机成熟，解放军对碾庄黄百韬兵团发动总攻击。粟裕指挥华野以疾风暴雨般的炮火，对敌人阵地进行摧毁和压制射击。但黄百韬兵团确实难啃。在火炮连续轰击之后，解放军战士即发起进攻，可是几次进攻连续失败，伤亡很大，进展甚微。这是因为，解放军对敌人的军事设施和守备特点没有摸清。碾庄的工事，原为李弥兵团留下的，李弥在此构筑了坚固、完备的工事。黄百韬被围以后，又进行了加固，里外几层，明暗堡无数，遍地蜘蛛网似的壕沟。解放军战士虽士气旺盛，但还按运动战的方法打，敌人被围，挤在一块而力量集中，解放军分散，加之仓促攻击，炮兵火力不够，结果徒有伤亡而不能推进。

针对这种情况，华东野战军司令部果断命令，前沿部队攻击暂停。14日召集由纵队领导参加的紧急军事会议，总结几天以来作战的经验教训，调整部署，统一行动，强调现在是运动战转为攻坚战，并与多种战斗式样相结合。会议决定山东兵团由谭震林、王建安指挥第4、第6、第8、第9、第13等5个纵队围歼黄百韬，其余继续阻击东援之敌。攻坚部队位置是：第9纵队在南，第6纵队在西南，第13纵队在西北，第4纵队在北，第8纵队在东。指导思想上以"先打弱敌，后打强敌，攻其首脑，乱其部署"的方针，利用解放军擅长夜间作战的特点，以隐蔽推进式接近敌前沿，集中火力逐个歼灭。16日，解放军占领碾庄外围前板桥、老祁庄、土家集等村。17日，碾庄外围的国民党第100军悉数被歼。18日，国民党44军150师师长赵先壁率部投降。解放军逐渐把包围圈内数十万敌军压缩在以碾庄为中心，东西不到10里、南北不及6里的狭小地带内。

与此同时，为了减轻粟裕的压力，保证华野围歼黄百韬兵团的胜利，11日午夜，毛泽东亲自起草电文，命刘伯承、陈毅、邓小平完成包围徐州的战略任务后，"以宿县为中心，控制整个徐蚌线，构筑几道防线，阻止徐敌南逃，待其南逃时，协同华野全歼该敌。也应注意对黄百韬溃兵的堵击。"

陈、邓接电后，立即在临涣集文昌宫前指挥地召集中野各纵队司令杨勇、陈锡联、陈赓、秦基伟等举行作战会议。

会上，陈毅就各纵任务作了详细部署。邓小平最后强调："……切断徐蚌线，占领宿县，可以北拒徐州，堵住徐州敌人南窜的后路；可以南阻蚌埠，斩断南线敌人北援的交通。"

12日，中野3纵陈锡联部完成对宿县的包围。

同时，华野完成包围第7兵团第44、第100、第25、第64师的艰巨任务后，歼灭了担任侧翼掩护的第63军，开始了对第7兵团的围歼作战。

黄百韬知道能救他的，只有邱清泉，但邱清泉与他曾有过矛盾和积怨，在此刻，邱清泉能拔刀相助吗？显然不可能。李弥对黄百韬倒是忠心的，但李弥力量有限。

炮声轰鸣，火光冲天，厮杀声振聋发聩。黄百韬想着自己的心事，不知怎么的耳边突然响起了张灵甫那熟悉的声音："焕然兄，看在党国的份上，拉兄弟一把。"

黄百韬毛骨悚然。他不知何故此刻耳边会响起张灵甫的声音。他向四周看了一遍，除了他的几个卫士之外，别无他人。张灵甫阴魂不散，难道

传奇粟裕

他此刻来唤我同去不成？黄百韬心里不禁打了个寒噤。

"司令，蒋总统的亲笔信。"25军军长走到他面前说，"刚才飞机空投的。"

焕然司令弟勋鉴：

　　此次徐淮会战，实为我革命成败国家存亡最大之关键，务希严督所部切实训导，同心一德，团结共斗，期在必胜，完成重大之使命，是为至要。顺颂戎祉。

　　各军、师长均此

蒋中正手启

黄百韬看后，仰天长叹："蒋中正啊蒋中正，我何尝不想赢，你若想让我胜，完成此战之使命，你就调邱清泉来援，那时，你再给我下令不迟。"

其实，蒋介石给邱清泉下了命令，黄百韬曲解了蒋介石的一番苦心。

蒋介石给邱清泉的命令这样写道："即日内出动有力部队，不顾一切牺牲，钻隙迂回，向大许家突进。限一日之内确实占大许家，以解黄百韬兵团之围……"

邱清泉接令后，打了一个激灵，便与李弥兵团，共5个军，在20架飞机、百余辆坦克和重炮的配合掩护下，沿陇海路两侧疯狂东进救援，并扬言3天之内攻至碾庄，与黄百韬会师。解放军华野7纵、10纵、11纵担任正面阻击，他们提出"寸土不让，寸土必守""坚决挡住东援之敌"等口号，奋勇抗击敌人。

在解放军山东兵团和苏北兵团的阻击之下，邱清泉、李弥两兵团只能以龟行速度东进。两军虽付出了万余人、坦克30多辆、炮弹12万发的重大代价，仍被解放军铜墙铁壁般的阻援部队阻挡在距碾庄50华里以外的大许家一线，平均每天前进不到2里，其先头部队距离碾庄仅40多里，但是咫尺天涯，碾庄可望而不可及。

11月19日上午10时，粟裕在周家寨华野司令部掀开袖口，看了一眼手表，然后宣布："总攻碾庄圩开始！"

粟裕的命令通过电话下达后，一时间，战车怒吼、炮声隆隆，碾庄及其周围火光闪闪，浓烟滚滚，大地在抖动。解放军第9纵队担任突击任务的第25师的勇士们，越过工事，飞向水壕，冲向敌人的第一道防线。一部分战士压制敌人火力，另一部分战士则迅速架设浮桥。19日晚10点钟，解放军第9纵队、第8纵队分别突破第一道防线。

第一道防线突破以后，战斗向纵深发展。敌人利用土墙、掩体及村内布置的层层火网，拼命反抗，作最后的挣扎。战士们喊着"突破第二道围墙，活捉黄百韬"的口号，脱去湿淋淋的棉衣，扯断残破的裤管，端着涂满敌人鲜血的刺刀，一次次向敌人猛扑过去。到处响着战士们雄壮震天的喊杀声和敌人凄厉的惨叫声。

19日夜，战争达到最高潮。

碾庄，黄百韬第7兵团指挥部。

205军副军长杨延宴急匆匆地跑到黄百韬面前，哀求道："黄司令，快走吧！"

黄百韬仰天长叹："也许这就是报应吧。孟良崮一战，我军若能齐心协力救张灵甫，张灵甫是不会死的。今天我是第二个张灵甫。"

杨延宴连忙解劝："司令，您不能想不开呀，党国需要您，弟兄们需要您！"

黄百韬拉住杨延宴的手，感慨地说："我老了，无所谓，你们还年轻，一定要冲出去。走吧，你们走吧！"

说完黄百韬掏出手枪，闭上眼睛，对准了自己的太阳穴，扣动了扳机……

若干年后，粟裕谈起淮海战役，他说他一生紧张过两次，第一次就是围歼黄百韬兵团："上至中央军委，包括主席，下至我们，开始都对黄百韬兵团的战斗力估计不足，后来我们碰了钉子，可又不敢向主席叫苦，只有豁出来打。主席天天来电催问战况，我心里很急。部队打得很苦啊……"在西柏坡，毛泽东听到黄百韬这块硬骨头被啃下来后，终于上床美美地睡了一觉。

第一阶段作战，华野和中野紧密配合，协同指挥，华野按照预定的作战计划，完成了中间突破，全歼黄百韬兵团的任务。经过17个昼夜的奋战，我军共歼灭国民党正规军18个师（内有3个半师起义）和3个师的非正规部队，共21个整师，计17.8万余人，约占敌人在淮海战场上总兵力的四分之一。缴获各种火炮、枪支、弹药、战车、汽车、马匹等和其他军用物资器材甚多。

粟裕掌控全局，派出部分兵力协助中野将黄维兵团围困在双堆集，足智多谋的他还预测出杜聿明集团可能逃跑的路线，制订了应对预案

我军全歼黄百韬兵团，使国民党徐州"剿总"失去了一臂，战斗力大为下降，士气更加低落，各兵团提起解放军便谈虎色变。消息传到南京，蒋介石隐约觉得国民党的丧钟响了。

由于淮海战役规模扩大，根据粟裕的建议，中央决定，由陈毅、邓小平统一指挥整个战役。

11月2日，陈毅、邓小平向中央表示"本作战我们当负责指挥，惟因通信工具太弱，故请军委对谭粟方面多作直接指挥。"11月16日，中央又决定，由刘伯承、陈毅、邓小平、粟裕、谭震林组成淮海战役总前委。

1948年11月16日，中央军委决定成立淮海前线总前委。图为总前委委员在一起。
左起为：粟裕、邓小平、刘伯承、陈毅、谭震森

中央军委决定，在第二阶段作战中，主要以歼灭黄维兵团为主。

前线负责主攻黄维兵团的中野，在刘、陈、邓指挥下实施作战。23日，中央军委在祝贺战役第一阶段胜利的电报中指出：对于我们，最有利的是以现姿态各个击破歼灭当面之敌，如果我们能在第二阶段中，大量歼灭南面敌人，就可以实现原定计划。

正在这时，淮海战局出现了急剧变化。原拟北犯的李延年兵团，如惊弓之鸟，龟缩在花庄集以南，迟迟不敢脱离蚌埠。22日，华野在碾庄全歼黄百韬兵团。而黄维兵团在蒋介石的催促下，发动全线猛攻，于23日渡过了浍河。在南坪集阻击战的隆隆炮声中，刘伯承、邓小平一面敏锐地抓住战机，利用河流阻隔，巧妙用兵，将黄维兵团步步诱入囊形阵地，一面于当天深夜致电中央军委，再次恳切陈词说："现歼击黄维之时机甚好，而李延年、刘汝明仍迟迟不进。因此，我们意见除王、张两纵外，请粟、陈、张以两三个纵队对李、刘防御，至少以四个纵队参加歼灭黄维作战。只要黄维全部或大部被歼，较之歼灭李、刘更属有利。如军委批准，我们即照此实行。"

黄维兵团不是一般的部队，其12万人的部队，包括号称国民党军五大主力之一的全副美械装备的第18军。中野虽也有12万人，可是武器装备特别是重装备处于劣势，要和黄维的12万人斗，是需要气魄和胆略的。刘、陈、邓有这种气魄和胆略。邓小平说过，只要歼灭了南线敌军主力，中野就是打光了，全国各路解放军还可以取得全国胜利。毛泽东和其他几大书记非常信赖总前委，相信刘邓大军和粟裕，这次一定能够吃下这口夹生饭。于是毛泽东提笔复电刘、陈、邓，并告粟、陈、张："一、完全同意先打黄维。二、望粟、陈、张遵刘、陈、邓部署，派必要兵力参加打黄维。三、情况紧急时，一切由刘、陈、邓临机处置，不要请示。"

中央军委、毛泽东善于采纳前线指挥员的建议，及时修改计划，适应已经变化的情况，并再次重申给予总前委"临机处置"之权。毛泽东这最后一句话，完全概括了统帅部与总前委、统帅与前线将领之间的默契配合。

第二天，正在华野指挥部研究作战地图的粟裕代司令员接到了陈毅的电话。

"喂，是军长吗？我是粟裕。"粟裕一直这样亲切地称陈毅为军长。

"正是山人，我敢肯定你是一夜未睡。"陈毅半开玩笑地说。

"睡不着呀，邓政委讲得好，不消灭黄百韬，我们还没有资格睡觉。敌人仍有60多万人马在淮海战场上，就是要瞪大眼睛，再打几个歼灭战。等到把淮海的敌人全部解决了，我们大家再打个盹儿吧。我想你们常委们也都没有睡觉吧。"

"我们是彼此彼此呀！"粟裕在电话的这头笑了，问："军长有什么指示？"

陈毅切进正题说："毛主席指示我们，一定要把刘峙集团歼灭在长江以北，我们考虑，不要叫徐州的敌人3个兵团过淮河怎么样？"

"是的，军长，我也这么考虑。"粟裕赞同地说。

"徐州之敌还有将近30万人马，不过在棋盘上已经没有活眼了，下一步你打算怎么打？"陈毅征求粟裕的意见。

"杜聿明是个聪明人，他恐怕不会死守徐州这座孤城的。"粟裕说。

"噢，你说说看！"

"杜聿明早就主张固守江淮，黄百韬一完蛋，蒋介石很可能会采纳他的主张。"

"非常正确，你考虑杜聿明可能从哪条路线撤退呢？"

粟裕分析说："路线只有3条。第一条，向东渡海南逃。可目前他手头既无轮船，又无出海码头，暂无此种可能；第二条，向东南，经苏中转京、沪。但这一地区为河汊水网地带，大兵团运动极为困难，所以一般不会走此路；第三条，向西南经永城南下，这样既可与黄维会师，又可望与蚌埠一带的李延年、刘汝明两兵团遥相呼应。所以，我想敌人走这条路的可能性最大。"

陈毅在这头一边听一边不住地点头，说："非常正确，不过杜聿明在

淮海战役前夕，粟裕同张震等一起研究作战问题

蒋军中可算是个将才，他很狡猾。他会不会摆个迷魂阵呢？"

粟裕说："对于这一点，我想过。他很可能先从津浦路南下，然后再改弦易辙，绕奔永城。不过，这个情况我还未考虑成熟。我们马上会开会研究一下，制订出行动预案来。"

"不过，现在最重要的是你们的4个纵队要迅速赶来，帮助中野合围黄维呀！"陈毅说出了他的担心。

"你放心吧！"粟裕肯定地说，"这个事情我早有考虑，已经传达下去了，相信黄维是跑不掉的。"

放下电话，粟裕立即让作战参谋通知各纵队司令员、政委来开会。

会议开了两个小时，最后粟裕起身对各纵司令员、政委说道："现在，大家的看法统一起来了。根据判断，敌人有可能在向西南逃窜之前，南犯津浦路来迷惑我们。我们就来个反客为主，先迷惑他一下。我们立即在津浦路南线展开兵力一部，构筑阻击阵地，拉开与敌在徐南打的架势，给敌人造成我们并没有注意西南的错觉。等敌向西南逃跑时，各纵可立即转为追击。"

说到这里，粟裕扫了一眼大家，加重语气："为此，我们要将兵力分为南北两线，两个集团。北线兵力由第3、4、8、9、12、鲁中南、两广等纵队，加上冀鲁豫军区独1、独3两旅组成，统由谭副政委、王司令员负责指挥。其任务是：牵制徐州之敌，明作徐南决战，暗作西南追击，同时作为围歼黄维兵团的预备队。南线集团由已经南下的第2、6、10、11、13等5个纵队组成，统由韦司令员、吉政委指挥。其任务是：负责阻击由蚌埠增援黄维的李延年、刘汝明两兵团，支援中原野战军围歼黄维兵团。另外，由陈参谋长率7纵、特纵一部直接加入围歼黄维兵团的作战。以上任务的总意图，是将敌徐州集团的3个兵团包围，歼灭在永城地区。任务都明确了吧？"

"明确了！"众人齐声答道。

这样，华东、中原两大野战军显示出通力合作的优越性，先是中野顽强阻击黄维兵团，有力地保障华野最后消灭黄百韬。接着中野有华野作依托，大无畏地包围了包括第18军在内的12万黄维兵团。两支大军协同作战，密切配合，将蒋介石的部队逐步消灭。

鉴于蒋介石派黄维第12兵团紧急增援华东战场，同时命令第6、第8兵团沿津浦路徐蚌段增援徐州，均被中原野战军阻截在徐州西南面和南面，毛泽东根据战场情况的变化，及时调整原定向两淮发展的部署，以中原野

战军为主求歼黄维兵团，为华东野战军赢得短暂的休整时间，然后，或求歼敌南线的第6、第8兵团，或全力消灭敌徐州集团，以求基本解决华东、中原的战事，这就形成"吃一、夹二、看三"的形势。

蒋介石舍不得黄维的12万大军，命正率众逃跑的杜聿明转向解救，结果让杜聿明的3个兵团也陷入了粟裕的重围。毛泽东说："淮海战役，粟裕立下第一功！"林彪在调看了粟裕淮海战役的指挥过程记录后，沉默了好久，最后只说了一句话："这是神仙指挥的战役！"

蒋介石站在南京官邸的落地窗前，一动不动地望着窗外。外面是一片凋零的草地，一阵阵寒风吹来，使得那些低伏的枯草瑟瑟发抖。

蒋介石在心中历数着几个月来的失败：先是济南失陷，接着失去了整个东北也地区，现在黄百韬兵团在徐州会战中全军覆没……他想着想着，心中不由得升起一股股愤恨。他恨他的那些将领们辜负了他的希望。为什么连个一天军事学校都没有上过的粟裕都打不过呢？

现在，黄百韬兵团在碾庄圩被歼，华东野战军腾出了主要兵力。这股强大的力量可以直取徐州，也可以直下江淮地区，包围李延年、刘汝明两兵团，对此蒋介石感到十分害怕。

在南京的蒋介石如坐针毡。11月24日，在他的官邸召开了徐蚌作战会议，除顾祝同、何应钦、美国军事顾问巴大维等人外，在徐州的刘峙、杜聿明也应召到会。

会议一开始，蒋介石就对徐州的几个国民党将领大加训斥："我给了你们几十万人的兵力和大批的美式装备，为什么就是攻不破共军的防线？黄兵团的结局，你们是要负一切责任的。"

"委座，"刘峙结结巴巴地解释道，"主要是粟裕太狡猾。"

"放屁，娘希匹。"蒋介石打断刘峙的话，愤愤地骂了起来，"我就不相信，共军有那么厉害，难道他们的脑袋是铁打的不成？我认为你们失败的原因，一是没有信心，从心理上先输给了共军；二是你们的心没有他们齐，老是想到自己的利益，怕自己的实力受到削弱。这怎么能取胜呢！"蒋介石越说越生气。

看到刘峙诚惶诚恐的样子，蒋介石也无可奈何。这时，坐在蒋介石旁边的顾祝同轻声地提醒道："委座，徐州方面需要重新调整部署。"

听了顾祝同的话，蒋介石又立即恢复了他平时慢声细语的口气，道："诸位都知道，粟裕部队随时可以包围徐州。徐州方面很危急，今天让各位前来，就是要定下徐州战守之计。"

蒋介石的话音刚落，美国军事顾问巴大维不满地抱怨说："在徐蚌会战之前，我们就建议，徐州不能守，应当把徐蚌的各兵团撤到淮河以南，而你们就是不听。现在，黄百韬虽完了，但我们还是认为徐州方面的兵力应撤回南方。"

巴大维的建议引起在座诸将议论纷纷。最后，国民党统帅部采纳了杜聿明的意见，制订了撤出徐州、退守宿县以南地区的计划，以避免重蹈黄百韬兵团的覆辙，蒋介石要求在徐州附近的几个兵团立即收缩战线，其计划内容为：以徐州主力向南攻击，另以黄维、李延年兵团分别由西南、南向宿县推进，三军合力打通徐蚌线。

杜聿明对实现打通津浦路的计划抱有一线希望。然而，他万万没想到，这个三军对进计划从一开始就遇到了挫折。

徐州方面，华东野战军以8个纵队21个师的兵力分作两个梯队，在徐州以南宽达50千米的正面和纵深30千米的区域构筑了3道防御阵地。11月26日，邱清泉、孙元良兵团在步炮、战车配合下向华东野战军阵地发起猛攻，一时间，炮声隆隆，火光冲天，但在华东野战军顽强阻击下，一天只前进了5千米。

蚌埠方面，中原野战军也构成了坚固的防线。11月25日，在蚌埠以北固镇地区的李延年兵团开始北攻，被中原野战军阻击于任桥、龙王庙、花庄集一线不得前进。与此同时，华东野战军5个纵队先后南移，准备寻歼李延年兵团，李延年发现解放军南下后，未经蒋介石许可便慌忙撤回蚌埠。只有黄维兵团，越陷越深，最终被包围了。

11月28日，蒋介石令杜聿明兵团和李延年、刘汝明两兵团实施南北对攻，以求解黄维兵团之围。敌军为解救黄维兵团，战斗力较强的李延年兵团3个军于12月2日开始试探性进攻。3日起，开始全线进攻。

我军坚决抗击敌军前进，虽然敌众我寡，但由于我军拼死阻击，一周之内，敌军进展缓慢，伤亡惨重。

黄维兵团毕竟是蒋军中具有较强战斗力的部队，被我军四面包围后，很快调整了部署，稳住了阵脚。包围圈里的敌人，一面利用其空中优势和强大的炮火对我军实施袭扰，一面不断强化防御工事，构筑大量的土木工

事和预备工事，在短短的时间内形成了比较强的防御体系。

11月26日起，我军进一步压缩对黄维兵团的包围圈，把敌人围困在了以宿县西南的双堆集为中心的横宽不足15里的狭小地区以内。

27日，敌人集中4个主力师，在飞机、坦克和大炮的掩护下，企图从双堆集东南方向突围。敌人可以抽出的机动兵力全都用上了。我军坚决痛击，粉碎了他们的突围计划。

敌人突围不成，再次调整部署，进一步加强工事，准备死守待援。

李延年兵团并进无望，黄维兵团突围未成，双堆集阵地不断遭到解放军的攻击，包围圈日益缩小。北线杜聿明指挥的部队进展艰难，蒋介石在南京如热锅上的蚂蚁，夜不能寐，食不甘味。11月28日，眼看徐蚌战场形势不妙，他再次电召杜聿明火速赶回南京，商议解决的办法。

杜聿明接到蒋介石电令后，火速赶到南京。此时的南京一片萧条，光秃秃的树在寒风中颤抖，杜聿明感到一阵凄凉，刚刚温暖了一会儿的心又像掉进了冰窖里。

前几天，蒋介石亲自布置，分别在上海、徐州两地给杜母庄氏贺七十大寿，气氛之热烈，场面之隆重，寿仪之丰厚，都是空前的。蒋经国受其父委托，赶赴上海，送去了10万金圆券的寿礼，杜聿明的老母亲和妻子曹秀清感动得热泪盈眶。

在徐蚌前线的杜聿明得知后，受宠若惊之态更是难以形容。在徐州的祝寿仪式上，杜聿明慷慨激昂地说："我杜聿明受此大恩，感激涕零。君子怀德义，士为知己者死！在此国难之际，我决无苟且之心。为取得徐蚌会战全胜，即使是粉身碎骨，肝脑涂地，也在所不惜！"

说是这么说，其实杜聿明和在场的国民党官员心里很明白，蒋介石一番苦心，无非是让杜氏拼死为他卖命而已！

杜聿明心事重重地来到蒋介石的官邸会议室。顾祝同、郭汝瑰、何应钦等已经到了。

顾祝同垂头丧气地告诉他："老头子现在决定放弃徐州，出来再打，你看能不能安全撤出来。"

听到要从徐州撤出，杜聿明感到后背发凉，看来败军之将是当定了！他沉思良久才说："既这样困难，从徐州撤出问题不大。可是要放弃徐州，就不能恋战；要恋战，就不能放弃徐州，要'放弃徐州，出来再打'，这就等于把徐州3个兵团马上送掉。只有让黄维守着，牵制共军，将徐州的部队撤出，经永城到达蒙城、涡阳、阜阳等地区，以淮河作依托，再向敌人攻击，以解黄兵团之围。"

杜聿明的打算是有很深的用意的，万一到淮河附近打不动时只有牺牲黄兵团，自己率部逃往华中。

蒋介石听了杜聿明的分析后，觉得十分合理，当即表示同意，撤出徐州的大计就这样定了下来。

开完会议，杜聿明于当日又飞回徐州，向徐州"剿总"刘峙报告了蒋介石的指示。随后，即用飞机将总部人员运到了蚌埠。徐州机场拥挤不堪，连刘峙本人也是到第二天才飞到了蚌埠。徐州"剿总"存有大批军用地图和档案材料，补给司令部还有大批武器弹药、库存被服用具和粮食。

杜聿明下达命令：地图档案由参谋人员负责于12月1日午前烧毁，武器弹药由火车站运至黄口车站，另候处理；其他物资发给各部队尽量携带。

随后，杜聿明率指挥部小部分人员急急忙忙撤离徐州。

一路上，部队、车辆、人马乱糟糟地拥塞了道路，绕道凤凰山便道，好不容易才在黄昏时到达王白楼。

晚上，杜聿明召集邱清泉、李弥、孙元良开会部署，决定立即按照蒋介石的意图采取行动，指挥徐州部队撤退。30日晚开始撤离徐州，在此之前发动全面攻击迷惑解放军，撤退路线为西出徐州，经萧县向西南，第一步到达永城，第二步到达蒙城、涡阳、阜阳间地区，以淮河为依托，再向解放军进攻，撤退采取所谓"滚筒式战术"，逐次掩护退却。

杜聿明要逃，粟裕早有预料，而且两人考虑的主路线极其一致。

发现杜聿明要逃，粟裕立刻下达命令追赶。他命华野主力一部沿陇海路向徐州急进，除留一个师控制徐州市外，大部分兵力仍向萧县跟踪追击；一部由阳城地区直插老祖楼，堵截逃敌；一部从徐州以南地区围向西北，尾敌侧击而追；另一部沿宿县、永城公路急进。

此外，又布置了第二线截击和第三线迂回部队。

各路大军全部轻装，兼程急进，一个劲直追，追上就打，两三天内歼敌2万余人。

杜聿明的汽车开开停停，越往前走，道路越堵塞。他不得不丢弃汽车，拖着一条被日本鬼子炸伤的腿，在卫士的搀扶下，步履艰难地向永城方向急逃。第三天到达孟集。而就在此时，忽然接到一封空投的蒋介石的亲笔手谕，命他迅速令各兵团停止向永城前进，转向濉溪口方向，协同由蚌埠

传奇 粟裕

北进之李延年兵团，南北夹攻解放军。

蒋介石让杜聿明停止逃跑的目的，是为了解救当时处于绝望之中的黄维兵团。

杜聿明见蒋介石决心有变，十分气恼，明眼人都知道，黄维兵团救也是亡，不救也是亡。现在杜聿明手中的30万大军，逃跑才是求生的唯一出路，如救黄维兵团，则会一起走向死亡。

但杜聿明哪敢自作主张。如果按原计划继续撤退，将会被蒋"军法制裁"。杜聿明接到蒋的手谕后，心烦意乱，但又一时下不了决心。于是，只好命令部队停止前进，就地待命。通知各司令官来司令部商量对策。

由于讨论对蒋介石手谕的态度，一下子就在此耽搁了十几个小时。到翌日拂晓，杜聿明就是敢违抗蒋介石军令再继续逃路，也没有机会了。因为紧追快赶的华野各路大军已杀上来，将其全部合围于陈官庄地区。

逃跑的可能没有了，只有向蒋介石求救。

杜聿明频频向蒋介石呼救，要求"请空军积极助战并空投粮弹"。

蒋介石回电说："无粮弹可投，着迅速督率各兵团向濉溪口攻击前进。"

杜聿明的各路部队走投无路，军心动摇。邱清泉大骂："国防部混蛋，老头子也糊涂，没有粮弹，几十万大军怎么打仗？"

这时，解放军已从四面发起攻击，到处炮火连天，杜聿明已经山穷水尽，束手无策了。

将杜聿明和邱、李、孙3个兵团合围后，粟裕决定对敌采取攻击东北，守备西南，先打弱敌，再歼强敌，逐步前进的方针。他向总前委提出了这一意见。

陈毅回电说："总前委认为你们的意见很好。你们一定要把西南堵好，不然将影响南线作战。同时，你们缩小包围圈，抽干水，捉大鱼！"

此时，杜聿明正采取三面掩护、一面攻击、逐次跃进的战法，由邱兵团从青龙集西北地区向濉溪口方向猛攻。粟裕加强南面阻击力量的同时，命部队向东、西、北三面攻击。

战至6日，敌阵地到处被突破，西南邱清泉也毫无进展。杜聿明率指挥部向夏寨移动，路过李石林附近时，孙元良、邱清泉仓皇地找到杜聿明，认为前途岌岌可危，要求重新考虑战略，当机立断，分头突围。杜信心不大，说："如3天以前还有希望，今天恐怕晚了。"谈到下午3时，还是决定分头突围，各自回去立即行动。

当晚，邱清泉兵团向西、南两面突围，被我军重重阻击，全无进展；孙元良兵团从西北方向突围，一出火线即遭机枪扫射，孙元良从吉普车上滚下，化装只身逃走，军长胡临聪、汪匣锋等将领与部队大部被歼，李清泉兵团被堵回。

华东野战军代司令员兼代政委粟裕（中）与张震（右二）在淮海战役前线指挥部

12月7日，粟裕、张震等登上襄山之巅，瞭视整个战场，只见敌军全被笼罩在硝烟和雾霭之中，犹如困兽。粟裕听着那隐隐传来的枪炮声和爆炸声，即命令东、西、北三面加强攻击，重点放在邱、李两个兵团的接合部。部队连续发动猛烈进攻，占领了敌掩护阵地的大部分外围据点。

8、9两日，杜聿明又调整部署，变全面分散突围为重点突围，集中炮兵、坦克，掩护一路突围。蒋介石命令空军 B-24、B-25 式轰炸机及 P-51 型驱逐机每日两次给予地面支援。9日在陈官庄西北还投下了催泪性毒气弹，但也无济于事。10日，粟裕进一步调整了部署，当晚命令部队发动全线攻击。

杜聿明弹尽粮绝，眼看败局已无法挽回，再三向蒋介石求救。蒋介石复电说："现无兵增援，望弟不要再幻想增兵。应迅速督率各兵团攻击前进，以解黄兵团之围。"杜聿明这时已是泥菩萨过江，自身难保，哪里还谈得上去解黄维之围？他进退维谷，忧心忡忡，不知怎么办才好。

此后5天，粟裕继续指挥华野各纵队加紧进攻，消耗敌人，并缩小包围圈，准备抽干水捉大鱼。

与此同时，我中野和华野部队，于12月6日下午4时30分，同时向被围之黄维兵团发起总攻。

我军依靠周密的侦察，利用纵横交错的交通壕、散兵坑，充分发挥步炮协同的威力，对敌人展开进攻。虽然敌人依赖大量的地堡群、坚固工事和各种兵器组成的严密火网阻挡我军向前发展，并不断在坦克、火炮支援下反扑，仍挡不住我军猛烈的进攻。敌人的阵地一块接一块地被瓦解。敌人控制的地盘正在缩小。

一周以后，黄维兵团已被压缩在非常小的包围圈里。

12月12日，刘伯承、陈毅两司令员发出了《敦促黄维立刻投降书》。设在邯郸的人民广播电台，进行反复广播，极大地瓦解了敌人的军心。

黄维拒绝投降。

12月15日17时整，我各集团部队发起最后攻击。信号弹划破天空，炮声震撼大地。我南集团中野6纵队锐不可当，连克敌阵，迅速突破敌人双堆集核心工事。我东西集团穿过敌人的火网，越过敌人的堑壕、地堡群组成的阵地和用汽车筑成的防线，向南集团会合。3股铁流很快会合在一起。敌人的指挥中枢被摧毁。无数蓬头垢面、衣衫褴褛的敌人从冒浓烟的地堡中爬出来，向我军举手投降。有一股敌人企图自西面突围，被堵住全歼。我军战至15日夜11时左右，围歼战基本结束。敌兵团司令黄维、副司令兼85军军长吴绍周被活捉。敌兵团副司令胡琏只身逃脱。至此，国民党军队主力兵团之一的黄维兵团12万人，除少数漏网外，全部被我军歼灭。淮海战役第二阶段胜利结束。

黄维兵团被歼之后，蒋介石只好改变其军事部署。

12月16日，即黄维兵团被歼的第二天，蒋介石令李延年兵团后撤，不敢再逞强去救援被我军包围的杜聿明兵团。徐州，"剿总"司令刘峙则由蚌埠移至滁县。杜聿明兵团危在旦夕。

同日，粟裕接到双堆集方面的捷报：黄维兵团已被全歼。黄维本人及其副司令吴绍周已经被抓获！

当晚，杜聿明也收到了刘峙的电报："黄维兵团昨晚突围，李延年兵团撤回淮河以南。贵部今后行动听委员长指示。"杜聿明的心完全凉了。

12月20日，中央军委发来电报，当时平津战役已经开始，蒋介石对那里的部队是战是撤举棋不定，为了使蒋摸不清意图，从而不迅速作出海运平津各部南下的决策，中央"令刘伯承、邓小平、陈毅、粟裕于歼灭黄维兵团之后，留下杜聿明指挥之邱清泉、李弥、孙元良诸兵团之余部，两星期内不作最后歼灭之部署"。总前委遵照这一指示，向各纵队下达命令：只要杜部不大举突围，则采取围而不攻的办法，推迟攻击。部队原地进行战场休整。

同时，加紧对杜聿明部政治攻势。

淮海平原，风雪交加。杜聿明部饥寒交迫，抢劫当地群众的粮食、牛马、鸡犬以果腹，继而连野草、树皮、麦苗、骡马皮都吃光了。

好不容易盼到29日，天气转晴，飞机骤至，但投下的竟是近万份黄百韬"烈士"的纪念册等宣传品。官兵看到后破口大骂："老子们要吃饭，投这些废物干什么！"解放军不断通过广播、喊话、送饭吃等办法加紧政治攻势，并以陈毅的名义，分别给杜聿明、邱清泉、李弥等送信，敦促其率全军放下武器。国民党部队整排整连的士兵陆续投诚。但杜、邱、李等高级将领仍执迷不悟。杜聿明在当天给蒋介石的电报中还表示"生一息尚存，誓为委座效忠到底"。

1949年1月6日16时，刘、邓、陈、粟、谭命令各纵队对所包围之敌

淮海战役总前委是淮海战役前线最高指挥机构

发起总攻。炮火连天，杀声动地。各纵队从不同方向勇猛插向敌阵。

9日黄昏，我军楔入敌中心阵地，敌"五大主力"仅存的第5军被全歼，杜聿明集团土崩瓦解。

10日上午10时，战斗结束。邱清泉被击毙，李弥率少数残部逃遁。杜聿明下落尚未查明。

粟裕交代一定要找到杜的下落。是日夜，陶勇给粟裕打来电话说："陈茂辉报告，他们发现一个自称为兵团军需官高文明的战俘，可能是杜聿明。"

粟裕说："你叫陈茂辉派人严加监视，明天上午送到你指挥部，千万不能给跑了！"

次日晨，粟裕兴致勃勃地赶到陈官庄东北地区陶勇的指挥所，不久，陈茂辉将那位姓"高"的"军需处长"送到。陈、粟、陶等以礼相待，他终于承认自己就是杜聿明。

淮海战役是解放战争的最高潮，此役歼敌1个"剿总"总部、22个军部、56个师共56万人，其中包括蒋介石五大主力中的第5军和第18军。从此，蒋介石的老巢南京就完全暴露在人民军的炮口之下，为百万雄师横渡长江天险，解放全中国开辟了胜利的道路。

淮海战役，无疑是粟裕军事生涯中十分辉煌的一页。毛泽东说："淮海战役为南线空前之大战役。此战役胜利，长江以北局面即可大定，即全国局面亦可基本上解决！淮海战役，粟裕立下第一功！"

据说林彪在调看了粟裕淮海战役的指挥过程记录后，沉默了好久，最后只说了一句话："这是神仙指挥的战役！"

淮海战役也震撼了全世界。斯大林为了能够比较详细地知道淮海战役的情况，于该战役结束一年之际派特使尤金专门调查了淮海战役。经中共中央介绍，到南京与刘伯承、陈毅作了长谈，又听了华野参谋处长王德的详细介绍。尤金边听边记，嘴里不断地说："精彩，真精彩！"听完之后，他意犹未尽地说："真过瘾啊！"

而斯大林看了尤金的报告后，连称："60万打败80万，真是奇迹！"

40年后，中美关系有了明显改善。于是美国派了一个军事代表团来中国，专门调查淮海战役。他们想弄清楚，当初这场大战，到底是怎么一回事。他们在徐淮平原上忙碌了十数日，仍然无法理解，有飞机、大炮、装甲部队协同配合作战，装备精良的80余万部队，怎么会被装备甚差、根本没有制空权的60万军队打垮？他们说："实在是一场不可思议的大战……"

第十三章 挥师过大江

粟裕庄严宣布："毛主席今晚不睡觉，在总部坐等我们的捷报！"几个小时后，聂凤智首批登上长江南岸，给粟裕发回电报："我已胜利踏上了江南的大地。"粟裕部 35 军 312 团攻占了"总统府"，蒋家王朝被彻底埋葬了

辽沈、淮海、平津三大战役之后，国民党军军队的主力大部被歼，其残余兵力有 220 万人，但正规军只有 146 万人。国民党政治、军事、经济、外交的全面失败，使他们丧失了向解放军进行进攻的能力，而实际上也已经无法作战略上的有效防卫了。经过战争的洗礼，我人民解放军已发展到 400 余万人，解放了长江以北的绝大部分国土。随着解放战争的深入发展，解放全中国的任务已摆在共产党和人民解放军的面前。

1949 年 1 月 19 日，华东野战军师以上干部从山东、安徽、江苏各地，纷纷赶到徐州东北贾汪煤矿，参加野战军召开的前委扩大会。他们个个满身征尘，但红光满面，谈笑风生。10 天以前刚结束了淮海大战，华野歼敌 43 万余人，占整个战役歼敌总数的百分之八十多。现在，每个人的脸上都

还带着胜利的喜悦。

1月20日，会议在山东兵团指挥部召开。

华野司令员兼政委陈毅去西柏坡参加中共中央政治局会议未归，因此大会由粟裕副司令员作题为《淮海战役的伟大胜利和华野1949年六大任务》的报告。

会上，粟裕部署了华野1949年的六大任务：第一，在全国作战的总任务下，华野与兄弟部队密切协同，坚决完成1949年的作战任务，将革命进行到底；第二，全军上下应把做群众工作，看作与歼灭敌人同等重要的任务，努力发动和组织新区广大群众，建设地方人民政府及地方武装；第三，加强政策纪律教育，正确执行党的各种政策，严肃群众纪律，尊重群众风俗习惯，爱护人民利益并以实际的模范行动来保证实行；第四，加强军事政治学习，提高理论水平，钻研党的政策，强化政治工作，提高军事技术、战术，学会新的作战方法，并吸收和培养大批军政干部及技术人才；第五，团结友爱，加强各兵团、各部队、各兵种间亲密团结，互相学习，密切协同，打破家乡观念、地域界限，巩固部队，尊重政府，服从政府法令；第六，加强纪律性，克服无纪律无政府状态，加强思想领导，克服一切不良倾向，加强军队正规建设。

粟裕对今后战事的发展，也作了自己的估计。他对大家说："今后可能在南京还有一场恶战，因为如果蒋介石不守南京，他将失败得更快。如果我们在渡江后歼灭了大量敌人，则东南半壁完全解放，那时需要部队分散一下，一个兵团去一个省。到一个省里，必须发动群众，部队才能安定后方。如果不发动新区群众，不建立人民政府和地方武装，敌人便要复辟，胜利是不能巩固的，革命是会失败的。"

粟裕说："对于南方的生活要熟悉。上海、南京生活程度高，吃大饼油条是很普通的，这在许多山东人看来是最好的了。如果认为上海、南京吃大饼油条的都是地主，就很糟糕。南方有些事情是山东人所想不到的。例如，南方有些人吃了早饭不知夜饭在哪里，但他们却穿得较体面，所谓'白天挂帐子（长袍），夜里盖帐子'。很多穷苦的人，虽然没有吃，还穿得好，还烫发。中农有时也吃几个菜，我们不能把有两个菜上桌的人家都看成地主。"

粟裕风趣地告诉大家："南方人同北方人的风俗习惯不同。在北方，公公婆婆儿子媳妇可以睡在一个大炕上，而在南方就不能这样，公公不能进媳妇的房。北方人牛一家，在南方就不是这样。北方一定要有茅房，而在南方是坐马桶，不能踏上去。北方有些很普通的话，而在南方人听来却认为是粗鲁无礼。"

粟裕告诫面前的各位将领："过了江，外界的繁华奢侈也会引诱部队，所谓上有天堂，下有苏杭。苏北有句俗话，'到了兴化心就花'，估计我军到了苏杭、南京、上海，心跳眼花的人一定有。"

粟裕在报告的最后说："中央给我们两个月的时间休整，就是为了打过长江去。能不能顺利地打过长江，决定于此次休整的好坏，如果休整不好，则过江困难；如果休整得好，则渡江容易。过江不能光凭勇敢，还有许多技术问题、思想准备问题、物质准备问题，都要解决。此次休整，时间不到两个月，应该比淮海战役更紧张，我们要发扬淮海战役的战斗精神来完成此次休整任务，要反对歇一歇的思想。现在蒋介石'引退'了，敌人的内部混乱不堪，正是我们发起冲锋打倒敌人的最好机会。因此，休整时间也可能缩短。我们要抓紧时间，根据部队不同情况，区别休整任务的轻重缓急，以纵队为单位，制订休整计划，按部就班地进行整训，整训的重点应放在干部身上。"

此次会议后不久，人民解放军统一进行了整编。华东野战军改称为第三野战军，所有纵队改称为军。

2月8日，总前委召开会议，粟裕等人初步商定了渡江作战部署。2月11日，中央军委批准了总前委的渡江计划。3月26日，总前委召开了扩大会议。会上，邓小平报告了《京沪杭战役实施纲要》，提出渡江战役的最终目标是"彻底摧毁国民党反动政府的政治、经济中心"。会后，粟裕立刻对三野的各项任务作出了具体的部署。

他站在地图前侃侃而谈："敌人主要是扼守长江，只要我军渡江成功，将使敌整个战役发生混乱。……我们要迅速包围歼灭南京、镇江、芜湖之敌，渡江后须以主力楔入南京与上海之间，截断京沪铁路，这样我们就可把敌人的防御体系完全砍断。"

4月20日，国民党政府在蒋介石幕后操纵下，拒绝在和平协定上签字。

4月21日，毛泽东主席、朱德总司令向全军发布《向全国进军的命令》，号召全军指战员"奋勇前进，坚决、彻底、干净、全部地歼灭中国境内一切敢于抵抗的国民党反动派，解放全国人民，保卫中国领土主权的独立和完整"。

伟大的历史时刻到了!

傍晚,早就等待在 7 兵团、9 兵团指挥部电话机旁的王建安、谭启龙、宋时轮、郭化若等,听到话筒里传来了粟裕向中集团下达的渡江命令。

粟裕宣读命令后提高声音说:"告诉部队的同志们!毛主席今晚不睡觉,在总部等我们的捷报!"

安徽无为、枞阳一线,我军强大的炮火狂风暴雨般向南岸倾泻。无数战船扬帆疾进。

不久,西集团也以凌厉的攻势从马当至贵池段突破敌江防。

21 日,陈士榘、彭仲贤、叶飞和韦国清也分别接到粟裕下达的东集团渡江的命令。

满江大雾。滚滚波涛中,无数战船早已从许多小港汊芦苇丛中通过河渠驶入长江。千军万马从扬州至江阴段,催动帆船,在强大炮火的掩护下,像无数利箭直插江南。西从湖口东至江阴,千里战线,百万雄师渡江作战全面展开。

夜幕中的百里江面上,数千只木船竞渡。

炮弹爆炸掀起的根根水柱,在敌人探照灯的光柱闪动之下跌落下来,像一朵朵巨大的水花。从江北看去,每只船后都挂着一盏红色指示灯,如火光点点。整个渡江场面宏伟壮观,激动人心。

按照上级规定,各级干部要超前指挥。过江一个营,师长就要过去;过江一个团,军长就要过去。

所以,"济南第 1 团"渡江成功后,第 27 军军长聂凤智急忙上船,向南岸进发。

1949 年 4 月渡江战役前夕,第三野战军代司令员兼政委粟裕宣布渡江作战命令

1小时后，随聂凤智一同渡江的通讯员返回北岸，带回一张纸条，上写："我已胜利踏上了江南的大地。"

第27军第一梯队经两个多小时激战，一举突破国民党军第88师防线，在油坊嘴、旧县镇附近全歼守敌一个团，在荻港重创守敌一个团，共歼敌3000余人，控制了荻港、旧县等要点。

与此同时，第9兵团另一支渡江部队第25军，在军长成钧指挥下，于23时半在大套沟至鲁港地段强渡登岸，先后攻占双窑、汪家套、横山桥、铜山、岳山等要点，歼灭国民党军第20军一部。

粟裕、张震等随即率前线指挥部跟进。

粟裕对渡江作战的前途曾有过3种估计：

一是敌人阻我西路军东进，切断我东线部队，夹击我军于沪宁之间；二是宁沪之敌全部东撤，破坏上海，挑起第三次世界大战；三是我军猛进，切断宁沪铁路，将敌东、西截断，敌无逃路，被我围歼于京、沪、杭地区。

如今渡江之战第一步已取得胜利。一路上，不断传来振奋人心的捷报："我部突破安庆芜湖线，占领繁昌、铜陵、青阳、至德、彭泽！"

"江阴要塞守军起义，我部顺利登陆，正向敌之纵深楔入！"

"我军进入无锡、苏州、常州、镇江！"

"国民党海防第2舰队林遵守部已和我35军军部取得直接联系，林率其部军舰9艘、炮艇16艘，于南京附近笆斗山江西起义！"

敌人夹击我军的可能性已不复存在。我军全力勇猛进攻，势如破竹。敌人闻风丧胆，已到全线崩溃的境地，想要东撤也不可能了。

粟裕等人率部追击途中，到处见到敌军丢弃的汽车、大炮、弹药、文件和行李。疲惫不堪的蒋军士兵再也拖不动沉重的双腿，干脆滞留路边等待追击部队到来，主动缴械投降者不可胜数。看来，将东、西敌人截断，予以围歼的前景越来越明朗了。

渡江之后，粟裕为了全歼逃敌，命令东路大军沿太湖西侧向浙江长兴、吴兴疾进；命令中路大军从南陵、宣城、广德一线追击。两路大军，日夜兼程，东西对进，于4月20日与先头部队会合，切断了京杭公路，将由南京、镇江等地南逃的敌5个军部、14个师共10万余人，包围在郎溪、广德地区，予以全歼。接着，粟裕又命令乘胜追击，中路大军直插杭州，东路大军则分路向东，进逼上海。

23日上午，第35军抵达浦口江边，扫清了江北守敌。35军政委何克

希来到江边，隔江眺望，南京城历历在目，巍峨的钟山，雄伟的城墙，汹涌的大江，一派龙盘虎踞之势。

这时，南京城内火光冲天，爆炸声不断传过长江，南京正处在最苦难、最黑暗的一刻。何克希心里非常着急，他立即部署渡江，争取尽快抢救南京古城。他对大家说："早一分钟进南京，早一分钟结束蒋介石的反动统治，就能早一分钟使南京人民少受损失！"

可是，此刻江北岸船只已被蒋军掠走，浦口找不到船。何克希正在着急，当地的船民把他们隐蔽下来的两只小船抬了过来。这两只小船，一只能装运10人，另一只只能装运8人。政委何克希决定，派侦察员用这两只小船过江，到江南岸去找船。

23日黄昏，在强大的江北岸炮火的掩护下，两只小船载着18名精兵向江南划去。这就是渡江进占南京城的第一支部队。

侦察员们来到了下关发电厂，找到了厂里的负责人、总务课长段景琪。看到段景琪脸露不安的神情，侦察员们对他说："我们是人民解放军，现在部队就要过江了，听说你们有几只驳船，希望能支援我们。"

段景琪迟疑地回答说："沿江的船都被反动派烧掉了，恐怕我们的船也没有了。"

侦察员们说："你们的船还在，希望你越快越好，为解放南京作出贡献。"

段景琪思忖了一会儿，表示愿意，于是打电话给新街口电厂办事处，找来6名船工。几位侦察员立即和船工们一起奔向运煤码头，登上了"京电轮"，悄悄躲过江边敌特的视线冲向北岸，大约只用了10分钟就抵达了浦口。

晚上9时许，"京电轮"满载着300多名解放军指战员，从浦口码头出发，劈波斩浪，直取南岸。

此时何克希接到情报，得知南京城里的敌人已经惊慌失措，正开始逃跑。他立即下令大部队利用"京电轮"和其他几艘小船迅速渡江。被蒋军掳到江南的民船船工们，这时也将船只驶回北岸，接运解放军渡江。4千米宽的江面上，一时间浪花飞溅，舟楫如梭。

24日凌晨2点，最先过江的第104师312团政委，在到达下关码头时对特务连连长说："你带上两个排，跟保卫股李股长快去占领蒋介石总统府！"

连长立即带着两个排的战士跑到总统府，端枪冲了进去。一阵紧张搜索后，没有见到一个人，连长命令战士在边门、重要通道都放了警戒，随后，把所有办公室都锁了起来，由文书写封条，盖上特务连连长印章——贴封。

事情办完后，天已大亮。战士们来到院子中，看到有一根高大的旗杆竖在院子中央。于是，他们便把连队的战斗红旗升上天空。这面饱经战斗洗礼的红旗，是南京城升起的第一面红旗，她骄傲地在晨风中飘扬。

4月23日晚上，粟裕所部占领南京。新华社旋即发表通电：

> 人民解放军百万大军，在1000余里的战线上，冲破敌阵，横渡长江。西起九江、东至江阴，均是人民解放军的渡江区域。从20日夜起，长江北岸人民解放军中路军首先突破安庆、芜湖线，渡至繁昌、铜陵、青阳、荻港、鲁港地区，24小时内已渡过30万人。从21日下午5时起，我西路军开始渡江，地点在九江、安庆段。至发电时止，该路35万人民解放军已渡过三分之二，余部22日可渡完……战犯汤恩伯21日督战不起丝毫作用，汤恩伯认为南京江阴段防线是很巩固的，弱点只存在南京九江一线。不料，正是汤恩伯到芜湖的那一天，东南防线又被我军突破了。我东路35万大军与西路同时发起渡江作战，所有预定计划全都实现，至发电为止，我东路各军已大部渡过南岸……我军前锋业已切断镇江无锡段铁路……

4月23日中午，毛泽东在北京西郊香山上的双清别墅的六角凉亭里读完这篇由他亲自撰写的发表在《人民日报》的新华社电讯稿后，非常激动。他想起了陈毅那首七言绝句，兴之所至，吟成一首七律：

> 钟山风雨起苍黄，
> 百万雄师过大江。
> 虎踞龙盘今胜昔，
> 天翻地覆慨而慷。
> 宜将剩勇追穷寇，
> 不可沽名学霸王。

天若有情天亦老，

人间正道是沧桑。

粟裕不顾连日鞍马劳顿，立即率主力一部风尘仆仆由沪杭路前进。他到达上海附近时，三野担负解放上海任务的其他各主力部队也沿着沪宁铁路和各条公路先后到达指定地点。

由于不能使用重武器，人民解放军初战受阻。粟裕迅速调整战术，很快就突破了汤恩伯所谓的"坚固防线"，吓得汤恩伯慌忙找来刘昌义当替死鬼。刘昌义战场起义，大上海完整无缺地回到了人民的怀抱。

4月30日渡江胜利后不久，中央军委电示总前委和粟裕、张震："总前委除直接领导南京工作外，请迅速抓紧完成占领上海的准备工作，以便在一星期以后，假如汤恩伯从海上逃跑时，你们能够主动地、有秩序地接收上海。"

5月3日，解放军占领杭州，切断了上海守敌的陆上退路，从北、西、南三面包围了敌人。

上海城内，人民热切盼望解放，积极迎接解放军，而国民党则军心动摇，官僚恐慌。但何时向上海发起进攻，在当时主要不是军事上的问题，而是政治上、经济上，甚至是国际上的问题。

解放上海需考虑几点：第一，会不会引起美帝国主义的介入，直接武装干涉。这个可能性是存在的。上海是我国的第一大城市，被称为"冒险家的乐园"，更是帝国主义列强侵略中国的据点。蒋介石准备在上海进行最后赌博，拉美国下水。第二，解放上海，必须完整保存这个城市，不使上海受到破坏。打上海，要文打不要武打，不仅要军事进城，而且要做到政治进城。第三，解放上海必须把这个全国第一大城市接收好、管理好。

5月3日，毛泽东给总前委、华东局和粟裕、张震发出一封电报，要求他们："上海在5月10日以前确定不要去占领，以便有10天时间做准备工作。在5月10日以后，则应作两方面的计划。（甲）即去占领上海，这是假定汤恩伯在10天内由海上退走，上海成了无政府状态，迫使你们不得不去占领。你们的准备工作主要应放在这一点上，否则你们将陷入被动。过去你们在3个月准备渡江期间，没有抽出一个月时间令部队学习政策和接管城市事项，没有作很快占领诸城的精神准备和组织准备，吃了亏。现在只好在10天内补足此种缺点。（乙）拖长时间至半个月或20天或一个月再去占领。只要汤恩伯不走，就应如此。占领浏河的时间，亦可推迟。我们前已电告你们，何时占领上海，要等候我们的命令。此点请粟裕、张震注意。"

5月初，粟裕和张震率领第三野战军机关自常州东移苏州，指挥进攻上海。

军长们几天来纷纷来电话，询问何时进攻上海。粟裕对他们说："军委和总前委考虑，接管上海的准备工作还没有完成，我们暂不能进攻上海，也不要靠近上海，不要惊动敌人。不然，会把他们吓跑，上海就会陷入混乱。所以，进攻上海，犹如瓷器店里打老鼠，搞不好会造成不应有的损失。"

粟裕和张震知道：防守上海的敌人战斗力不强，8个军中有4个是从长江防线上溃退下来的，遭到过不同程度的歼击，士气低落。上海的经济状况濒临绝境，财源枯竭，物价飞涨。从1948年8月到1949年3月，上海市的物价上涨了83万倍，大米每石金圆券40万元。上海的500多万民众处在水深火热之中，翘首盼望解放。

粟裕和张震积极从军事上进行准备，他们分析了打上海的3种战法：第一，围困战法。解放战争后期我军对内地的若干城市采用了此种战法，但是上海情况特殊，上海有500多万居民，生活资料依靠外地运入，尤其是粮食和煤，所需量很大，长期围困，人民没有吃的，由于没有煤，不但机器不能运转，连自来水都没有喝的，人民生活将陷入绝境。而敌军因有海上通道，我们围不死，而且我军渡江以后，应力争迅速解放全中国。所以，长期围困的战法不可取。

第二，选择敌人防御薄弱的苏州河以南实施突击。这一战法，虽避开了敌人设防的重点吴淞，伤亡也可能减少，但主战场将在市区，城市会被打烂。所以，这一战法也不可取。

第三，把攻击的重点放在吴淞，钳击吴淞口，暂不攻击市区。这样可以封锁敌人海上退路，并迅速切断敌人抢运上海物资的通道。如果敌人要坚守下去，必将为保护其唯一的海上退路而集中兵力在吴淞口周围与我军决战，如出现这一情况，就可避免在市区进行大规模的战斗，使城市少受破坏，达到完整接管的目的。

吴淞周围是敌防御的强点，因此这种战法，将是一场硬碰硬的艰巨的攻坚战，一场激烈的反复争夺战，我军要付出较大的代价。但我们是人民的军队，为了保存城市的完整，保护上海人民的生命财产，付出一定的代

价是必要的，值得的。

考虑再三，粟裕还是决定执行第三种方案。

5月5日，粟裕、唐亮赴丹阳向总前委汇报了以上想法。总前委和第三野战军前委权衡利弊，也一致认为，为了保全城市，保护人民生命财产，应该采用第三方案攻取上海。

5月7日，第三野战军上报了钳击吴淞的作战方案。次日，毛泽东和中央军委复电同意。

粟裕召集各部负责人传达总前委的意见：既要消灭敌人，又要保全城市。粟裕和大家深入研究后确定了包围上海，从左右两翼迅速切断敌向吴淞口的退路，迫使敌人集中到苏州河以北的江湾、吴淞、高桥一带，尽可能将敌主力歼灭在上海外围地区，以减少对上海市区的破坏。为了不打烂城市，粟裕给攻城部队规定，进入市区作战，应尽可能不使用重炮轰击。

为了军事上的绝对把握，第三野战军前委与中共上海地下党取得密切联系，商量决定他们在战役发起前和战役过程中，为解放军提供敌人的设防部署情况。不久，上海地下党转来最新的上海守敌防御部署要图，张震即令复制，下发第9、第10兵团。一场大战迫在眉睫了。

5月10日，粟裕下达《淞沪战役作战命令》：

> 第10兵团司令员叶飞、政委韦国清指挥第26军、28军、29军、33军，配属特种兵纵队炮兵第5、6团和一个工兵营，首先以主力攻占吴淞、宝山，封锁黄浦江口，阻截敌之船舰运输。其余部队分割歼灭昆山、安亭、太仓、嘉定地区之敌，待命由上海西北地区协同第9兵团会攻上海。
>
> 第29军、第28军主力应于5月12日晚，由太仓以北的岳王市和常熟以东的支塘地区出动，于5月14日拂晓前攻占吴淞、宝山。如吴淞、宝山一时难以攻占，暂以一部监视，而应以得力一部配合炮兵由吴淞与江湾之间楔入黄浦江边，攻占殷行镇，切实封锁黄浦江，尔后待命配合第26军向上海市区攻击。第26军应于5月13日控制昆山、安亭，策应第28军主力作战，掩护其侧背安全，尔后待命沿京沪路、苏州河左岸向上海攻击。第33军集结常熟地区，准备接替担任太仓、嘉定、宝山、吴淞之警备任务，以便第29军、第28军集中主力攻击上海。

　　第9兵团司令员宋时轮、政委郭化若指挥第20军、27军及30军、31军，配属特种兵纵队炮兵第4团，首先以一部攻占平湖、金山卫、奉贤、南汇、川沙沿线阵地，断敌由上海向东南逃窜的退路。其余主力伺机控制青浦、松江以西地区，尔后待命由东、南、西三面协同第10兵团会攻上海。第27军应于5月14日晚，集结嘉善，控制大东浜铁桥，监视松江、青浦之敌。如该敌撤走时，应即进至青浦以东、泗泾镇以西地区，待命沿苏州河以南攻占上海。第20军应于5月14日，攻歼平湖、金山卫之敌，并以一部控制该地，待交31军接替，尔后集结于松江以南，黄浦江右岸。如松江之敌逃走时，则控制松江，待命沿铁路向老法租界及南市区攻击。第31军应于5月15日，接替第20军之平湖、金山卫地区防务，封闭上海守敌南逃退路。其主力应适时尾第30军之后加入浦东作战。第30军应沿嘉兴、金山卫以北，黄浦江右岸向奉贤、南汇、川沙前进，歼灭该地区之敌，截断上海守敌东南方向海上逃路。其先头部队，力求于5月16日晚占领川沙。

5月13日，战斗打响，西线兵团却遇上了强敌。原29军军长胡炳云在其回忆录《淞沪攻坚战》中这样写道：

　　5月13日晚，在嘹亮的冲锋号声中，担任主攻的260团和助攻的253团立即发起攻击。战士们锐不可当地向月浦前沿阵地冲去。这时，隐蔽在树林、草堆和坟包中所有的敌堡，一齐开火，轻重机枪和冲锋枪疯狂地吼叫着，我们的部队受到阻拦。清晨，在前沿阵地上，浓密的硝烟呛得人透不过气，几座中心碉堡仍然时断时续地扫射着，战士们急得直咬牙，心中燃烧起复仇的火焰。

　　仅13日晚，担任主攻的第260团，只剩下120人，团以下几乎所有军事干部都因伤亡离开了战场。付出这么大代价，但月浦未攻下。而担任助攻的第253团情况也好不到哪里，最后不得不调上用作团预备队的2营。

　　14日凌晨，87师师长张强生、副师长林乃清和参谋长叶克守都分别到了前沿阵地，准备组织第二次强攻。

　　但他们很快发现战场情况十分复杂：首先，守军不是什么散兵游勇的

杂牌，而是敌王牌第 52 军精锐部队；其次，敌人阵地构筑十分隐秘、十分现代化。

关于阵地情况，胡炳云曾回忆说："在这个阵地中，敌人采取主堡和小堡相结合、暴露与隐蔽相结合的方式，构成了子母堡式的交叉火力网。主堡都是钢筋混凝土结构，四面有枪眼，胸、背墙厚达 1 米多，外面再铺盖枕术、积土和草皮，因此抗力很强。主堡周围是小堡，用土草堆顶，或利用土堆、田埂筑成，比较低矮，远看像坟包，很不容易察觉。此外，还有一些单独的散堡，不规则地分布在阵地各处，以补主堡火力的不足……副防御设施也很强，由外朝里一般有 4 道障碍……除此之外，敌人还有海上和空中的配合。"

张强生意识到，要想很快攻下月浦看来很困难。回到师部后，张强生及时将战场情况向胡炳云报告。

胡炳云马上调整部署：为保证第二次强攻的胜利，决定抽调叶大村的第 259 团增援月浦。

14 日傍晚，87 师新的一轮攻击开始。一场激战，260 团和 259 团好不容易进入月浦街，但代价不小，第 260 团原剩的 120 名官兵只剩下 64 人。增援的 259 团团长胡文杰牺牲。但敌人并未打算放弃月浦。

15 日清晨，停泊在长江江面上的 10 余艘敌舰开始向月浦阵地猛烈炮击。随后，敌人的两个连在 4 辆坦克掩护下，朝月浦阵地猛扑过来。这一天，敌人连续发动了 5 次大规模的进攻，方圆不过数里的小镇成了一片废墟，但阵地仍在 87 师手中。

同一天，第 28 军的攻势同样在汤恩伯的永久性工事前严重受挫。

刘行、杨行和月浦镇由南向北排列，同属汤恩伯北起宝山、南至龙华、西至刘行这条长达百里，纵深 20 至 30 里的浦西弧形防御带。这次"大上海保卫战"，汤恩伯将月浦视作抵御人民解放军进入吴淞的重要门户，而刘行就是直接插向苏州河进入上海市区的门户。

5 月 13 日，第 28 军向刘行、杨行敌主阵地逼近。黄昏前，第 84 师完成对杨行包围，第 83 师第 244 团完成对刘行的包围。

5 月 14 日上午 10 时，第 81 师第 247 团占领刘行以东鸭岸桥，第 248 团占领十属、宋家宅一线，第 249 团占领刘行西南的严三房、六桥一线，第 244 团占领泥墙宅、沈家宅一线。至此，第 83 师已截断刘行以东公路，并控制刘行至顾村的公路，切断了敌人之间的联系。14 时，第 247 团控制唐家浜、周家桥一线地区，第244团也全部控制刘行以西地区及村庄，完成了对刘行东西的包围。

5月14日18时，28军各部开始进攻。但很快就陷入敌人迷魂阵一般的工事区域：鹿磐、竹签、陷阱、屋脊形铁丝网、地雷……第247团攻占刘行东北敌地堡群，遭敌炮火猛烈反击。1营3连攻克刘行东北面敌人一个地堡群，竟付出80个人的代价！同时248团、249团也遭受了大的伤亡。

14日20时，244团再次对刘行发起总攻。经激烈战斗，在付出大的伤亡后，终于于当晚突破了敌刘行阵地。

5月15日，第28军第84师曾一度越过刘杨公路，插入杨行西南的钢钩船、大朱宅、王磨油等村庄，切断了杨行与大场、江湾的联系，对杨行形成包围态势。

由于刘行主阵地被突破，杨行危在旦夕，汤恩伯速调第99师在空军和装甲车的掩护下，集中炮火向失守主阵地实施反击。解放军第252团楔入过深，立足未稳，后续部队增援不上，接到撤退命令时行动已经不便，伤亡600余人，阵地丢失。

仅仅两天多的时间，解放军西线兵团第28、第29军既未能到达预定地点，伤亡却高达3000余人。

战事的暂时胜利令汤恩伯欣喜若狂。他马上在上海国际饭店举行了所谓的庆功大会。其四楼大厅——"英雄厅"内，高挂的横幅上写着：热烈庆祝国军月浦大捷。

自上海战役打响后，为了鼓舞士气，汤恩伯不仅在国际饭店设立了他的临时指挥部，而且还在此开辟了"英雄厅"，招待上海各军的战斗"英雄"，凡属"英雄"者均可在此免费吃喝玩乐，并登报出榜，列名表扬。一时间，"英雄"成群，仅52军就从战壕里直接选拔出2000余名。

15日的庆功大会，汤恩伯亲自主持，给"英雄"们颁发奖章。52军军长刘玉章得到了一枚"青天白日"勋章，这是国民党军队中最高级别的勋章。当年台儿庄战役轰动全国，得此奖章者也不过二三人。

平生仰慕曹操、很想在乱世建下不朽之功的汤恩伯，这天格外自信，格外振奋。他充满激情地说："月浦大捷足以证明，国军的钢铁阵地确实比斯大林格勒还强过33%，诸位想想看，4000个钢筋水泥工事，3000座美式活动碉堡，1万多处野战卫星工事，2万多颗地雷。共匪是无法越过的！"

为了修筑这些工事，汤恩伯不惜血本，临战前夕，他又令"扫清射界"，

碉堡阵地前方2000米内的民房一律拆光，坟地夷平，阻拦者格杀勿论。可汤恩伯对此并不内疚，反而在"庆功会"上，得意扬扬地说："当初我下令扫清射界，有人还动恻隐之心，真是妇人之仁！我就说，为国所需，一切合法；为战所用，一切合理。放胆去做，由我负责！现在我军有30万大军，140架飞机，30多艘军舰，还有这样强固的工事，只要大家像52军一样团结一致，勇敢顽强，我们就一定能确保上海安全。"

尽管我军在西线进攻一再受挫，汤恩伯的心中并不踏实，浦东成了他的一块心病。

浦东是汤恩伯的"永久性设防地带"之一，沿黄浦江向北至出海口处与长江南口沿岸大部构成"A"字形，浦东即位于这"A"字形之中，三面临江滨海，其间村镇星罗棋布，河沟港汊纵横交错。在这"A"字形地带内，汤恩伯布下了3道防线——沿长江南口和东海岸的白龙港至川沙为一线，沿黄浦江东岸各据点为又一线，沿长江到黄浦江汇合处附近的"牛角洋"内高桥地区则为另一线。

在每一条防线内，都构有用钢筋混凝土筑成的现代化防御阵地和大量土木工事，碉堡林立，铁丝网、竹签、鹿寨、壕沟等障碍重重，火力点层叠如网。这种地形和阵势，对守军来说，战则可以"天地江海"一齐动，四面火力支援；败则可以北逸长江，西逃浦西，东窜大海，"安全系数"极大。但汤恩伯仍觉不放心，浦东是国民党在上海全部物资以及7个军23个师共约15万人撤退的重要保障，一旦失守，后果不堪设想。

按照原计划，汤恩伯准备炸毁奉贤海堤，水淹浦东，使之无法成为共军争夺的战场。然而天不作美，这几天没有大潮水，提前炸堤无法达到水淹成泽的效果。可是共军的大部队已经向浦东开来，为此他不得不向浦东增派援军。

5月12日晨，汤恩伯电令第51军军长王秉钺："限13日前开抵川沙，接替37军川沙至三九港间防务，加强工事，坚固守备之。"

当天第51军即向川沙一线开拔。

5月13日下午4时，人民解放军第30军在军长谢振华的率领下从平湖出发，由西向东分两路沿公路、海堤向浦东地区金山卫、奉贤、南汇、川沙、白龙港方向疾进。尽管一路风雨，一路泥泞，在年轻的谢振华率领下，第30军只用了不到两天的时间，就战金山、夺奉贤、取南汇，中途边走边打，扫除小股敌人干扰，走完了200多里的路程，比野战军司令部规定的时间整整提前一天到达川沙以南的江家路镇。

此时王秉钺的第 51 军也抵达了川沙。

王秉钺认为共军距离川沙近 300 里，又逢雨天，道路泥泞，因此他对部下说："最坏的估计，共军也需要两三天才能到达这儿。"可就在当晚，第 51 军就在调防的混乱中和快速到达的人民解放军第 30 军的先头部队交了火。

5 月 17 日，谢振华第 30 军全歼王秉钺第 51 军和暂编第 8 师。第 30 军的辉煌胜利打破了汤恩伯 5 月 18 日爆破柘林海堤、水淹浦东南部地区的企图。第 30 军奉命继续快速北上，沿海边向高桥地区发展。

第 30 军向北一路猛进，然而，由于对敌人的阵地工事没有任何思想准备，他们和攻击月浦、杨行的部队一样，前卫部队一下就扎进了高望区以南星罗棋布的碉堡群中，陷入迷魂阵。第 30 军的快速穿插行动在高桥以南被迫停顿。

部队遇到的困难很快就反馈到粟裕手上。粟裕、张震研究了西线部队月浦、杨行一线进攻受挫的战术原因。给 10 兵团下达了战术指示：

（一）肃清敌外围后对主阵地攻击应周密侦察，选择敌突出部或接合部与较弱之敌攻击，楔入敌之纵深，尔后由侧背或由内向外打来，撕破敌之防御体系，太原战役此种方法收获很大。

（二）集中兵力（小群动作群的攻击），尤应集中火力（实行压制射击与破坏射击）与发射筒轰击一点，以炸药来软化敌钢骨水泥工事，轮番不停地攻击，这样使敌不易重新组织防御，更可避免敌已测量好的火力封锁。

（三）交通壕作业逼近敌人，可采用淮海战役歼灭杜聿明时的钳形作业，交替攻击，力求歼敌于阵地内。

（四）发挥孤胆攻击与守备精神，发挥爆破威力，以炸药开辟冲锋道路与歼灭敌之反击部队，与进行打战车、装甲车之教育，纠正集团攻击与集团守备方式，减少不必要的伤亡。

（五）指定对空射击部队。

5 月 16 日，第 10 兵团下令停止攻击，巩固既得阵地，以认真研究攻打钢筋水泥堡的战术。月浦、杨行部队遂奉命暂缓攻势。

此后，西线兵团部队官兵就在阵地前召开起"诸葛亮会"，发扬民主，群策群力，出谋献计。

很快，各军的经验就总结汇报到粟裕手中。

5月19日，第三野战军向所属部队发出《关于敌守备战术特点的通知》。总结了前一段的经验教训，改变了进攻方式后，西线兵团进攻顺利多了，伤亡也减少了。

不久，第28军以小的伤亡，攻占了刘行等要点。

自我军在浦东开辟战场以后，汤恩伯就坐卧不宁。5月17日，为了保住浦东，汤恩伯将指挥所自国际饭店搬到高桥。19日，他先后将上海市区部队5个团的兵力调往浦东，和嫡系第37、第20、第54军组成浦东兵团，由第54军军长阙汉骞出任兵团司令。

但汤恩伯的如意算盘并没有实现。5月22日第20军东渡黄浦江，参加了浦东作战。国民党第37军的3个师部被其团团包围，上海市区的侧背被封死了。

5月21日，粟裕发出向上海总攻的命令，所属各部立即开始对当面敌军发起猛烈进攻。

一时间，枪炮声大作，震耳欲聋。

粟裕命令："全线所有的部队发起攻击，大胆楔入，截歼逃敌，绝不放跑汤恩伯。"

24日，第20军攻占浦东市区，第77军攻占虹桥及徐家汇车站，第29军攻占月浦南郊的小高地。

看着我军强大的攻势，汤恩伯胆怯了。决定先行开溜。但是他在蒋介石面前夸过海口，要与上海共存亡，此时作为上海的主帅，中途逃跑，只怕过不了蒋介石这一关。

考虑良久，汤恩伯临时任命刘昌义为淞沪警备副司令兼51军军长，自己率蒋介石的嫡系撤到了军舰上。

汤恩伯要跑！刘昌义很明白，汤恩伯留给他的几个部队全不是嫡系，全是充当掩护汤、陈撤退的炮灰。刘昌义决定自找出路。

很快，他便与我人民解放军第27军联系上了。

25日下午2时，27军军长聂凤智接到上海地下党的电话，说刘昌义要求谈判。

晚7时，谈判开始。当夜12时，谈判结束。聂凤智要通了第三野战军司令部的电话。

当夜 12 时，粟裕致电总前委及中央军委："黄昏时，沪敌殿后部队指挥官派员与我前线部队接洽。据悉汤恩伯、陈大庆主力已撤离……殿后部队约 4 万人，向我联系投降，我正在接洽中……"

2 月 26 日凌晨 1 时，陈毅来电明示：

一、接受刘昌义投诚；

二、限刘部于 26 日上午 4 时前，集中在江湾附近指定的 3 个村庄待命；

三、所撤地区由人民解放军接防；

四、凡不接受命令者，由人民解放军解决。

刘昌义看看电文，又看看聂凤智，为难地说："现在已经是午夜了。即使马上回去下命令，也来不及。是不是再往后推几小时，您看？"

聂凤智想了想，爽快地回答："好，期限推到明天中午。"

5 月 26 日凌晨，刘昌义按我方要求率 51 军大部向指定地点移动。上午 10 时，20 军 60 师由南京路经永安里向东搜索包围绍兴同乡会。国民党上海铁路局的第 204 师 1500 余人，被迫投降。同时，第 23 军陶勇部 67 师也于

1949 年上海解放，粟裕与陈毅等检阅入城部队

清晨从曹家渡过河，在中央造币厂俘虏交警1000余人；27日凌晨攻打淞沪警备司令部，俘残敌7600余人；第68师主力从周家渡过河，俘交警4600余人，后又向真如进发，与26军会师。

28日，上海解放。除汤恩伯54军等约5万余人逃至台湾、舟山外，余敌5个军，5个交警总队，共15万余人被歼灭。

29日，解放军第三野战军迈着整齐步伐进城。

上海市民走上街头欢庆获得解放，上海人民张灯结彩，敲锣打鼓，舞狮子，玩龙灯，踩高跷……把鲜花、茶水、香烟、点心、毛巾递到战士们手中。是夜，战士不进民宅，栖卧在楼前屋后、街头路边，盖着麻袋和衣露宿。

6月1日，崇明岛解放。上海完整地回到了人民的怀抱。

第十四章　动荡晚年

毛泽东准备攻打台湾，并委任他最信任的粟裕全权负责攻台事宜。正在粟裕积极准备时，朝鲜战事爆发，美国借机派遣第 7 舰队入侵台湾海峡，攻台作战被迫无限期推迟，粟裕也因此抱憾终生

上海战役胜利后，中央军委和毛泽东均认为：今后的战局，大陆上已无更多大仗可打，但在海上尚有解放台湾、海南岛两役需费大力，而且国民党也正企图以台湾为其进行军事抵抗和对大陆进行经济封锁的基地。故欲达全胜，必须渡海解放台湾，完成祖国统一大业。

解放台湾，除了需要空军、海军配合和争取国民党军及岛内人民的内应之外，主要依靠陆军。

毫无疑问，当时担负解放东南地区任务，并作为防止美国武装干涉的主要战略力量的第三野战军在攻台作战上负有义不容辞的责任。粟裕作为华东方面负责作战的首长，自然成了指挥解放台湾作战的最佳人选。

1949 年 6 月 14 日，毛泽东在为中央军委起草的给粟裕的电报中，第一次明确提出攻台作战问题。

电报指出："请开始注意研究夺取台湾的问题，台湾是否有可能在较快的时间内夺取？如果我们长期不能解决台湾问题，则上海及沿海各港是要受很大危害的。"这既是毛泽东正式提出解放台湾的最早文电，也是粟裕受命主持攻台作战的开端。

对重大的事，毛泽东向来抓住不放。6月21日，毛泽东再电粟裕等人，指出："在目前几个月内，在你们面前有4件大工作：一、经营以上海为中心的苏、浙、皖、赣新占城乡广大地区；二、占领福建及厦门；三、帮助二野西进；四、准备占领台湾。前3件工作你们已充分注意，用了大力或正在大力进行中，后一项工作你们尚未来得及注意，但应从现在即开始加以注意。"文中还指出，"不占领台湾，则国民党海、空军基地不拔除，时时威胁上海及沿海各地；不占领台湾，则数十万吨船只不能取得，沿海沿江贸易受制于外商航业界。"电报要求粟裕于夏秋两季完成各项准备，冬季占领台湾。

不久之后，毛泽东在给周恩来的信中又指出，建立空军，掩护渡海，准备在明年夏季夺取台湾。但无论是在这年冬季还是在第二年夏季完成夺取台湾的作战任务，对粟裕来说时间都是很紧张的。

得到毛泽东的指示后，粟裕马上以极大的精力投入到攻台作战的筹划和准备之中。

对于粟裕的工作，毛泽东十分满意。在8月2日给粟裕的电报中，毛泽东肯定他们的成绩说："你们积极准备攻台湾是正确的。必须从各方面准备攻台，打破干部中的畏难心理。"可以说，在受命后的整整一年间，粟裕的主要精力是放在准备攻台作战和解放沿海岛屿，剪除台湾外翼上的。

自受命主持攻台作战以后，粟裕即对攻台兵力作出初步部署。

1949年夏，因华东许多地区还未解放，新解放地区还要分兵剿匪，抽不出更多部队进行两栖训练。粟裕决定以一个兵团先行进行攻台准备。7月中旬，第三野战军前委决定解除第9兵团担负的淞沪警备任务，抽出进行航海登陆训练，并调第23军划归第9兵团建制，准备对台作战。

8月初，第9兵团由上海市区撤至郊外进行攻台整训。随着东南各省的基本解放和对渡海作战艰巨性认识的不断加深，粟裕不断修正了攻台作战兵力投入方案。是年秋，第三野战军制定了以8个军攻台的作战计划，其中以第9兵团4个军为攻台第一梯队，以另4个军为第二梯队。同年年末，又决定增加投入参战兵力,三野除担任剿匪和地方警备任务外,主力12个军约50万人全部参加攻台训练。第一梯队在原第9兵团4个军的基础上再增加第24军。

1950年3月,粟裕与海军司令员萧劲光会商关于攻台作战的意见,设想以50万部队用于渡海攻台,分两次运送。中央军委同意了这一方案。同年5月,鉴于海南岛和舟山之国民党军10万多人撤至台湾,粟裕认为,原定以第9兵团和第24军共5个军为攻台第一梯队已不够强大,决定加上第7兵团,以第7、第9兵团担任攻台第一梯队,第10兵团和其他两个军(第24、第25军)为第二梯队。

粟裕的这些设想,是基于海峡两岸国共军事力量对比分析后作出的。因为当时国民党陆海空军虽然还有50多万,但陆军只有30多万,且内部人心混乱,许多部队残破不全。由于美国在1950年年初公开表示出与台湾当局拉开距离的政策,即所谓的"脱手政策",所以一般估计攻台时美军不会直接介入,只能间接参加,如动员日本"志愿兵"参战。粟裕分析,最多可能会有2万日本"志愿兵"参战。在准备对台作战时,粟裕将与这部分日本"志愿兵"作战也考虑在攻台计划之内。

为更好地完成攻台作战,粟裕经过反复考虑,于1950年6月建议由中央军委直接指挥或派大员指挥这一作战。6月上旬,粟裕赴京参加中共七届三中全会,会议期间曾请求中央军委直接组织指挥台湾战役。下旬,粟裕在给中央军委的报告中再次提出,由于攻台作战将对整个太平洋地区和东南亚局势影响极大,请求中央派刘伯承或林彪来主持作战,他本人作为华东地区的军事领导全力协助该次作战的组织指挥。但毛泽东反复考虑,出于对粟裕在解放战争中的信任,仍决定由粟裕负责攻台作战。

在积极筹划攻台的同时,粟裕也在努力削减台湾海峡周边大大小小的敌占岛屿数量。

在祖国的沿海,舟山群岛、金门岛和海南岛等岛屿构成了防卫台湾的海上屏障。解放台湾,首先面临的任务是解放这些岛屿,为攻取台湾扫清道路。除海南等岛屿外,解放沿海岛屿的任务主要由第三野战军承担。其中影响最大又最为困难的是解放舟山和金门。舟山群岛是以定海为中心的岛屿群,位于浙江杭州湾以东,拥有大小岛屿300多个,其中以定海岛为最大,约1000平方千米。

舟山群岛扼我国海上航运要冲,是江浙两省和上海市的海上屏障,也

是台湾当局护卫台湾的重要外围屏障和骚扰大陆的跳板。舟山守敌数量仅次于台湾和海南岛。

早在1949年夏，舟山群岛守敌即有3个军10个师约6万人。后逐步增加，达到约7万人。蒋介石企图控制舟山，实行对大陆的海上封锁，以屏障台湾。当中央军委指示三野研究夺取台湾的任务后，粟裕即将解放舟山群岛作为一项最为紧迫的任务。

1949年7月底，粟裕与第7兵团司令员王建安等共同研究了定海作战问题，决定以逐岛攻击的战法，先取外围诸岛，后取定海本岛。8月18日，三野部队开始向舟山外围岛屿发起远攻，至10月中旬，先后解放大榭、梅山、金塘、六横、桃花等岛屿。为迅速解放舟山群岛，粟裕根据定海敌兵力集中的情况，于10月15日决定除第21、第22两军对定海作战外，另由第9兵团派足够兵力参战，并统由第9兵团司令员宋时轮指挥，以期达到全歼守敌之目的和迅速完成夺取定海之任务。

金门作战和登步岛作战失利后，粟裕对渡海作战的艰巨性有了进一步的认识，此后，他对舟山作战更多地强调要在充分准备的基础上进行。11月1日，粟裕在关于定海作战方案给中央军委的电报中提出如下意见："一、力戒轻敌骄傲，弱敌当作强敌打。二、充分做好战前准备工作，要打有把握、

第十四章 动荡晚年

1950年4月，粟裕在华东海军成立一周年大会上讲话

有准备的仗，但严防叫苦现象。三、集中兵力火力，求得一举成功，用足够的先头突击部队，打乱敌人防御体系。四、准备强渡登陆，但力争偷渡成功。"4日，毛泽东在复电中肯定了粟裕的作战方案，指出："你们须严重注视对定海作战的兵力部署、准备情况及攻击时机等项问题。如果准备未周，宁可推迟时间。"

遵照毛泽东的指示，22日，粟裕向毛泽东和军委表示："务至绝对有胜利把握时，才开始发起攻击。"粟裕设想，在有充分准备的条件下，尽可能地在沿海岛屿上全歼敌军主力，则对防止敌人猬集台湾，减少尔后攻台的难度是有利的。11月14日，他在关于定海作战给第7、第9兵团并报军委的电报中指出："如我能在舟山群岛及沿海各小岛全歼敌人主力，则造成攻占台湾之更有利条件。"22日，他又说："如能在这些岛（指舟山、金门）尽歼匪军，则对将来攻台行动在政治及军事方面均属有利。"

1950年春，粟裕根据舟山敌军增至10万人以上的情况，再次决定增加参战兵力，加调第21军主力、第23、第24军及炮兵一部，在第7兵团统一指挥下参加攻定作战，从而使参战兵力增加到12个师又10个炮兵团，在总兵力上占有优势。5月，攻定准备大体就绪。此时，蒋介石鉴于海南岛守军大部被歼的教训，同时为了集中兵力确保台湾，命令舟山守军从13日起秘密撤退。17日，三野部队兵不血刃占领定海，19日，舟山群岛全部解放。

从现象上看，蒋介石辖地仅存台、澎、金、马，但由于台湾兵力陡增，已经达40万人，成为一颗名副其实难以一口咬碎的"硬核桃"。粟裕迅速向所部发出指示：敌人已集中40万左右的陆军及其海空军全部守备台湾，未来对台作战将更加激烈与残酷。原定以4个军为第一梯队的准备已不够强大，需增加至6个军。

6月末，情报又侦悉台湾正加紧补充部队，估计其陆军在我未来发动攻击时可达50万人，海陆空军也得到加强。粟裕再向军委和毛泽东报告：我在数量上已无优势，但只要能登陆成功，且能于突入纵深后站稳脚跟，仍可完成预定任务。为了更有把握起见，如能从其他野战军中出3至4个军作为第二梯队或预备队则更好。至此，粟裕三度修改战役决心，计划参战兵力达16个军以上。

问题是，增兵较易，增船则难。粟裕掐指一算，为确保战役胜利必须在四五小时以内有第一梯队15万人左右登陆，并有相当数量的运送第二梯队的船只，而目前手中所有船只仅够装运4个加强师，为第一梯队所需的

一半，征船造船买船又均需时间。粟裕别无良策，思之再三，下决心向军委报告：攻击台湾须进一步准备，此役关系重大，我们对攻台作战如无绝对把握，则不应轻易发起攻击，而宁愿再推迟一些时间。

正当粟裕在毛泽东和中央军委的领导下积极准备攻台作战的时候，1950 年 6 月 25 日，朝鲜战争爆发了。两天后，美国政府派海军第 7 舰队侵入台湾海峡，阻挠中国人民解放台湾的行动。在这种突如其来的严峻形势下，毛泽东和中共中央推迟了攻台作战方案的实施。7 月中旬，粟裕向准备对台作战的部队传达了中共中央的指示："为支援朝鲜，抗击美帝，并根据美帝国主义海军直接侵驻台湾海峡的情况，决定将解放台湾的任务推迟。"随即，中央军委任命粟裕为东北边防军司令员。随着中国人民抗美援朝运动的展开，攻台作战便被无限期地推迟，最后事实上终止了。已经为攻台作战准备付出了大量心血的粟裕，也因没有最终完成祖国的统一而抱憾终生。

毛泽东说："论功、论历、论才、论德，粟裕可以领元帅衔，在解放战争中，谁人不晓得华东粟裕呀……难得粟裕！壮哉粟裕！竟三次辞帅！"周恩来也说："粟裕二让司令一让元帅，人才难得，大将还是要当的。"

第十四章 动荡晚年

1949 年 9 月，粟裕乘火车赴北平参加中国人民政治协商会议第一次全体会议

1951年10月，中央任命粟裕为副总参谋长的命令下达。不几天，杨尚昆代表毛泽东打电话催他上任。粟裕立即表示："既然组织决定了，我只有服从。"10月初，粟裕带着简单的行装，在南京上火车，前往北京上任。

车行至半路，粟裕的右臂忽然发出钻心的疼痛，他竭力咬牙忍住，汗水一会儿就湿透了衣服。

"你们不要着急。"他安慰随行人员，"这是一处老伤发作了。1934年，我参加北上抗日先遣队，在闽东被敌人打了伏击，弹头一直没取出来。"

1952年，粟裕随以周恩来为首的中国政府代表团访问苏联

到北京后，随行人员立即把粟裕的病情报告了中央。经毛泽东亲自批准，粟裕住进北京医院治疗。著名的医学教授沈克非先生亲自为粟裕动手术，取出了那颗搁置在他右臂中达17年之久的弹头。伤愈后他即赴总参上任，协助聂荣臻代总参谋长，掌管作战、训练、海军、空军和陆军特种兵建设。

在调查研究的基础上，他明确地指出："我军建设的当务之急，是搞好海空军和特种兵的建设，并认为从形势发展的需要、我国的经济状况以及我军的战略战术等多种因素考虑，建设的重点应首先放在空军。"

1952年7月，毛泽东主席向粟裕索要志愿军空军参加抗美援朝战争以来的情况报告。7月20日，粟裕如实地向毛主席报告了空军建设和参战情况，同时提出了加强空军建设的建议。他认为，必须大力加强航空工业的建设。如果仅依靠向外国购买飞机，而外国又在数量、时间、零配件以及配套装备上处处限制我们，甚至大修也要"回娘家"，付出一大笔修理费，长此下去，"我国亦将没有飞机"。他还建议多办几个航空学校，有计划地培训飞行员，在全国各大城市建立航空俱乐部，培训飞行员后备力量。毛泽

1953 年 3 月，总参谋长粟裕陪同朱德副主席接见空军首届英模代表大会代表

1954 年粟裕（右四）陪同毛主席、周总理会见苏联顾问

东主席当即表示，同意粟裕的建议。

有一次，粟裕主持会议，讨论各军兵种年度经费的分配问题。会上，各军兵种领导同志畅所欲言，各抒己见，都想争取为本军兵种建设多分配一些经费。粟裕边听边记大家的发言。大家讲完后，他说："各位同志的发言不无道理，大家急于把部队建设好的心情是一致的。把你们提出的数目加在一起，几乎超过这次分配总额的一倍。我们国家的经济还很困难，又正在进行抗美援朝作战。请同志们不要见怪，现在是僧多粥少，不能不论身体强弱、年老年幼和肚皮大小，都是每人粥一碗，平均分配。当然，大家并没有要求平摊。可常言说得好：钱要用在点子上，钢要用在刀刃上。必须保证重点，没有重点则一事无成。请大家腾出些钱来，相对地集中用于空军的建设。这是迫在眉睫的任务，也是对空军的支援。空军搞好了，也会支援你们的。作为一得之见，请大家考虑。"这一席话把到会同志说得心悦诚服，纷纷提出大幅度削减原来报的数字。散会以后，空军领导同志说："副总长，您支持了我们空军建设。"粟裕说："这是大家的支持。空军建设是重点，必须保证。请你们精打细算，千万不要浪费。"

1954年12月，也就是粟裕就任副总长3年以后，毛泽东亲自找粟裕谈话，向他宣布："中央已经决定，任命你为总参谋长。"粟裕十分吃惊，说："主席，我不能胜任！"毛泽东说："你可以胜任。不过

1955年9月，粟裕（右一）接受周恩来总理授予的大将军衔

牡丹虽好，还需绿叶扶持，你努力干吧！"

1955年，粟裕被授予共和国大将军衔，位居10大将之首。但不少人认为，他应该评上元帅，许多同志出于好意，认为粟裕战功很大，消灭的敌人很多，中国革命战争胜利进程的加快同他有直接的关系，因此，评他大将是低了，应该评他元帅。不光党内、军内不少同志持这种看法，连党外的高层民主人士邵力子等人，也有同感，都为他没授上元帅而感到惋惜，甚至有的还埋怨到毛泽东那里。粟裕授衔事实真相究竟如何？事实上，毛泽东是要给

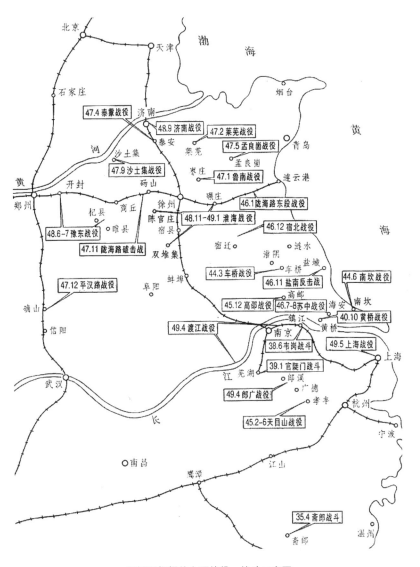

粟裕所指挥的主要战役、战斗示意图

粟裕授元帅的。是粟裕高风亮节，自己不要，把元帅让了。

资历、威望、战功，是当时授元帅、将军的主要依据。中央政治局考虑元帅、大将军衔，上将至少将的军衔，由中央军委考虑。上将至少将的授衔问题，军委确定了一个授衔原则，其中规定：正兵团级，原则上评上将，个别的可评中将和大将；副兵团级，原则上评中将，有少数可评上将，个别的可评少将。粟裕的行政级当时是大军区级，比正兵团高两级，同野战军司令员一样。因此他的军衔问题自然不能放在正兵团这一级考虑，而应放在大将、元帅这一级别予以考虑。

粟裕是战功赫赫的军事家、战略家。他在人民战争的大舞台上演出了许多摧枯拉朽、威武雄壮、气吞山河的活剧，如：他指挥的苏中战役（七战七捷）、宿北战役、鲁南战役、莱芜战役、孟良崮战役、沙土集战役、豫东战役、济南战役、上海战役以及他参与指挥的渡江战役、淮海战役等都是这些活剧的生动体现。他把蒋介石以及国民党的许多高级将领打疼了、打怕了，可以说到了打遍天下无敌手的地步。没有任何敌人可以阻挡粟裕发起的攻势而逃脱被歼灭的命运。他也为不少中外志士仁人所折服、所倾倒。毛泽东等中央领导，更是对他赞不绝口。

正因为如此，毛泽东同大家想法一样，是要给粟裕授元帅衔的。

据毛泽东身边的卫士长李银桥回忆：毛、刘、周、朱等人在中南海颐年堂讨论解放军高级将领军衔问题时，在讨论到粟裕的军衔问题时，毛泽东不仅要给粟裕授元帅衔，而且要给予粟裕极高的评价。

毛泽东说："论功、论历、论才、论德，粟裕可以领元帅衔，在解放战争中，谁人不晓得华东粟裕呀？"

周恩来说："可是粟裕已经请求辞帅呢？"毛泽东又说："男儿有泪不轻弹，只因未到授衔时。我们军队中有些人，打仗时连命都不要了，现在为了肩上一颗星，硬是要争一争、闹一闹，有什么意思？"

朱德笑着说："肩上少一颗豆，脸上无光么！同时当兵，谁也没有少打仗，回到家中老婆也要说哩！"

刘少奇说："要做思想工作，党在军队中的思想工作，这时候绝不可以放松。"

毛泽东禁不住感叹说："难得粟裕！壮哉粟裕！竟三次辞帅！1945年让了华中军区司令员，1948年让了华东野战军司令员，现在又让元帅衔，比起那些要跳楼的人，强百倍么！"

周恩来也说："粟裕二让司令一让元帅，人才难得，大将还是要当的。"

毛泽东补充说："而且是第一大将。我们先这样定下来，10大将10元帅。"

毛泽东是说过"男儿有泪不轻弹，只因未到授衔时"的话，毛泽东讲的当然不是无的放矢，是有所指的。当时，确实有闹军衔的现象存在。有的人评了大校不满意，要少将；有的人评了少将不满意，要中将；有的人拒绝接受组织上授给的军衔；有的人授了军衔不好意思佩戴，常穿便衣……然而，那批人中并没有粟裕。实际上，当有人将党外高层民主人士邵力子说粟裕应该评元帅的消息作为一个喜讯当面报告粟裕，并把材料指给他看时，粟裕并不高兴，而是把脸一沉，脱口而出："评我大将，就是够高的了，要什么元帅呢？我只嫌高，不嫌低。"然后他又进一步严肃地说："这都是低级趣味，今后不要议论这种层面的问题了，没有什么意思。我们的心要放在工作上。"

1955年11月，总参谋长粟裕在大连观看军事演习

1957年，总参谋长粟裕视察部队时查看战士生活情况

粟裕虽战功赫赫，却从不居功自傲，常自称是"沧海一粟"。1984年2月5日，一代将星陨落，只留下一段遗言："把我的骨灰撒在曾经频繁转战的……土地上，与长眠在那里的战友们在一起……"

粟裕担任了4年总参谋长，直到1958年10月。加上担任了3年副总参谋长，他一共在总参谋部工作了7年。

粟裕到总参工作之初，正值朝鲜战场战火弥漫，全党全军眼光都集中在朝鲜战场之际。粟裕冷静地向中央提出建议："目前应该防备敌人的突然袭击，除志愿军在朝鲜作战外，我军急需制定在各种可能情况下的作战方案，要准备敌人从陆上、海上或空中来。并强调在敌人拥有海空优势的情况下，首先要保存自己，才能消灭敌人，构筑防御工事时，一定要充分考虑到这一点。"

有一次，苏联军事顾问团提出："海岸炮要构筑暴露阵地，打360度。"苏联顾问一定要中方接受这一做法，具体负责的同志感到压力很大，将情况告诉了粟裕。粟裕得知后，严肃地对苏联顾问说："我们的飞机没有你们的多，海岸炮没有掩蔽阵地，如果被敌人打掉了，360度连一度都不度！"

1955 年 10 月，时任总参谋长的粟裕在军队干部会议上讲话

戎马一生，粟裕在战场上先后 6 次负伤：头部两次负伤，手臂两次负伤，臀部及脚踝也曾负伤。在总参工作时，粟裕的身体依然很不好。工作人员时常见到他大冬天把窗户打开，把头紧贴在玻璃上散热，或把脸紧贴在桌面的玻璃板上，以减轻头痛。有时病得起不了床，就躺在床上看文件、思考。即使在身体很差的情况下，只要是重要的工作，或是党中央、毛主席交给他什么任务，他都会立即精神抖擞、全力以赴地去完成。

粟裕虽然战功赫赫，却从不居功自傲。在总参期间，他对军委首长和

1957 年 5 月，粟裕在第七军医大学视察

1957 年，粟裕（右）同陈士榘视察边防某部时，检查武器保养情况

第十四章　动荡晚年

元帅们非常尊重，处理重大问题都要事先请示，事后汇报，从不擅作主张。

粟裕对上级的每一个指示，都要认真研究，贯彻执行。对陈赓、黄克诚、张宗逊、张爱萍、李克农等副总长也十分尊重，遇事总与他们在一起商量。为了加强集体领导，他建议成立了总参党委。

在外出期间，每逢碰到摄影记者，粟裕总是远远地躲在后面。

粟裕自己从不抽烟，也不喝茶，但有干部、战士到他宿舍时，他总要请他们抽烟、喝茶，不抽烟的请吃糖果，到了开饭的时候就留下一起用餐。

粟裕下部队或去其他单位时，被哨兵拦住，就自己下车，通报姓名和工作单位，还怕战士听不懂湖南话，常常摘下军帽，把帽子里写的名字亮给战士看。

楚青与粟裕相濡以沫

每逢有人提及粟裕在革命战争年代所建立的巨大功勋时，粟裕总是淡然一笑，说："我是沧海一粟啊！"谈到胜利原因时，他总是归结为3个方面：第一，党中央毛主席的正确指挥；第二，参战指战员的英勇顽强；第三，人民群众的大力支持。

粟裕晚年时，有一次去看叶剑英元帅。临别时，叶帅坚持要送他出来。

粟裕反复恳求："不要送了，不要送了！"

叶帅说："打了一辈子仗的老将军了，怎么能不送呢！"

1972 年，毛泽东和粟裕在陈毅的追悼会上

粟裕说："我只是把毛主席和党中央的指示同具体情况结合起来，起了个联络员的作用。"

然而，就是这样一个有着高尚革命情操的人，却在 1958 年突然蒙冤。

1958 年的军委扩大会议上，粟裕被强加了种种莫须有的罪名，其中最关键、最重要的有两条。第一大"罪状"是说粟裕是"野心家""向党要权""向国防部要权""争夺军队领导权"。原因是"与陈毅、聂荣臻和彭德怀 3 位领导都搞不好"。

陈毅与粟裕之间，确实有过分歧。那是在解放战争初期，研究在何处歼敌的问题，充其量是工作分歧。而其后，两人紧密配合，取得了一个又一个胜利，成为生死之交，留下了"陈不离粟，粟不离陈"的美名。

粟裕与聂荣臻共事时间很短，唯一出现的一次误会，是发生在聂任代总长期间。当时聂荣臻担心毛泽东事情太多、太忙，认为不必事无巨细都直接报主席那里去，因此要求军队方面的报告，都要经他批阅后，再根据

第十四章 动荡晚年

1977 年 3 月，粟裕同聂荣臻在中央军委扩大会议上

情况看是否有必要上报。过去一向按毛泽东提出的要求每半个月报告一次的粟裕，自然也按照聂代总长的意见办理。没想到毛泽东对军队系统的报告减少格外关注，在 1952 年夏提出了批评。为此聂荣臻写报告向毛泽东作了检讨。粟裕认为自己也有责任，因此也向毛泽东作了书面检讨。毛泽东在他的检讨上作了批示，表示"检讨很好"，而且把粟裕和聂荣臻的工作作了对比，肯定了粟裕半年来的工作，同时对聂荣臻又作了批评。这就引起了聂荣臻的误会。

粟裕与彭德怀的误会实际上源于总参与国防部之间工作重叠的矛盾。

粟裕为人一向坚持原则，不会迎合，在自认为正确的问题上，常常是毫不退让、据理力争，加上他和彭德怀对未来战争的认识和战争准备上看法的某些不同，两人之间不可避免地产生了种种矛盾。

彭德怀任国防部部长后，为了体现国防部的领导地位，许多原来由中央军委和总参颁发的命令、指示，都要求改由国防部署名。而哪些要以国防部的名义发布，哪些不用，又没有明确的规定。于是，总参为中央军委起草的总参本身下发的命令、文电，就常因署名问题而受到指责。鉴于这种情况，粟裕要求明确国防部与总参谋部的职责，以便今后在日常工作中有所遵循。1955 年 3 月 16 日，中央军委接受了粟裕的意见，责成总参起草国防部与总参职责条例。但总参一连五易其稿，均未能获得通过。

粟裕的第二大"罪状"就是1957年11月，粟裕作为彭德怀率领的中国军事代表团的成员，根据原定的日程对口拜会了苏军总参谋长。粟裕从借鉴苏军经验的角度，向苏军总参谋长索科洛夫斯基提出，请对方提供一份苏军"关于国防部和总参谋部工作职责的书面材料"，以便参考。这件极其正常的事，却被军委扩大会组织者认为粟裕是"告洋状"，后来还上升为"里通外国"。

正是由于存在着这样一些隔阂与意见分歧，性情比较暴躁的彭德怀往往对粟裕出言不逊。甚至当粟裕在上报的文件上写了："彭副主席并转呈中央、主席"字样时，他都会大发脾气，说："我不是你的通讯员！"

1958年7月22日，军委扩大会结束。粟裕被批斗了近两个月。8月31日，中共中央政治局会议通过了"解除粟裕总参谋长职务"的决定，并决定将他的"错误"口头传达到军队团一级、地方地委一级。

从此，粟裕开始了既不能接触部队，又必须搞好军事科研的岁月。一次，粟裕在冰雪北疆进行一项重要课题调研，他不敢住在部队，而住在牡丹江

1963年，楚青与粟裕在南京

地委招待所。凡涉及重大问题，不是地委书记胡立教在场，就由牡丹江市委书记李友林陪同。其处境之艰难，由此可见一斑。

历史有时也会给人们开一个不大不小的玩笑。在1958年军委扩大会议上主持会议，坚决主张把粟裕"斗倒斗臭"的彭德怀元帅，在一年之后的庐山会议上，坐上了被批斗的位子，被定为"反党集团的首脑"。粟裕也出席了庐山会议。一些老战友一再建议粟裕借这个机会把1958年的事提一提，还说："你不便说，由我们来说。"粟裕答："我不愿在彭德怀被批判的时候提自己的问题。我绝不利用党内政治风浪的起伏。我相信我几十年的革命实践足够证明自己。"

1963年，粟裕与萧劲光在一起

十年动乱初期，面对"打倒一切"的疾风暴雨，粟裕心情沉重。

看到那些肆意攻击党和国家领导人的标语和大字报，粟裕气愤地说："如果这些人都是叛徒，中国革命怎么能取得如此巨大的胜利！到底谁在丑化、诬蔑我们党，谁在搞破坏，不是很清楚吗？"

有人把当时广为流传的"百丑图"拿给他看，粟裕紧锁双眉，痛心疾首又语重心长地说："太过分了！看了叫人难受。我们要慎重啊！1952年不是打了许多'老虎'吗？有几个是真'老虎'？"

1967年夏，粟裕在北京得知陶勇夫妇在上海双双自杀的消息，既惊骇又愤怒。陶勇曾是新四军第1师中以勇猛著称的战将，解放战争期间曾任兵团司令员，为中国人民解放事业作出了突出的贡献。新中国成立后，陶勇长期负责海军工作，兢兢业业，不辞劳苦。

"陶勇怎么会自杀！"粟裕愤怒地说，"这件事一定要查清楚！"

不久，有人上门来搞陶勇的外调，声称林彪已认定陶勇是不折不扣的现行反革命。

"陶勇怎么会是反革命？"粟裕毫不畏惧地说，"陶勇到底是个怎样的人，我不比你们了解吗？"

他以少有的激情，高度评价了陶勇在革命战争年代的功绩。

这事传到林彪的耳朵里，他放出风来，说："陶勇反革命是有后台的，那个后台老板至今还在对抗毛泽东的革命路线。"

粟裕并不屈服于这种威胁。几天后，受林彪控制的军委办事组送来了一份文件，是关于开除陶勇党籍的，要粟裕表态。粟裕坚定不移地说："我不同意这样做。人都死了，还搞这些做什么！"

他还顶着压力派专人去上海寻找陶勇的儿女，照顾他们的生活。

林彪事件后，粟裕立即给中央写信，力主为陶勇平反。在他的亲自主持下，这事最终得以实现。

抗日战争中，苏中军区的"汤景延团"曾经根据华中局的指示，潜伏在敌军阵营进行秘密斗争。苏中军区也曾派出一些干部潜入上海采办军用物资。他们冒着生命危险，取得了很大的成绩。

在10年浩劫中，这些干部因此受到审查和诬陷。

粟裕亲自向周总理写报告，陈述事实真相，证明他们不但无过，而且有功。在他的奔走努力下，使一批好干部免遭残害。

1969年征兵时，钟期光两个在农村插队的儿子报名参军，其他条件都合格，只是因为钟期光正在受"审查"而未被批准。他俩找到粟裕。

粟裕见到兄弟俩，激动地说："孩子，你们受苦了！"

得知他们要求入伍未被批准的情况，粟裕说："我了解你爸爸。我们一起抗日、打国民党反动派，风风雨雨几十年，不能说他没有错误，但他是革命者。现在审查他，尚未结论。我认为他的问题是人民内部矛盾，你们不要急，要相信党，总有一天会搞清楚的。当兵政审问题，我给你们作

1962 年春节，粟裕与钟期光在杭州

证。”一席话，说得兄弟二人热泪盈眶，在精神上得到了莫大的安慰。

后来，粟裕调到了国务院业务组工作。工作期间，得知交通部副部长、原华东野战军的战将彭德清已被关押了 4 年多，他义正词严地指出：“陶勇已经被整死了，难道还要把彭德清也整死吗！”

他把彭德清夫人吴璇的申诉信直接转报周恩来总理。周总理批示：“解除监护，住院治疗。”后来又恢复了彭德清的工作。粟裕就以彭德清为例，要求他主管的铁路、交通、邮电 3 个部门照此办理，从而使一大批身受不白之冤的领导干部得到保护和“解放”。

一天深夜，得到张震被“造反派”绑架的消息，粟裕立即打电话向周总理报告。总理气愤地说：“他们这么搞不对嘛！我打电话交代他们！”

1975 年秋，周恩来总理病重，“四人帮”加紧篡党夺权的步骤，把攻击的目标集中在邓小平身上。粟裕对前去看望他的一位领导同志坚定地说：“现在周总理病重，我们要坚定地按小平同志的指示去做，要垮台大家一起垮台好了！”

不久，粟裕的一位老部下调南京军区工作，粟裕专门找他谈话，向他传达了有关“四人帮”问题，提醒他要加强部队和党的政治工作，保证部队百分之百地置于党和党委领导之下，并警惕"四人帮"插手部队。要求这位同志把"四人帮"在上海的动态通过他及时向军委报告。

1978年6月，粟裕以古稀之年，抱病南下。这是因为有桩事情他始终放不下。多年来东征西战，总没机会来做这件事。

他对随行的同志说："这次出来，有3个任务。第一是上井冈山，回忆当年的斗争历史。"

"我参加八一南昌起义后，随军转战福建、广东、湖南，然后上井冈山。参加了这全过程的，现在恐怕只剩下我一个人了，这

粉碎"四人帮"后的粟裕

几年有许多单位和同志要我介绍1927年这一段历史的情况，现在我是个活材料，再过几年，就可能成死材料了。所以，我要再次上井冈山，到了实地，容易回忆起当年的情况，好把这一段历史写出来。第二是红军北上抗日先遣队在怀玉山、谭家桥战斗失利，牺牲了方志敏、寻淮洲等许多优秀的领导同志，部队遭受严重损失，这个教训是沉痛的，过去几十年没有机会总结，我心里一直放不下这件事，所以还要去谭家桥等地，实地考察、回忆……"

但他那疲累了半个多世纪的身体已经不允许他做完这项工作了。1976年以后，他的心脏病发展成为心包炎、胸膜炎、肺炎，1981年又突发脑溢血，记忆力受到了严重的损害。病情稍稳，他又顽强地继续投入到回忆录的撰写工作中，但接踵而来的脑血栓无情地夺去了他的工作能力。

妻子楚青望着终于安静地躺在了病床上的粟裕，热泪长流。

1984年2月5日16时33分，一代将星在北京陨落。终年76岁。

粟裕生前曾留下一遗言："我在革命战争年代，在党的领导下，身经数百战，在和我共同参加战役、战斗的同志中，牺牲的烈士有十数万，而我还活着，见到了革命的胜利。在我死后，不要举行遗体告别，不要举行追悼会，希望把我的骨灰撒在曾经频繁转战的江西、福建、浙江、安徽、

1980 年，粟裕在讲述战役指挥经验

江苏、上海、山东、河南等省市的土地上，与长眠在那里的战友们在一起……"

中共中央、中顾委、中央军委高度评价了粟裕的一生，称颂他是"久经考验的共产主义战士，党和军队的优秀领导人，无产阶级革命家，杰出的军事家"，并决定尊重粟裕的遗愿，丧事从简，不举行葬礼。但自发的悼念活动却络绎不绝。1000 多人来到粟裕家，站在他遗像前向他告别，许多老部下要求见粟裕最后一面，向他们敬爱的师长和司令行最后一个军礼。

1984 年 2 月 15 下午，寒风凛冽，浓云低垂，八宝山革命公墓礼堂庄严肃穆，自发赶来与粟裕遗体告别的人群云集八宝山礼堂广场，宽敞的广场一时竟容纳不下，还有许多拥挤在八宝山公墓门外，总人数在 3000 以上。这些人当中，有白发苍苍的老人，有南征北战的将军，有撑着双拐的残疾人……在他们生命的轨迹中，都曾有过与粟裕交叉的那一点，他们都把那当作生命中最辉煌的部分。那颗曾熠熠闪烁的将星，曾那样明亮地映照过他们，指引他们前进的道路。

八宝山礼堂内没有悲鸣的哀乐，没有肃穆的仪仗，人们默默地从粟裕身边走过。他们怀想着这位大将的丰功伟绩和赫赫战功，无不热泪涕零。

粟裕是作为一个完人归去的，他一生的经历丰富复杂而又跌宕起伏，但这条生命长河中的每一滴水，都闪耀着晶莹纯洁之光。

1984 年 4 月 1 日，在北京地安门大街一条普通胡同的普通院宅里，悲声戚戚。大将的骨灰由他的夫人楚青亲自护送，就要离开这所他生活了 32 年的小院了。

送别活动简朴而庄重，大将的亲属和身边的工作人员臂佩黑纱，聚集

楚青在接受采访期间多次感叹："粟老总60年革命生涯中，30年挨整……他战功赫赫，不事迎合，胸怀坦荡，为人朴实无华。"

在灵堂里的遗像前，行三鞠躬后，四下响起了一片抽泣声。大将终于要远行了，要去昔日战斗过的土地上会见他的战友们了。

13次特别快车静静地停候在北京站第5站台。覆盖着党旗、被鲜花簇拥着的大将骨灰盒，就将乘这趟列车南下。

尽管楚青再三劝阻，自发赶来送行的人群还是挤满了站台。

送行的人们依次上车，向大将鞠躬告别。

他们不能不来，他们与大将共同度过了那些艰苦卓绝却又激动人心的战斗岁月。在孟良崮，在莱芜，在济南，在苏北，在天目山……在许许多多知名和不知名的地方，大将带着他们纵横驰骋，创造了一个又一个永远被历史铭记的辉煌。现在大将要重新去那些让人神往的山水间踏行了，他们不能不来向大将道一声"珍重"。

保重，大将！

正午12时50分，列车缓缓起动。一张张悲情盈溢的脸紧紧追随着移动的列车，老泪横流。

忽然，这些老战士、老将军们停住了脚步，自动站成一排整齐的横队，

第十四章 动荡晚年

缓缓地抬起右臂，向着逐渐远去的大将行最后一个军礼！

请走好，老司令！他们默念着，山高水长，多保重！我们都为这一生曾在你麾下而感到无比光荣，请接受我们这些老军人对你永远的敬意！

北京市爱国主义教育基地铁军纪念园内的粟裕雕像

主要参考文献

1.《粟裕传》编写组：《粟裕传》，当代中国出版社 2000 年 8 月版。

2. 中共江苏省委党史工作办公室：《粟裕年谱》，当代中国出版社 2006 年 6 月版。

3. 军事科学院战争理论和战略研究部：《粟裕大将画传》，四川人民出版社 2009 年 4 月版。

4. 侗枫：《粟裕大将军》，上海人民出版社 1997 年 8 月版。

5. 郑乃臧　王楠：《粟裕大将》，海燕出版社 1987 年 8 月版。

6. 余玮：《敦厚朱德》，中共党史出版社：2007 年 6 月版。

7. 柴红霞：《世纪风云中的共和国大将：粟裕》，作家出版社 1997 年 7 月版。

8. 余玮　吴志菲：《15 位传奇女性的家事与心史》，经济日报出版社 2008 年 5 月。